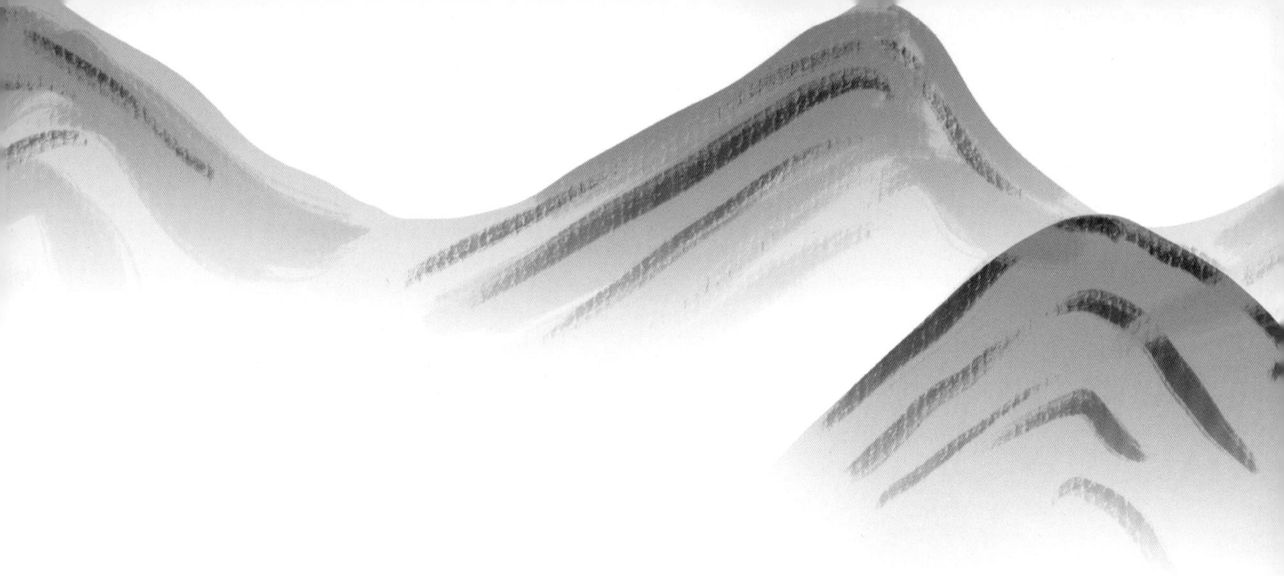

GULANG TESE CHANYE
FAZHAN YU PEITAO ZHONGZHI JISHU

古浪特色产业发展与配套种植技术

主编 何增国 李百国

甘肃科学技术出版社

（甘肃·兰州）

图书在版编目（CIP）数据

古浪特色产业发展与配套种植技术 / 何增国，李百国主编. -- 兰州：甘肃科学技术出版社，2023.6
 ISBN 978-7-5424-3103-5

Ⅰ．①古… Ⅱ．①何… ②李… Ⅲ．①特色农业-农业发展—研究—古浪县②农业技术—研究—古浪县 Ⅳ. ①F327.424

中国国家版本馆CIP数据核字(2023)第121447号

古浪特色产业发展与配套种植技术
何增国　李百国　主编

责任编辑　陈　槟
封面设计　雷们起

出　版	甘肃科学技术出版社
社　址	兰州市城关区曹家巷1号　730030
电　话	0931-2131575（编辑部）　0931-8773237（发行部）
发　行	甘肃科学技术出版社　　印　刷　兰州万易印务有限责任公司
开　本	787mm×1092mm　1/16　　印　张　14.75　　字　数　300千
版　次	2023年12月第1版
印　次	2023年12月第1次印刷
印　数	1~1 000
书　号	ISBN 978-7-5424-3103-5　　定　价　58.00元

图书若有破损、缺页可随时与本社联系:0931-8773237
本书所有内容经作者同意授权，并许可使用。
未经同意，不得以任何形式复制转载

编 委 会

主　　编：何增国　李百国

副 主 编：卢玉福　王晓平　李绍辉　赵　飞

参编人员：何增国　李百国　卢玉福　王晓平　李绍辉　赵　飞

　　　　　高有琦　李登谦　杨春梅　段生龙　黄培剑　吴莉花

　　　　　赵晓阳　金建荣

前 言

近年来，古浪县认真贯彻落实"三新一高"战略部署要求，深入贯彻落实农业优先型县域经济高质量发展要求，突出扩规模、强龙头、延链条、创品牌、促创新，通过优化结构、壮大载体、实施项目、要素保障等方式，持续推进现代寒旱农业优势特色产业三年倍增行动，大力发展"8+N"优势主导产业，持续推动农业优先型县域经济高质量发展。为此，我们组织了长期工作在农业生产第一线，熟悉农业、服务农民、献身敬业的农业科技工作者，归纳总结了全县特色产业发展情况，利用近几年在农业试验、示范和推广方面取得的科研成果，归纳形成重点种植产业技术规范、重点推广品种、主要作物病虫害防治等。编印了《古浪特色产业发展与配套种植技术》一书。本书既对古浪县特色产业发展进行了概述，且对古浪县重点推广作物的不同栽培技术，对重点推广作物的主要病虫害发生规律及防治技术做了翔实介绍，同时从品种来源、特征特性、栽培要点、适宜范围等方面简要介绍重点推广作物的主推品种。本书立足于古浪实际，突出地域特色，深入浅出，通俗易懂，具有很强的针对性、适用性、科学性和操作性，对于进一步加大全县农业生产新技术、新品种、新材料的推广步伐，推动传统农业向现代农业的转变，大有裨益。可供广大干部群众和专业技术人员学习参考。

本书编写过程中，何增国负责全书统筹规划和整体编写，李百国负责技术篇第二、第三、第五和第七章编写工作，卢玉福负责技术篇第二、第四、第六和第九章的编写工作，王晓平负责产业篇第一、第二章和技术篇第八、第九章的编写工作，李绍辉负责技术篇第一章和第五章的编写工作，赵飞负责了技术篇第七、第十章的编写工作。

在图书出版过程中甘肃省武威金宇浩睿农牧业有限公司给予了大力支持，在此致以最诚挚的感谢。

由于编者业务水平有限，加之编写时间紧迫，书中缺点和错误之处在所难免，恳请广大读者、同行与专家给予教正，并请提出宝贵意见和建议。

编者

2023 年 5 月

目 录

产业篇

第一章 特色种植
第一节 中药材产业 | 003
第二节 马铃薯产业 | 005
第三节 蔬菜产业 | 007
第四节 饲草产业 | 011

第二章 特色养殖
第一节 羊产业 | 014
第二节 牛产业 | 015
第三节 奶产业 | 017
第四节 农业废弃物资源化利用 | 019

技术篇

第一章 玉 米
第一节 玉米主要栽培技术 | 025
第二节 玉米主要病虫害防治技术 | 054

第三节　玉米主栽品种介绍　　｜067

第二章　马铃薯
　　第一节　马铃薯主要栽培技术　　｜075
　　第二节　马铃薯主要病虫害防治技术　　｜089
　　第三节　马铃薯主栽品种介绍　　｜093

第三章　小　麦
　　第一节　小麦主要栽培技术　　｜100
　　第二节　小麦主要病虫害防治技术　　｜115
　　第三节　小麦主栽品种介绍　　｜120

第四章　向日葵
　　第一节　向日葵主要栽培技术　　｜127
　　第二节　向日葵主要病虫害防治技术　　｜133
　　第三节　向日葵主栽品种介绍　　｜139

第五章　中药材
　　第一节　中药材主要栽培技术　　｜141
　　第二节　中药材主要病虫害防治技术　　｜144

第六章　山　药
　　第一节　山药主要栽培技术　　｜148
　　第二节　山药主要病虫害防治技术　　｜150

第七章　胡麻（亚麻）

第一节　胡麻（亚麻）主要栽培技术　| 156

第二节　胡麻（亚麻）主要病虫害防治技术　| 158

第八章　油　菜

第一节　油菜主要栽培技术　| 161

第二节　油菜主栽品种介绍　| 166

第三节　油菜主要病虫害防治技术　| 170

第九章　甜高粱

第一节　甜高粱主要栽培技术　| 177

第十章　绿色瓜果菜

第一节　瓜类绿色栽培技术　| 194

第二节　菜类绿色栽培技术　| 202

第三节　果类标准化栽培技术　| 217

产　业　篇

第一章 特色种植

第一节 中药材产业

古浪县中药材种植起步较晚，原来的中药材产业均为以采集野生资源为主，人工栽培中药材起步晚、基础差，中药材种植面积较小，范围窄，且种植种类较少。2004年引进金盏花在古浪县黄花滩乡开始种植，2007年，在黄灌区的裴家营、民权、大靖、海子滩、直滩5个乡（镇）开始种植枸杞，南部山区的干城、新堡等乡镇，一直种植柴胡、党参、防风、甘草等中药材习惯，但种植面积都不大，每种仅有几十亩。据统计2012年南部山区中药材种植面积仅为630亩，种植类别主要是黄芪、当归、党参，种植形式以农户分散栽培为主。2013年南部山区中药材种植面积增加到1350亩，种植类别主要是黄芪、当归、党参、大黄等，种植形式从往年的农户分散经营转变为大户通过土地流转小规模经营为主。2014年古浪县中药材种植面积达到7287亩，到2015年古浪县中药材种植面积达到了21 738亩，其中精准扶贫村种植面积达14 560亩，涉及贫困户8000多户，种植品种主要还是黄芪、当归、党参、大黄等。

近年来，古浪县将中药材产业作为推进农业结构调整、改善生态环境、增加农民收入的有效举措，按照效益优先、相对集中、区域发展原则，以南部山区、黄灌区和移民区为重点推进中药材标准化种植基地建设。2020年，全县种植中药材面积6.53万亩，其中枸杞4.5万亩，芍药0.56万亩，板蓝根0.48万亩，黄芪0.26万亩，当归0.059万亩，甘草0.02万亩，防风0.03万亩，柴胡、党参、黄芩、麻黄、杭白菊、辣根等其他药材0.62万亩。依托龙头企业、合作社、种植大户，在黄羊川镇大南冲村和古丰镇柳条河村建立芍药种植千亩示范点2个；在永丰滩镇、直滩镇、干城乡建设村建立面积在500亩以上的防风、板蓝根示范点3个。现有1家中药材精深加工企业（甘肃易源生物制药有限公司），种植企业和专业合作社、大户15家。

1. 金盏花。2004年从原黄花滩乡引进种植，由于经济效益突出，在土门、永丰滩等乡镇也有种植。2004—2008年以来，一直依托"古浪县豪蕾天然色素有限公司"，种植面积已达到4000亩。从种植情况看，一般亩产3000~4000kg，亩收入在1800~2400元，种植品种2004—2006年以美国红F1为主，2010年以后主要种植美国红F2。由于金盏花种植实行订单式生产，群众种植积极性较高，种植面积在逐年扩大。到2012年前后由于古浪县豪蕾天然色素有限公司不再订单收购，金盏花逐年减少，近两年基本没再种植。

2. 枸杞。枸杞是一种耐盐碱作物，黄灌区因常年浇灌黄河水，土壤盐碱化严重。2007年，在原县农牧局的牵头带领下，黄灌区的裴家营、民权、大靖、海子滩、直滩5个乡（镇）开始种植枸杞，到2008年发展到了种植面积达到5000亩，种植品种主要以宁杞1号、宁杞2号为主，至2020年全县枸杞种植面积4.5万亩左右。由于枸杞在定植3年后才进入盛果期，在定植后第二年就有部分挂果，进入盛果期后，亩产将在250~300kg，亩收入在4000~5000元，扣除化肥、水费、农药等生产成本外，每亩至少净收入3000元以上。由于枸杞种植在古浪县刚刚起步，还没有大的加工企业和农民专业化合作组织，所以生产的枸杞产品大都销往邻县景泰县加工成其他产品。

3. 其他中药材。由于古浪县中药材种植技术管理要求比较高，古浪县中药材种植起步较晚，原来的中药材产业均为以采集野生资源为主，人工栽培中药材起步晚、基础差，中药材种植面积较小，范围窄，且种植种类较少。从2008年开始在古浪县南部山区的干城、新堡等乡镇，引进当归、黄芪、党参等中药材进行试验性种植，当年当归亩产达315.5kg，亩产值1800元，黄芪、党参等中药材适应性较差，产量较低。黄芪亩产干货100kg左右，每千克市场价2.8元左右，亩产值280元左右，党参受自然条件等因素影响成活率不高。2009年在县科技局的积极努力下，实施了《冷凉灌区中药材新品种引进及优质丰产栽培技术示范》项目，在干城乡上夹沟、大滩、中河、青土坡、西岔、金鱼6个村种植当归110亩，柴胡166亩，试种黄芩4亩。年底采挖测产，当归示范推广的6个村，平均亩产鲜货750kg以上，按市场价每千克4元计算，亩均产值3000元，扣除成本1800元，亩均纯收入可达1200元左右；柴胡亩均产量60kg，按市场价格每千克20元计算，亩均产值1200元，扣除成本120元，亩均纯收入1000元。到2012年南部山区中药材种植面积仅为630亩，种植类别主要是黄芪、当归、党参，种植形式以农户分散栽培为主。到2013年南部山区中药材种植面积增加到1350亩，种植类别主要是黄芪、当归、党参、大黄等，种植形式从往年的农户分散经营转变为大户通过土地流转小规模经营为主。近年来，古浪县将中药材产业作为推进农业结构调整、改善生态环境、增加农民收入的有效举措，按照效益优先、相对集中、区域发展原则，以南部山区、黄灌区和移民区为重点推进中药材标准化种植基地建设。2020年，依托龙头企业、合作社、种植大户，在黄羊川镇大南冲村和古丰镇柳条河村建立芍药种植千亩示范点2个；在永丰滩镇、直滩镇、干城乡建设村建立面积达500亩的防风、板蓝根示范点3个。现有1家中药材精深加工企业（甘肃易源生物制药有限公司），种植企业、专业合作社和大户15家。

第二节　马铃薯产业

20世纪80年代每年种植面积仅9000亩左右，90年代，县农技部门引进新品种试验、示范，总结出了栽培技术规程，并及时培训和指导农民，提高了马铃薯栽培的科技含量，推动了马铃薯产业的发展，年播种面积保持在7万~8万亩；在面积增加的同时，亩单产也由660kg提高到1200kg；2001年，县委县政府把地膜种植作为脱贫攻坚、农业产业化发展的重点来抓，使马铃薯生产再上新台阶，平均亩单产达2100kg；自2007年古浪县被省上列为全省12个旱作农业项目示范县扶持以来，古浪县农业技术部门借鉴甘肃省东部旱作农业区全膜双垄沟播技术，立足古浪县实际，通过品种更换、全膜覆盖、集雨抑蒸和高垄栽培等技术的组装配套，示范推广了旱作马铃薯全膜垄侧栽培技术。到2012年，古浪县旱作马铃薯全膜垄侧栽培面积已由2007年的5100亩发展到19.909万亩，到2015年全县马铃薯种植面积达到20.08万亩。旱作马铃薯项目的实施，不仅推动了古浪县马铃薯新品种更新换代步伐，扩大了马铃薯播种面积，而且提升了粮食综合生产能力，对促进古浪县粮食增产、农民增收、农业增效起到了积极的推动作用，成为古浪县农业增产、农民增收的支柱产业。

随着马铃薯规模化发展，全县马铃薯产业链的不断延伸，产业体系不断健全。一是品种繁育体系基本健全。先后建成谷浪、陇源两家马铃薯种薯繁育公司，建成占地 $4000m^2$ 的组培室，195 亩的日光温室、连栋日光温室和大棚为主的网棚原原种培育基地，年产原原种 400 万粒，山区培育形成 0.5 万亩的原种生产基地，年生产原种 1 万 t，年可加工马铃薯 20 万 t，可满足 15 万亩马铃薯种植的需求。二是区域化布局基本形成。初步形成了以南部山区高淀粉及菜用型，黄灌区全粉、薯条（片）加工型，井河灌区早熟菜用型三大商品薯生产区。马铃薯主推品种山区以陇薯系列（陇薯 3 号、陇薯 4 号、陇薯 6 号）、青薯系列为主；水川灌溉区以大西洋、克星系列、夏波蒂为主，大白花、青薯 9 号在山、川地都有分布。三是贮藏能力稳步提高。全县累计建成各类贮藏窖 11 000 多眼，谷浪、陇源、天源等马铃薯企业建成温控贮藏库 4 座，马铃薯贮藏能力达到 7 万 t，为种薯贮藏提供了有利条件，对提高商品薯质量和农户收入发挥了积极作用。四是配套技术不断完善。通过农艺、农技措施的集成应用，普及推广精选脱毒种薯、晒种催芽、垄作播种、沙田种植、芽栽防病等措施，形成了集保墒、集雨、增温、节水及减少水土流失等作用于一体的旱作马铃薯全膜垄作栽培技术和水浇地马铃薯垄膜沟灌栽培节水技术体系，为马铃薯高产丰产奠定了基础。五是加工能力稳步提升。县内建成或在建马铃薯加工企业 3 家，年加工能力达 7.4 万 t，通过精深加工，产品销售国际、国内市场，进一步拓宽了马铃薯销售渠道，提升了产业附加值。

由于下山入川易地扶贫搬迁工程的实施，南部山区 10 万多群众搬迁至黄花滩移民区，南部山区马铃薯种植面积大幅缩减，从 2016 年开始全县马铃薯种植面积也不断减少，当年马铃薯种植面积从 2015 年的 20.08 万亩减少到了 18.8 万亩，到 2020 年全县马铃薯种植面积缩减到了 3.5 万亩。

2006 年，农业部下发了《农业部关于加快马铃薯产业发展的意见》，提出大力推进马铃薯产业的发展，把马铃薯做成粮食增产、农民增收和农业增效的一个大产业。还首次把马铃薯列为我国优势农产品品种之一，编制了 2008—2015 年的马铃薯发展优势区域规划。甘肃省政府将马铃薯作为甘肃的"农业名片"，在全省特色优势产业提升行动中将马铃薯产业作为第一大产业来扶持。近几年省财政每年还安排 8000 多万元马铃薯发展专项资金,扶持马铃薯产业发展,拟将甘肃省建成全国最大的商品薯生产基地和重要的脱毒种薯生产基地。2007年以来,古浪县被列为河西地区旱作农业示范县,2007年下达以马铃薯为主的旱作农业示范面积5千亩,2008年下达种植面积5万亩,2009年17万亩。2010—2015年马铃薯面积一直稳定在20万亩种植任务,并在地膜供应和农机具的购置方面继续给予补贴,从任务数量上说,古浪县仍属于重点推广区域。2016年开始马铃薯种植面积不断减少,面积为18.6万亩,2017年16.2万亩,2019年不足10万亩。2020年8万亩。

第三节 蔬菜产业

近年来,古浪县着力发展以日光温室为主的反季节蔬菜,扶持发展以南部山区为主的高原绿色有机蔬菜,以井黄灌区为主的精细蔬菜。2020年全县蔬菜种植面积稳定在13万亩、产量稳定在60万t左右。全县设施蔬菜面积3万亩,初步形成了3个设施果蔬生产区域,分别是南部山区人参果种植区,河灌区红提葡萄种植区,黄花滩生态移民区精细果蔬种植区,主要种植作物有辣椒、番茄、茄子、甜瓜、西瓜、葡萄、人参果、食用菌等。全县露地蔬菜9万亩,着力打造东起黄羊川镇石门山村,西至十八里堡乡曹家台村的万亩高原夏菜生产基地,面积达到2万亩,主要种植娃娃菜、蒜苗、笋子等高原夏菜;在北部沿沙区着力打造以永丰滩镇和海子滩镇为中心露地蔬菜集群,面积达到7万亩,主要种植辣椒、胡萝卜、西芹、洋葱等蔬菜。

蔬菜在古浪县栽培种植历史悠久,二十世纪五六十年代,全县蔬菜播种面积2000亩左右,1981年以后,随着地膜覆盖技术在蔬菜生产上的推广引用,番茄、茄子、辣椒等面积有了较大的发展,单产不同程度的有提高,1983年,全县蔬菜面积3097亩,单产1048kg,总产647.04万kg。1988年,全县蔬菜面积4500亩,单产1781.5kg,总产801.6万kg。1993年,全县蔬菜面积4304亩,单产1190kg,总产5111t。1998年,全县蔬菜面积15 242亩,单产2.8t,总产42 793t。2003年,全县蔬菜面积3.43万亩,单产1.85t,总产63 718t。2013年,全县蔬菜面积10.02万亩,总产量30万t。2018

年，全县蔬菜面积 14.372 万亩，总产量 45 万 t。2019 年，全县蔬菜面积 10.68 万亩，总产量 45 万 t。

古浪县设施农牧业建设起步于 2006 年，主要以发展养殖暖棚和日光温室建设为主，主要经历了示范带动、快速发展、整体推进全面发展三个阶段。其中 2006—2008 年为示范带动阶段。全县设施农牧业建设主要以大户示范，农户尝试发展为主，农民生产方式在逐渐发生转变；2009—2010 年为快速发展阶段。从 2009 年开始，结合石羊河流域重点治理项目，县上针对设施农牧业建设出台了一系列扶持政策，农户积极性空前高涨，设施农牧业集约化、标准化、产业化发展步伐逐年加快，全县设施农牧业建设得到了快速发展；2011—2015 年为整体推进、全面发展阶段。目前，全县建成日光温室 1.5 万座 3 万亩，主要种植辣椒、茄子、番茄等反季节蔬菜和火龙果、西瓜、芦笋等高端果蔬产品。基本形成了以井河灌区乡镇和黄花滩生态移民区为重点区域日光温室精细果蔬生产基地。

1. 露地蔬菜

20 世纪 80 年代至 1994 年，全县蔬菜种植面积极少，主要以农户自家田园种植的零星蔬菜为主，用于满足自己的膳食需求。全县露地蔬菜种植主要为甘蓝、芹菜、西红柿、辣椒、胡萝卜等。甘蓝、芹菜在古浪县城郊区峡峰村、丰泉村种植面积较大，每年种植面积在 1500 亩以上，主要供应山川地区冬贮压菜。芹菜平均亩产 7500kg，亩效益 2500 元左右；甘蓝棚均亩产 8600kg，亩效益 3000 元左右。西红柿、辣椒在纯井灌区永丰滩、黄花滩、大靖、海子滩等地种植较多，胡萝卜以麦后复种为主，其他蔬菜以庭院种植为主。

1992 年开始至 2002 年为蔬菜规模外销阶段，蔬菜价格持续走高，全县有种植条件的地区开始大面积发展蔬菜产业，以沿漠区海子滩镇、永丰滩乡为主的辣椒产业，以古浪镇为主的甘蓝产业和以定宁镇、泗水镇、土门为主的西芹产业发展迅速。1997 年马路滩林场首次引进牛蒡、芦笋、"理想大根"萝卜等特种蔬菜进行种植，并与永丰滩镇、黄花滩镇等地农户签订"理想大根"萝卜种植合同，产品部分加工为"一口香"榨菜，部分销往日本、韩国。1998 年，海子滩镇马场滩村、永丰滩镇庵门村连片种植赤选椒王辣椒，获得较高种植效益，棚均亩产 8500kg，亩效益逾万元。到 2002 年，全县蔬菜种植面积达到 3.43 万亩，产量达到 6.5 万 t。

从2002年开始，随着蔬菜种植面积的逐步扩大以及县委、县政府和各相关部门的资金扶持，蔬菜种植由传统方式向现代工艺转变，生产技术不断提高，产品品种优胜劣汰，古浪县蔬菜产业发展进入了全新的阶段。2003年，县园艺站技术工作站在黄羊川镇一棵树村建立高原夏菜种植示范点，引导南部山区农民在当地高海拔、气候冷凉条件下，发展喜冷凉型高原夏菜生产，2005年，县园艺技术工作站结合中央现代农业生产蔬菜产业项目的实施，每年安排资金为南部山区高原夏菜提供种子、有机肥等生产物资，2012年开始，引进蒜苗、莴笋、荷兰豆等作物，进一步丰富高原夏菜品种，面积达到2万亩，成为南部山区留居贫困群众脱贫增收的支柱产业。

2. 设施蔬菜

从20世纪90年代中期到2005年，在农业部门的引导下，学习外地经验，引进先进的建造技术和栽培技术，1995年，古浪县首批5座日光温室在土门镇、永丰滩镇建成，土门村种植户孔令忠、新胜村种植户甘生财等成功种植冬春茬芹菜，为古浪县日光温室蔬菜种植开辟先河。1996年，县政府联系发放20万元贴息贷款，鼓励农户建立日光温室，先后在土门、永丰滩、黄花滩3个乡镇建立日光温室44座，35亩，加上群众自发筹款建造的日光温室，全县日光温室总数达68亩。随后几年，县委县政府将日光温室作为全县设施农业发展重点，先后出台优惠政策，从贷款贴息、土地调整、技术培训、配水配电等方面给予支持。2001年，县政府从靖远县聘请专业技术人才常驻古浪，配合园艺技术工作站人员巡回到各乡镇进行技术指导，成功推广日光温室茄子嫁接技术。2004年，古浪县学习凉州区张义堡镇种植经验，在海拔高度2300m左右的十八里堡乡、黄羊川镇进行日光温室人参果种植试验，获得成功。截至2005年，全县共建成日光温室3600亩，产量达2700万kg，产值2160万元。

2006年，随着石羊河流域综合治理工作不断推进，武威市将发展日光温室作为发展节水农业的一项有效措施进行推广。古浪县委县政府制定优惠政策，加大资金投入力度，在古浪县建设相对集中的土门镇、海子滩镇、黄花滩镇培养瓜菜运销专业户26户。2007年，古浪县各部门、各乡镇组织人力、物力、财力，采取财政补、乡镇贴、银行贷、项目扶、干部帮、群众筹等方式广泛筹集资金，每座日光温室补助3000元，提供6000~8000元的贴息贷款，2009年开始，政府将每座日光温室补助提高到5000元，同时提供6000~8000元的贴息贷款，使全县精细蔬菜以每年3000

亩的速度发展，相对集中的规模区域不断出现，到2011年年底，全县日光温室蔬菜面积达到1.15万亩。

2012年，黄花滩移民区日光温室建设开启，当年在感恩新村社区先行建设占地100亩，集优质种苗繁育、新品种新技术展示、标准化栽培技术示范、农民技术培训和收储加工为一体的综合示范园，建成二代日光温室22座，为解决黄花滩移民区土壤盐碱化程度高、作物生长不良、墙体脱落严重等问题，县园艺技术工作站从辽阳市引进全钢架日光温室进行试验，2013年在西靖镇感恩新村建成全钢架日光温室205座。针对全钢架日光温室冬季保温能力差、不能种植越冬作物的劣势，充分利用二代日光温室和全钢架日光温室的优势，不断改进完善，提出"土墙+钢架"日光温室建造模式，2014年建成该类型日光温室34座，保温效果显著，经济效益较高，成为黄花滩移民区日光温室建设的主要建造模式。随后几年，政府为每座日光温室补助资金4.98万元，农户自筹资金2万元，到2022年，黄花滩移民区日光温室面积达到1.76万亩。2018年，县扶贫公司投资建设的1000座高标准日光温室开工，引进试种火龙果成果。2019年，县委县政府引进海升集团，成立古浪越海农业有限公司，投资4.4亿元，建成12万m^2智能果蔬综合型玻璃温室，古浪县日光温室蔬菜进入现代化智能时代。

3. 食用菌

古浪县食用菌设施栽培距今已有10多年历程，2009年起，结合石羊河流域综合治理项目实施，在古丰镇柳条河村、十八里堡乡赵家庄村等南部山区冷凉气候区域栽培双孢菇、平菇等品种，在气候适应性和产量方面均具有相对优势，但受市场销售、技术支撑、政策扶持、群众意愿等各类因素影响，未能走上规模化、市场化、品牌化发展之路。2016年引进试种羊肚菌成功后，2017年开始在不同区域种植香菇、姬菇、秀珍菇、小黑平、滑子菇和畦栽羊肚菌、球盖菇。2018年，根据市委市政府《关于聚焦脱贫攻坚加快发展沿山地区现代食用菌产业的实施意见》，县委县政府研究制定《古浪县食用菌产业发展三年行动实施方案》，将食用菌列入全县"8+N"特色优势主导产业之一，通过组织引领、政策扶持、项目带动，全县食用菌产业进入了市场化、规模化、品牌化快速发展期。从试验和种植情况看，目前古浪县适宜发展的食用菌品种主要包括香菇、姬菇、小黑平、金耳、羊肚菌、球盖菇、双孢菇等。

2021年，全县食用菌袋栽1202.15万袋、畦栽40.29万m^2，鲜品产量达到9200t，实现产值1.15亿元，品种主要有香菇、平菇、小黑平、姬菇、羊肚菌、双孢菇等，产品主要销往成都、昆明、银川、兰州和武威等地大中型蔬菜市场。2022年，全县计划发展食用菌袋栽1500万袋、畦栽100万 m^2，争取各类食用菌鲜品总产量达到1.2万t，产值突破1.5亿元。目前，新引进落地食用菌企业1家，食用菌生产企业、专业合作社达到10家，全县完成菌袋入棚525万袋、畦栽80万 m^2，分别占全年计划的35%、80%。

第四节 饲草产业

古浪县天然草原总面积290.82万亩，占全县总土地面积的38%，其中可利用面积259.91万亩。县境内从南到北，有高山、中山、丘陵、台地、平原和沙漠，地貌类型较为复杂。草场类型由于受地形、地貌、气候、土壤等自然因素的影响，主要有高寒草甸、高寒灌丛草甸、温性草原、温性荒漠草原、温性荒漠5大类草型，主要分布在南部山区和北部荒漠区。主要草原植物分属46科122属，约270种。由于受地理位置。气候和水土等因素的制约，草原植被稀疏，植物种类贫乏，结构单一，草原生态比较恶化。全县天然草原植被盖度在35%~85%，平均鲜草产量约 $1098kg/hm^2$，理论载畜量为15.57万个羊单位。

20世纪90年代随着国家实施西部大开发和甘肃建设"草业大省，畜牧强省"、农村产业结构调整、退牧还草、天保工程、生态治理等种草事业的发展，草业在国民经济中的地位日趋重要，加快古浪草业发展，对改善生态环境，优化农业结构，增加农民收入，推进农村经济的可持续发展具有十分重要的意义。1983年全县饲草面积20 214亩、1993年全县饲草面积20 652亩。2000年以后，古浪县委、县政府提出了"开发草产业，发展草食畜"的草产业发展思路，确立了发展以麻黄草、甘草为主的药用草，以紫花苜蓿、串叶草为主的饲用草和以披碱草、花棒等水源涵养、防风固沙为主的生态草的草产业发展格局。全县累计人工种草23.25万亩，粮、经、草比例由2003年的60∶32∶8调整为2007年的60∶30∶10，到2020年全县种植各类牧草 16.3 万亩，其中青贮玉米 8.29 万亩，其他牧草面积 8.01 万亩（小黑麦、燕麦 5.67 万亩、苜蓿 0.02 万亩、其他 2.32 万亩），饲草总产量预计可达 40 万 t（草产量 38.2 万吨、籽粒产量 1.8 万 t），产值 1.6 亿元，其中青贮玉米总产量 35 万 t、产值 1.2 万元。全县累计扶持发展青贮饲料企业（合作社）及大户 336 个，建设青贮池 37 万 m³，购置机械设备 1717 台（套），饲料青贮、氨化作为饲草产业主要工作，从 1984 年开始推广应用。1985 年 10 月，县畜牧兽医站技术人员首先在海子滩元庄、廖家井两村，示范青贮 8 窖 1.5 万 kg，并获得成功。1986 年在一棵树、马场滩、土沟井等村建立青贮示范户，青贮甜菜叶 4 万 kg。1987 年在永丰滩井灌区也建立了示范户，全县青贮甜菜叶 10 万 kg。1988 年，青贮甜菜叶 58 窖 47.32 万 kg。从 1989 年开始，青贮饲料在川区大面积推广，从此以后，青贮数量一年一个台阶。1990 年青贮饲料 4730 窖 1938.35 万 kg。1992 年青贮饲料 4566.85 万 kg。1993 年古浪县被农业部评为青贮饲料先进县。1995 年全县青贮饲料 12 200 万 kg。1997 年青贮饲料达 14 700 万 kg。2000 年，县畜牧兽医站加强对永久性青贮氨化池、揉草机等基础设施建设，加大对养殖户的扶持力度，使青贮饲料达到 15 500 万 kg，创历史最高纪录。

1992 年，古浪县配合省草原总站实施景电工程移民区麦秸氨化项目，在雷家梁、祁新庄两个村民小组建立示范户 20 户，购置铡草机具 2 台，修建水泥氨化饲料池 20 个，应用尿素进行氨化，全年氨化麦秸 40 窖次 2 万 kg，喂羊 48 只；1993 年，氨化麦秸 32 窖次 4 万 kg，饲喂牛、羊 89 头（只），并通过联合国粮农组织检查验收；1994 年，氨化技术在川区乡镇推广应用，氨化饲料主要供给养牛、养羊大户；1995 年，氨化麦秸达 2600 万 kg。自 1996 年起，全县 24 个乡镇均氨化麦秸；2000 年，全县氨化麦秸达 4500 万 kg。

微贮饲料具有成本低、效益高、不争农时且易制作等特点，较受养殖户欢迎。1996 年，全县微贮饲料 625 窖 5000t，1998 年达 740 窖 8000t。

1995 年，全县有粗饲料粉碎机 340 台，全县共加工草粉 6000 万 kg；2007 年有粉碎机 382 台，共加工草粉 9000 万 kg。

截至 2004 年，全县单、复、套种各类牧草 23.7 万亩，其中紫花苜蓿达 7.35 万亩，一年生饲料作物 16.35 万亩。

2000 年以后，随着规模养殖迅猛发展，青贮成为养殖户的自觉行为，2006 年达到18 200万kg。此后每年加大饲料青贮工作推广扶持力度，每年都有较大发展。2008年青贮饲料19 500万kg、秸秆氨化3800万kg。2015年利用青贮池建设补贴资金，修建青贮池10 663m³，青贮窖8000m³。

2019年全县种植各类牧草12.1万亩，其中青贮玉米3.1万亩；连片种植100亩以上饲草示范点162个、面积3.6万亩（苜蓿0.3万亩、箭筈豌豆0.78万亩、小黑麦2.2万亩、燕麦0.32万亩）；零星种植面积5.4万亩（青贮玉米2万亩、苜蓿0.8万亩、小黑麦0.6万亩、燕麦1.2万亩、箭筈豌豆0.8万亩）。饲草总产量29 710万kg（草产量28 500万kg、籽粒产量1210万kg），其中青贮玉米总产量25 500万kg。全县累计扶持发展青贮饲料企业（合作社）及大户336个，建设青贮池37万m³，青贮广场0.8万m²，总贮存量13 538万kg，其中群众自贮8400万kg，兴盛种羊场、顶乐牛场等大型养殖场集中贮存5100万kg。

2020年，以南部山区和北部沙区为重点，发展优质饲草16.3万亩，其中：青贮玉米8.29万亩、小黑麦4.2万亩、燕麦1.47万亩、紫花苜蓿0.43万亩、箭筈豌豆0.3万亩、其他1.61万亩。全年饲草总产量达到50 200万kg。建成饲草种植加工企业11个，青贮饲料18 500万kg。

第二章　特色养殖

第一节　羊产业

一、产业发展整体情况

肉羊产业是古浪一项传统产业，新一轮扶贫开发以来，我们把发展肉羊产业作为贫困群众稳定增收的重要举措，抢抓省委省政府产业扶持政策机遇，持续加大资金投入，在政策、资金、市场等环境不断改善的有利条件下，肉羊产业保持了迅猛发展的态势，逐步实现了由粗放管理向标准化生产、由单纯的数量扩张到数量质量并重、由家庭副业型向支柱产业型的转变，已经成为全县农村经济的重要支柱和农民脱贫增收的主要途径。截至目前，全县肉羊存栏、出栏、羊肉产量分别达到 243.01 万只、157.63 万只，全县羊存栏量跃居全市第一、全省前列。

二、农产品加工以及销售情况

引进建成中天、四海、达康肉羊屠宰加工生产线 3 条，年屠宰加工能力达到 140 万只，肉羊产业链条进一步延伸。建成森茂、国贸 2 个牛羊交易市场，年牛羊交易量可达 200 多万只。建设全省首个云上乡村农业资源交易平台，应用云计算、大数据、物联网等新技术，为肉羊养殖、加工、销售提供综合服务，进一步打通产供销全产业链发展壁垒。

三、经营主体培育情况

培育规范化肉羊养殖专业合作社849家，成立县乡扶贫公司引领产业发展，带动群众多渠道参与肉羊产业发展，全县共建成规模养殖场719多个，肉羊规模化养殖量在150多万只。坚持以点带面、以场带户，初步构建了以兴盛种羊繁育公司为核心，西靖、横梁、大靖、民权等乡镇建立的15个万只羊场为扩繁基地的肉羊繁育体系，兴盛、陇沁2个种羊场目前存栏优质种羊6.5万只，年供种能力在5万只以上。

四、产品开发和品牌建设情况

古浪县甄程牛羊肉成功申报"甘味"品牌名录，注册"甄程""浪涛沙""陇泽康""土门四海"等牛羊肉品牌56个，牛羊肉绿色产品认证59个，无公害畜产品产地认定牛羊猪等养殖畜禽数量105万头只。借助八步沙区域品牌优势，组建专门团队全力打造"古浪羊"品牌，正在积极申报国家农产品地理标志认证。

五、带动农户情况

坚持用工业化理念谋划现代农业发展，支持现有龙头企业和专业合作组织发展壮大，完善与贫困户之间的利益联结机制，真正形成利益共同体，探索出了"龙头企业+农户自养""龙头企业（合作社）+基地+分红"、产业链带动发展等模式，带动2万多户农户发展羊产业。

第二节　牛产业

一、产业发展整体情况

近两年，古浪县按照加快建设"三大特色产业带"、大力发展"十大产业"的部署要求，把牛产业作为农业转型、农民增收的支柱产业来抓，通过市场引导、政策扶持、招商引资和强化服务，推动全县牛产业扩规提质增效，牛产业呈现出区域化、规模化、集约化发展的良好态势，全县规模化肉牛场（小区）达到40个，创建顶乐肉牛、甄程牧业 2 个牛产业联合体，全县肉牛存栏 9.29 万头。2020 年，引进宁夏金宇集团和 8 家奶牛养殖企业，计划在移民区投资 22 亿元兴建 6 万头生态奶牛产业园。目前已建成牛舍，配套蓄水池、青贮广场等设施，投入奶牛 1.7 万头。预计年底前产业园一期工程完工，9 个牧场全部投产，奶牛养殖量在 3.1 万头以上，2022 年 10 月实现满产。

二、农产品加工以及销售情况

大力发展农产品精深加工，持续支持建成的浪美、中天、达康、四海牛羊等屠宰加工企业达到满负荷运营条件，年屠宰肉牛达到 6 万头。建成森茂、国贸 2 个牛羊交易市场，年牛羊交易量可达 200 多万只。赴临夏洽谈燎原乳业集团万头奶牛场及深加工项目，企业负责人已多次来古考察，计划投资 6.2 亿元，在古浪建设万头奶牛场、鲜奶深加工和有机肥生产项目。

三、经营主体培育情况

引进培育顶乐、金宇浩睿、西靖镇扶贫公司、浪美公司等经营主体，通过标准化养殖、精深加工、品牌建设及扩大销售，推进牛产业全产业链发展。

四、产品开发和品牌建设情况

古浪县甄程牛羊肉成功申报"甘味"品牌名录，注册"甄程""浪涛沙""陇泽康""土门四海"等牛羊肉品牌 56 个，牛羊肉绿色产品认证 59 个，无公害畜产品产地认定牛羊猪等养殖畜禽数量 105 万头只，积极参加各类农博会、农产品产销对接活动，通过全方位展示展销和宣传推广，提升了畜产品品牌形象，甄程农牧业科技公司生态牛肉获"敦煌国际美食名菜"荣誉。

五、带动农户情况

县上通过贷款贴息、养殖设施补助、集中连片养殖区水电等设施配套等方式支持农户发展牛产业。企业、合作社等新型经营主体通过"企业（合作社）+基地+农户"带动模式带动 5000 多户农户发展牛产业。

第三节　奶产业

近年来，古浪县抢抓国家和省市实施奶业振兴行动、伊利集团落户武威的重大机遇，立足黄花滩移民区土地供应足、气候条件优、养殖基础好等优势条件，突出"种好草、养好牛、产好奶"，奶产业实现从无到有、从小到大的重要转变，呈现出强劲发展势头。

一、业发展整体情况

2019年前，古浪县全县奶牛存栏196头，由农户零星养殖，没有规模养殖户。2019年下半年，古浪县引进金宇浩睿、佳秉运、铭原恒等9家奶牛养殖企业，在移民区建设生态奶牛产业园，2020年1月开始建设，今年又新开工金宇牧光互补2号牧场，已建成牛舍2栋，特需牛舍、青贮窖等设施正在加快建设，年内达到投畜条件；润悦鑫、伊云鑫、国萍草牧等8家奶牛企业新建成泌乳牛舍8栋、后备牛舍6栋、挤奶大厅3座。累计建成牛舍56栋、挤奶大厅12座，进场奶牛达到3.8万头，完成投资15.6亿元，日产鲜奶350t，全部供应伊利集团。

现有项目全部建成后，奶牛养殖规模将达到7万头，年可生产鲜奶49万t以上，产值30亿元以上。

二、产业发展模式

一是强化政策扶持，全力保障产业发展。强化项目、资金、人才等方面政策集成，支持奶产业加速发展。项目支持方面，争取落地4000万元奶业生产能力提升整县推进项目，实施了1200万元的奶牛规模养殖场补贴项目、1000万元的现代寒旱农业三年倍增奶产业项目，支持圈舍建设、防疫、饲草料加工、挤奶及运输、饲养技术推广，有力提升了牧场科学化、规范化、智能化水平。基础设施方面，提供建设用地1万多亩，其中今年2000亩，配套园区道路14km、供水管网64km，水电实现专线专供。资金扶持方面，累计落实补助资金9375万元，其中今年补助6240万元。协调金融机构投放贷款 2.23 亿元，6 月份投放全省首笔"活畜抵押贷款"4000 万元，年内投放额度突破亿元。人才支持方面，成立国家科技特派团奶产业工作站，组建奶产业链技术服务团队，全过程开展技术指导与服务。帮助支持奶牛养殖企业引进硕士、博士研究生7 人，佳秉运聘请"牛博士"田春雷担任场长。

二是加强品种培育，着力提升奶牛品质。坚持良种引进和培育相结合，引进国外纯种荷斯坦奶牛 1.2 万头，实施高产奶牛养殖技术与集成示范项目，筛选建立优质种子母牛群，完成 100 枚种用胚胎移植、600 头母牛优质性控冻精授配，繁育优质奶牛2500 头。甘肃奶业研究院完成项目选址，正在开展前期工作，9 月底开工建设。加快推进金宇浩盛 2 万头公牛犊养殖牧场建设，9 家牧场均建有犊牛岛，对所产公牛犊育肥销售，共转场育肥 2000 多头、销售 1200 多头。

三是建设饲草基地，增强产业带动效益。坚持以养促种、以种保养，支持奶牛企业就近流转土地，建成优质饲草基地 4.6 万亩。全县饲草种植规模持续扩大，形成南部山区燕麦、小黑麦种植基地，移民区和黄灌区青贮玉米、紫花苜蓿种植基地，饲草面积达到 33.2 万亩，占农作物播种面积的比重由 2019 年的 13% 提高到今年的 30%，产值达到 6.64 亿元。在奶牛养殖企业带动下，青贮玉米收购价由 2019 年的每吨 380元提高到今年的 750 元，亩均收入 3000 多元，2 万多户群众从中受益。坚持以产业带动就业，奶牛企业吸纳本地长期务工人员 600 多人，人均月工资 4000 多元。

三、规模发展典型案例

甘肃省武威金宇浩睿农牧业有限公司于 2020 年 4 月 7 日在武威市古浪县注册成立，注册资金 6000 万元。公司主要从事奶牛养殖、生鲜乳销售、牧草种植。公司正在实施金宇牧光互补产业园区项目，概算总投资 89.68 亿元，占地面积 13.75 万亩，年产值约 26.3 亿元。金宇牧光互补产业园区包括五座单体 1.5 头奶牛养殖牧场、一座存栏 2 万头肉牛场、100 万千瓦光伏电厂、10 万亩饲草基地、奶业研究院、3000 座有机果蔬种植温棚，建设周期 5 年。

现已投资 6 亿元完成 1 号牧场的建设。建成特需牛舍、后备牛舍等养殖设施，配套建设 20 万立方米蓄水池、干草棚、精料库、青贮广场、粪污处理等设施，2020 年流转饲草种植约 3.1 万亩。目前存栏量已达到 1.4 万余头，泌乳牛 3500 头，日产鲜奶

120 t。2号牧场（甘肃省武威浩睿第二牧业有限公司）目前进展情况：场区土地平整已完成90%（950 000 m³），特需牛舍和干奶牛舍立柱安装结束，青贮窖和小挤奶厅的混凝土基础正在做压实处理，大挤奶厅土方平衡已经完成，于2023年2月底全面开工建设，年内投畜7500头。牧场依托母公司宁夏金宇浩兴农牧业股份（集团）有限公司标准化、规范化的管理模式。采用世界先进的散栏式饲养方式，实行TMR精准饲喂技术，2×80位转盘式自动化挤奶技术，粪污综合处理资源化循环利用技术等先进模式。通过发情监测系统、日粮监测系统、牧场信息化管理系统等技术应用，实现科学化管理和奶牛养殖废弃物无害化处理及绿色循环发展模式。

存栏2万头的肉牛养殖场（甘肃省武威金宇浩盛农牧业有限公司）现已存栏5500头，年内存栏将达到10 000头。

奶业研究院（甘肃省兴睿源盛畜牧科技有限公司）于2023年1月12日正式开工建设，预计9月底建成投入使用。主要建设内容：奶牛饲草及营养研究中心、奶牛疾病及防疫研究中心、奶牛繁育研究中心、奶牛粪污资源化利用科研中心、奶制品研发中心、国际交流及培训中心；四座实验室，即DHI（奶牛生产性能）检测、饲草检测、疾病检测、胚胎中心；一个平台，奶牛养殖大数据平台。

园区建成后，牧光互补的运行模式是奶牛养殖行业的一项创新，能够实现行业间投资互补，形成养殖业"碳中和"发展路径；实现"种养一体""奶肉联动""奶菜联动"的产业发展模式；将是一个集科技养殖、能源100%自给、土地综合高效利用、绿色循环发展、光伏治沙、产业旅游为一体的现代化高科技农业综合发展绿色园区。可解决本地就业人员2000余人，带动当地饲草料种植面积30万亩，带动种植农户3000余户，并对当地奶牛产业发展起到引领和示范作用。对巩固全县脱贫攻坚成果、推进产业结构调整、推动饲草产业提质增效和畜牧业持续发展壮大起到重要带动作用。

第四节　农业废弃物资源化利用

近年来，古浪县牢固树立"绿水青山就是金山银山"的绿色发展理念，把农业废弃物资源化利用作为生态文明建设专项行动、建设美丽乡村、推进农业绿色发展的重点工作来抓，切实加强组织领导，加大宣传培训力度，加强试验示范带动，落实工作责任，全县农业环保工作取得了一定成效。

一、畜禽粪污和秸秆资源化利用情况

目前全县畜禽总排粪量约为 236.55 万 t，粪污资源化处理利用量 207.64 万 t，其中：粪污全量还田 11.62 万 t，堆积发酵 182.52 万 t，其他方式利用 12.93 万 t，粪污资源化利用率达到 87.8%。全县积极推动秸饲料化利用工作，按照古浪县秸秆资源化利用要求，2022 年全县 1 至 9 月份共产生秸秆 7.88 万 t，其中小麦秸秆产量 7.21 万 t，豆类秸秆 0.671 万 t，完成秸秆饲料化利用 4.86 万 t，秸秆饲料化率达到 61.7 %。至今，累计扶持发展青贮饲料企业（合作社）及大户 425 家，建设青贮池 37 万 m³，购置机械设备 1717 台。

依托畜禽粪污资源化利用整县推进项目，支持 29 家规模养殖场建设畜禽养殖废弃物处理设施，建设古浪县西区、东区两个畜禽粪污集中处理中心、粪肥质量及还田土壤质量检验监测中心及粪肥还田利用示范基地，项目建成后年处理畜禽粪污 11 万 t 以上，累计建成堆粪场 19 处，16 206m²；化粪池 15 座，29 561m³。

二、废旧农膜和尾菜处理利用情况

深入宣传贯彻《甘肃省废旧农膜回收利用条例》，坚持"政府倡导、企业带动、网点回收、群众参与"的路子，严格农膜市场准入，加强督查检查，突出废旧农膜回收加工企业和回收网点建设，积极推广农村清洁工程和农膜科学使用技术，探索建立了农业部门监管补贴、乡镇回收、企业清运加工的回收模式。全县共建成废旧农膜专业化加工利用企业 2 个，乡级回收网点 18 个，实现了回收加工全覆盖。2021 年通过"以旧换新"的方式回收废旧农膜 3856t，回收率达 82.7%，在马铃薯、中药材、露地蔬菜开展高效环保地膜和生物降解膜 3 项（次）。

积极争取省级尾菜处理试验示范项目资金，注重戈壁农业、蔬菜销售流通环节，做好尾菜处理堆沤和半堆半沤发酵处理、腐熟直接还田处理利用、肥料化处理利用、饲料化处理利用技术模式示范推广。2021 年生产环节处理利用尾菜 7.1 万 t，处理利用率45.9%；流通环节处理利用尾菜8.4万t，处理利用率44.9%。全年尾菜综合处理利用率达45.2%。

三、畜禽粪污资源化利用政策措施推进情况

一是推行清洁养殖，促进畜禽粪污源头减量。重点是支持发展畜禽标准化规模养殖，实施畜禽粪污源头减量工程，从源头上实现减排。二是实施项目带动，健全种养循环发展机制。组织实施畜牧业相关项目，扶持建设粪污收集、存储、运输、处理、利用等配套设施，建立养殖与种植紧密对接机制，全面推行畜禽粪污资源化利用市场化机制，推进粪污就地就近消纳。三是畅通还田渠道，支持畜禽粪污肥料化利用。支持利用畜禽粪便生产有机肥，扩大有机肥替代化肥试点，在移民区日光温室推广有机肥施肥，2022年推广有机肥7万t。四是严格执法监管，督促落实畜禽养殖主体责任。压紧压实畜禽养殖场环境保护主体责任，依法依规开展环境影响评价，严把准入关，严厉查处违法行为，让养殖场深入开展粪污资源化利用，县农业农村局与环境生态局联合对全县的养殖场户的粪污处理设施进行了检查验收。五是实行精准管理，提升信息化监控能力。通过建立完善畜禽规模养殖场直联直报信息系统，实现精准化、信息化管理。

四、畜禽粪便资源化利用典型案例

2014年，依托"金土地"合作社在西靖镇古山村，利用甘肃省耕地保护与质量提升项目，投资15万元，成立金土地有机肥加工厂，建成占地面积1700m^{2}的畜禽粪便腐熟有机肥加工车间1处，年可加工畜禽粪便堆沤腐熟量1万多吨。2016年为扩大生产规模公司开始大规模迁建改建，正式更名为甘肃古浪县古泽肥业有限公司。现坐落于甘肃省古浪县西靖镇，注册资本500万元，占地面积26 600m^2，是一家生产销售以羊粪为原料的腐熟有机肥企业。公司现有员工共40名，其中管理人员5人，技术人员10人，长期从事有机肥生产的一线工人25人。公司现有发酵处理场地3处，粉碎筛分车间2处，封装车间1处，年生产能力10多万t。

甘肃古浪县古泽肥业有限公司成立以来，先后注册了"金土地""古泽肥业"等商标。先后承担了古浪县耕地质量提升、耕地轮作休耕等多个项目的有机肥供应，还协助承

担了青海省国土整治与生态修复项目有机肥供应。公司生产的产品远销云南、四川、宁夏、青海、新疆等省区。

　　甘肃古浪县古泽肥业有限公司产品主要依托县内及周边市县天然牧场优质羊粪为原料，经过深度发酵后制成的有机肥，生产的有机肥具有有机质含量高，富含各种氨基酸、腐植酸、黄腐酸、固氮菌等，富含氮、磷、钾等元素，钙、镁、硫等元素，锌、铜、铁、锰、钼、硼、硒、硅、钴等微量元素等优点。对农业生产，无论从产量、品质以及土壤改良等方面都是最佳选择，也是有机肥企业生产有机肥的最佳原料。本公司生产的有机肥性价比高，是无公害、绿色、有机农业最理想的肥料。

技 术 篇

第一章 玉 米

第一节 玉米主要栽培技术

一、玉米垄膜沟灌节水栽培技术规程

（一）播前准备

1. 地块的选择

选择土壤团粒结构好，蓄水能力强土层较厚的地块，前茬以豆类、马铃薯、小麦、秋油菜及其他蔬菜类为佳。

2. 整地

前茬作物收获后，深耕晒垡，熟化土壤，秋季人工或机械深翻20~25cm，结合深翻每公顷施入优质农家肥45 000~60 000kg，冬季灌足冬水。

3. 施肥

每公顷全生育期施入纯氮390~420kg、磷195~210kg、钾90~120kg、硫酸锌22.5~30kg或根据测土结果进行配方施肥，肥料结合春耕施入或在起垄时集中施入垄底。

4. 选用良种

为了保证出苗和产量应选用抗旱耐逆优质高产的包衣种子。海拔在1600m以下的区域应选用中晚熟品种；1600~1800m的区域应选用中早熟品种。

5. 土壤处理

地下害虫危害严重的地块应在整地起垄时每亩用40%辛硫磷乳油0.5kg加细沙土

30kg 制成毒土撒施。玉米丝黑穗病严重的地块可选用立克锈配合毒土施用。

6. 膜下除草

杂草危害严重的地块整地起垄后用 50% 乙草胺乳油全地面喷雾，土壤湿度大、温度较高的地区每公顷用 50% 乙草胺乳油 750～1050 g，兑水 450kg，冷凉灌区用 2250～3000 g，兑水 600～750kg。

（二）起垄

1. 起垄规格

垄沟宽 80cm，垄宽 50 cm，沟宽 30 cm，垄高 20～25 cm，垄沟、垄面要宽窄均匀，垄脊高低一致。

2. 起垄的方法

起垄时先按照垄沟宽度划线，然后用步犁来回沿划线深犁开沟，将犁臂落土用手耙刮至垄面。

（三）覆膜

1. 地膜选择

用厚度 0.008 mm，宽 90 cm 的地膜，每公顷用 105kg。

2. 覆膜方法

起垄后将垄面全部覆盖，相邻两垄垄沟间留 10cm 宽的孔隙，覆膜时地膜要与垄面贴紧拉平，并每隔 3～4m 横压土腰带，防止大风揭膜。

（四）播种

1. 播期

当地温稳定通过 10℃时，一般在四月中下旬播种。过早受冻、出苗受阻，过迟受烫、影响产量。

2. 播种密度

行距 40cm，株距 33～38cm，每公顷保苗 67 500～75 000 株。

3. 播种方式

根据土壤墒情和地温采取不同的播种方式，当土壤墒情好、地温高时，可以边起垄边播种边覆膜；在土壤墒情差、地温较低时应先起垄覆膜，待墒情提高、地温升至适宜温度时，再破膜播种，然后用细沙或草木灰封孔。

（五）田间管理

1. 及时放苗

覆膜玉米从播种到出苗需 10 ~ 15d，在幼苗第一片叶展开后应及时放苗。破膜放苗选在晴天下午进行，使幼苗逐步受到锻炼，培育壮苗。在 3 ~ 4 叶期间苗，4 ~ 5 叶期定苗，每穴留壮苗 1 株。

2. 灌水

灌水掌握在拔节、大喇叭口、抽雄前、吐丝后、乳熟期 5 个时期。一般在 6 月 20 日前后灌头水，全生育期灌 4 ~ 6 次水。灌水定额 3750 ~ 4500m³/hm²。

3. 合理追肥

全生育期结合灌水追施氮肥 2 ~ 3 次，追肥以前轻、中重、后补足为原则。当玉米进入拔节期时，结合灌头水进行第一次追肥，每公顷追纯氮 120kg。追肥方法是在两株中间穴施覆土。当玉米进入大喇叭口期，进行第二次追肥，每公顷追纯氮 150kg。到玉米灌浆期，根据玉米长势，可适当追肥，每公顷追施纯氮一般不超过 45kg。

（六）病虫害防治

1. 玉米螟

50% 辛硫磷乳油 500mL 加适量水，与 25kg 过筛（25 ~ 60 目）的煤渣或沙石颗粒拌和均匀而成，玉米心叶末期每株施颗粒剂 1 ~ 2g，另外可用杀虫双或溴氢菊酯。

2. 红蜘蛛

秋翻灭茬灭草杀虫源，使用 1.8% 虫螨克 3000 倍喷雾。植株生长期间用 40% 乐果乳油或 73%g 螨特 1000 倍液喷雾防治。

3. 粘虫

用 20% 速灭杀丁 2000 ~ 3000 倍液喷雾防治。

4. 丝黑穗病

用 12.5% 速保利可湿性粉剂，25% 粉锈宁可湿性粉剂，或 50% 拌种灵或拌种双可湿性粉剂，按种子重量 0.3% ~ 5% 用药量拌种。

5. 瘤黑粉病

用 15% 粉锈宁拌种，用量为种子量的 0.4%；在玉米抽雄前喷 50% 的多菌灵或 50% 福美双，防治 1 ~ 2 次。

（七）适时收获

当玉米苞叶变黄、籽粒变硬，有光泽时进行收获。收获后及时清除田间残膜，便于来年生产。

二、灌溉区玉米全膜平铺覆土种植技术

（一）技术优点

1. 抑蒸保墒：灌溉区大多是春季覆膜，此时风沙大，蒸发量大，采取垄膜沟灌或全膜双垄沟播沟灌，由于起垄作业土壤疏松和覆膜速度慢等因素，极易造成土壤失墒，出现出苗不齐不全现象，全膜覆土种植技术通过平铺镇压，覆膜速度快，不造成失墒，有效地抑制了土壤水分的蒸发，并能收集雨水，起到保墒作用。经观测，全膜覆盖土壤相对含水量比半膜覆盖高 20% 以上，在整个生育期可减少灌水一次，节水 1500m^3/hm^2。

2. 节水速灌：由于全膜覆盖，灌水时流水速度加快。经观测每次灌水量比半膜覆盖减少 225～300m^3/hm^2，整个生育期可减少灌水 1500m^3/hm^2 左右。

3. 稳膜防错：由于全膜覆土，地膜不移动，克服了地膜由于风吹和太阳照射移动的现象，彻底解决了传统地膜玉米播种穴与幼苗易错位、出苗率低、人工放苗劳动强度大等问题。

4. 机械作业：近几年推广秸秆还田技术，通过机械覆膜覆土，枝、叶、根经旋耕机破碎变小，履带式传输覆膜覆土机间隙大，在作业过程不出现堵塞的现象。8h 能覆膜 2～3hm^2，只需要 2 人即可完成作业。

5. 除草节本：全膜覆土穴播，膜面与地表面紧贴，膜上覆土后膜下形成了一个黑暗高温的环境，又由于膜面覆土自身压力致使杂草不能生长，克服了覆膜出现的杂草上顶地膜，甚至顶破地膜生长的现象。

6. 增密增产：饲用玉米半膜覆盖保苗 85 755 株/hm^2，全膜平铺覆土种植保苗 100 000 株/hm^2，比半膜覆盖多 14 245 株/hm^2，可提高产量 2250kg/hm^2 以上；制种田玉米半膜覆盖保苗 89 325 株/hm^2，全膜平铺覆土种植保苗 104 220 株/hm^2，比半膜覆盖多 14 895 株/hm^2，可提高产量 1350kg/hm^2 以上。

（二）适宜区域

玉米全膜平铺覆土种植技术适宜在土壤为沙质壤土、年降水量在 300mm 以下、

年蒸发量2000mm以上、地下水位较低、春季风沙大的水川灌溉区推广。

（三）存在问题

1. 板结：地膜上覆土，在玉米出苗期由于天气降雨容易出现板结的现象，可在覆膜覆土机的出土板上按行距制作5cm的分土器，覆膜覆土时在膜面形成5cm的播种行。

2. 沤根：地下水位较高、土壤较黏的玉米地，在生长中后期由于土壤含水量较高，容易出现沤根现象，因此该技术应选择沙质壤土较为适宜。

三、玉米全膜平铺覆土种植培技术要点

（一）选地整地

选择土层深厚、土质疏松、肥力中等不易板结的壤土和沙壤土。前茬以禾本科、豆类、马铃薯为佳，玉米也可连作，但最好三年轮作倒茬一次。前茬作物收获后深耕晒垡，及时耙糖保墒并进行镇压。覆膜播种前用旋耕机旋耕，做到土粒细碎、残留根枝叶小，地面平整无坷垃。

（二）施肥及土壤处理

播前结合旋耕亩施优质农肥60 000kg/hm^2，磷二铵450kg/hm^2，尿素300kg/hm^2，硫酸锌30kg/hm^2，覆膜前将40%乙·莠可湿性粉剂750g/hm^2，或甲·乙·莠悬浮剂1200mL/hm^{2}均匀喷洒地面，防除杂草。

（三）覆膜覆土

用厚度0.008～0.01mm、幅宽120cm的地膜覆膜与覆土一次完成，选用甘肃酒泉铸农农机有限公司或甘肃定西市三牛农业机械制造有限公司生产的履带式传输覆膜覆土机，一次性可完成旋耕、取土、镇压、覆膜、覆土及平整作业，具有作业速度快、覆土均匀、覆膜平整、镇压提墒、苗床平实、减轻带动强度，有效防止地膜风化损伤和苗孔错位等优点。覆土厚度1.0±0.5cm，全地面平铺地膜，不开沟压膜，下一幅与前一幅膜要紧靠对接，不留空隙，不重叠。如果土壤较黏重，种子出苗时遇雨水容易板结，可在覆膜覆土机的出土板上按行距制作5cm的分土器，覆膜覆土时在膜面形成5cm的播种行。

（四）播种

当5～10cm土层地温稳定在10℃以上时即可播种，播种深度3～5cm，每穴2～3

粒种子为宜,每幅膜种3行,行距0.4cm,饲用玉米株距0.25cm,制种玉米株距0.24cm,播种密度分别为104 220株/hm²,制种玉米100 000株/hm²,实际播种密度根据品种、土壤肥力、施肥水平和不同地域等具体情况确定。

（五）苗期管理

如因少量穴苗错位造成膜下压苗,应及时放苗封口。少量杂草钻出地膜时需人工铲除。3～4叶期间苗,去掉弱苗;5～6叶期定苗,每穴留健壮苗1株,并去除分蘖。

（六）水肥管理

玉米大喇叭口期,中午出现萎蔫,早晚恢复时及时灌头水,结合灌水撒施尿素300kg/hm²;在玉米抽雄叶丛盛期灌二水,结合灌水穴施尿素450kg/hm² 20d之后灌三水,以后根据降水情况灌四水。每次灌水量应控制在900m³/hm²左右。

（七）病虫害防治

玉米红蜘蛛可用20%哒螨灵可湿性粉剂1500倍液、或73%克螨特乳油1000倍液,在玉米地块周边地埂上喷洒,玉米灌头水后,对玉米地块喷雾。玉米霜霉病可选用80%代森锰可湿性粉剂600倍液,或64%杀毒矾可湿性粉剂500倍液等喷雾防治。

（八）及时收获

玉米一般在雌穗苞叶变干黄、自然下垂,籽粒变硬,有光泽时及时收获。

四、玉米杂交制种技术

（一）我国玉米杂交制种的主要地区

我国玉米制种基地分为西北、东北、华北三个制种区域,西北玉米制种区域包括甘肃、宁夏、陕西和新疆;东北玉米制种区域包括辽宁、吉林和黑龙江;华东、华北玉米制种区域包括山东、河北、山西和内蒙古。这些地区昼夜温差大,光照时间长,适合玉米制种的生产要求。

（二）我国玉米杂交制种的主要模式

2000年12月1日,《中华人民共和国种子法》的颁布实施,构成了相对健全的种子管理法律体系,是我国种子管理工作进入法制化阶段的主要标志。经过几年的发展,我国玉米制种业已经由单一的制种、经营,走向了以科研、生产、加工、推广、销售为一体的产业化发展阶段。

目前，我国玉米制种生产模式，主要采用制种公司+基地+农户的生产模式，制种公司、基地、农户，是玉米制种生产中缺一不可的三个元素，其中，制种公司起着管理和指导生产的作用。

（三）玉米杂交制种对制种企业的要求

为了规范种子生产，制种企业必须经过省级以上农业行政主管部门审定，并取得国家《农作物种子生产经营许可证》。

（四）玉米杂交制种对制种基地的要求

玉米制种生产中，选好制种基地，是保证种子纯度的第一个方法。

杂交制种田四周必须有严格的隔离区，这是保证杂交种子纯度的前提。在生产实践中，多数地区利用山区等自然条件，根据国家标准，杂交玉米制种田与其他玉米花粉来源地水平距离应不少于300m；甜、糯玉米和白玉米应在400m以上。

制种基地除了保证隔离安全以外，还要选用土质肥沃、地力均匀、地势平坦、排灌方便的地块，为高产打下基础。

（五）玉米杂交制种对制种生产农户的要求

目前，我国大部分种子公司的玉米制种基地建立在乡村，农户是基本的生产单位，农户的素质影响到玉米制种的产量和质量，因此，对于制种企业选择的农户，也有着很高的要求，从事玉米制种生产的农户，必须有责任心，能够严格的按照企业所制定的规程进行管理，才能保证玉米良种的产量和纯度。

（六）玉米杂交制种的技术要求

玉米杂交制种与商品玉米的种植有很多相似的地方，但是对于种子生产来说，还存在一些特殊的技术要求。

玉米制种生产首先要保证种子的纯度。玉米是雌雄同株异位的植物，雄花生于玉米植株的顶端，雄花穗聚集成圆锥花序，生于玉米植株侧面叶腋处，为肉穗花序。玉米开花一般是以雄穗散粉和雌穗吐丝为标志，包在叶片里的玉米穗长出上百朵雌花，每朵花都有长长的丝线，这些丝线长到苞叶外面，像流苏似的，这些丝线就是玉米雌穗变异的柱头，专门捕获花粉。雄花在玉米顶部的穗上开放，释放花粉，一个玉米穗在5~8d里能飞出百万粒花粉，每根花丝捕获一粒花粉就能完成受精过程，花粉与卵细胞结合，长成一粒粒玉米种子。玉米花粉有着很强的活力，在风力不大的情况下，玉米花粉可以飘散到 50~70m 远的地方，如果风力大，花粉飘散的距离会更远。所以在玉米制种生产中，首先要保证玉米授粉的纯度，防止花粉混杂，才能保证种子的纯度。花期相遇是指母本的吐丝期与父本的散粉期相遇，只有父本、母本达到理想的花期相遇，才能实现充分授粉，提高结实率，达到增产增收的目的。

（七）玉米杂交制种播种期管理

西北地区、东北地区和华北部分地区，于冬前完成深耕施肥整地，在前茬作物收获后，立即耕地灭茬，结合深耕每公顷施入农家肥 45 000~90 000kg，过磷酸钙 25~30kg。

山东省、河北省、山西省一般采取麦收后贴茬直播的方式，因为冬前麦田里已经施足了肥，一般不用再施基肥。

玉米制种生产大多以春季播种为主。无论是春播还是夏播，只要地表温度达到 12.5℃即可播种。

1. 调节父母本播种期

制种基地中，父母本花期相遇是制种成败的关键。如果双亲花期相同，父母本可同期播种；如果母本吐丝盛期比父本散粉盛期早 2~3d，也可以同期播种，而且这是最理想的花期相遇，这是因为母本花丝的生活力一般可以保持 6~7d，而父本散粉时间较短；一般 4~5d，同时花粉在田间仅能存活数小时。如果父母本的花期相差在 5d 以上，就需要调节播期了，先播花期较晚的亲本，隔一定天数，再播另一亲本。在生产上，调节父母本播种期，要掌握"宁可母等父，不要父等母"的原则。玉米制种中父本和母本的播种期由制种企业来制定，作为种植户必须按照制种企业要求的时间来播种。

2. 制种基地播种技术

由于玉米父母系种子萌发力弱，顶土力差，出苗慢，苗期长势弱，因此制种基地播种必须提高播种质量，力争一次获得全苗。播种时，无论是同时播种，还是错期播种，都要掌握好播种的比例。父本和母本的比例一般是 1：4，也就是 1 行父本，4 行母本。如果是错期播种，则要空出父本或者母本的位置。播种时的株距和行距，则要根据每个品种的不同要求来确定。制种基地播种必须严格分清父、母本行，不得重播、漏播，行向要直，不交叉，父母本同期播种要固定专人分别负责播父母本行，以防种错。针对地下病虫害用粉锈宁或多菌灵等进行土壤防治处理，提前预防病虫害，使土壤达到上虚下实、墒情好、无病虫害。

3. 种植高秆作物

在玉米播种的同时，在制种田周围150m范围内种植高粱等高秆作物，就像增加了一道人工屏障，在玉米花期起到隔离花粉的作用。

（八）玉米杂交制种苗期管理

玉米苗期一般指出苗到拔节这一时期，这段时间主要以营养生长为主，是分化根、茎节及节间、叶的时期。这一阶段的主要生长特点是地上部分生长缓慢，根系生长迅速。此阶段田间管理的中心任务是促进根系生长，培育壮苗，匀苗，使父母本正常生长，为花期良好相遇打下基础。

1. 中耕除草

中耕是玉米田间管理的一项重要措施，中耕可以清除杂草，疏松土壤，提高地温，还能调节水分，防旱保墒。中耕的时间应根据土壤、气候等条件而定，一般雨后不久就要进行中耕。中耕次数以保墒、除草为原则，土质黏、干旱、草多应勤中耕。玉米苗期一般中耕二三次，定苗前幼苗矮小，可进行第一次中耕。深度以3～5cm为宜；拔节前进行第二三次中耕，深度以5～8cm为宜。中耕时苗旁宜浅，行间宜深。

2. 间苗、定苗

适时间苗、定苗可以避免幼苗拥挤，相互争光争肥争水，以利培育壮苗。间苗工作一般在3～4片叶时进行，因为此时幼苗要求有良好的光照条件，以利于制造较多营养物质供应幼苗生长需要。间、定苗要在晴天进行，母本要去强去弱。保留大小一致、株距均匀的苗；父本要留大保小按比例去中间的，以利将来相对延长散粉期。不论是父本还是母本，若有缺苗则在缺苗处留双苗。

3. 苗期去杂

玉米制种在苗期管理上，与普通商品玉米的管理有一个不同点，就是结合间苗、定苗，还要做好苗期去杂的工作。去杂，就是拔除与不符合本品种特性的玉米杂株。去杂的工作将一直贯穿玉米制种的全过程，目的就是为了保证玉米种子的纯度。玉米苗期去杂的方法是，根据玉米的株高、长势、叶片颜色、叶片形状等性状，一株一株的检查，与亲本性状不相符的玉米植株一一拔出。

4. 苗期追肥

苗期追肥具有促根、壮苗、促叶、壮秆等作用。一般在定苗后至拔节期进行。苗期追肥一般每公顷使用尿素225kg，需要注意的是，施肥深度一定要保持在15cm左右，才能使玉米有效的吸收养分。施肥后及时浇水，浇足了水，既可以冲淡肥料，又可是土壤湿润促进根系的发育。

5. 苗期病虫害防治

在玉米制种生产中，也常常会受到病虫害的影响，尤其是玉米苗期害虫种类比较多。目前，苗期危害玉米的主要害虫有地老虎、蚜虫、蓟马、棉铃虫、灯蛾等，玉米制种田病虫害防治与常规商品玉米的病虫害防治方法是一样的，在这里我们就不做详细介绍了，在生产中应及时做好虫情测报工作，发现害虫及时防治。

（九）玉米杂交制种拔节期管理

当玉米植株第七片叶展开时，即进入拔节期，此时玉米株高60cm左右。

1. 拔节期灌水施肥

人们常说："有肥地发旱，庄稼干瞪眼""有肥没水，庄稼噘嘴。"玉米拔节以后，茎叶生长快，对水分需要大，是需水高峰期，而且玉米进入拔节期，旺盛生长，内部雌雄穗迅速分化，是生长最快的时期，需要大量的养分。为了满足玉米营养需求，达到穗大粒饱，应巧追拔节肥。宜在6～7片叶展开时施入。一般每公顷施尿素75～105kg，施肥后及时灌水。

2. 中耕培土

中耕可打破板结，疏松土壤，促进根层和根量的增加，玉米拔节期中耕一次，深度6～8cm。

3. 拔节期去杂

整个拔节期，仍然要做好去杂的工作，才能保证玉米种子的纯度，拔节期去杂和苗期去杂一样，也是一株一株的检查，剔除与亲本形状不一致的杂株。

4. 拔节期病虫害防治

玉米拔节期常见的虫害有黏虫、玉米螟等，常见的病害有大小叶斑病、粗缩病等，防治方法与常规商品玉米病虫害防治方法相同。

（十）玉米杂交制种孕穗期管理

玉米植株生长出 10 到 12 片叶子之后，进入孕穗期，孕穗期正处于结实器官分化形成的时期，是玉米生长发育的最旺盛阶段，也是玉米制种田间管理的最关键时期。

1. 母本去雄

玉米母本去雄，就是将母本孕育的雄穗去掉。一般采用摸苞带叶去雄的方法。就是在玉米制种田母本雄穗未露出之前，摸苞带 2~3 片叶去雄。母本去雄是保证种子纯度的关键环节，必须做到风雨无阻，并达到超前、干净、彻底的技术措施要求。同时，要求去除的雄穗必须装入袋子带离制种区挖坑深埋或销毁，不能放在制种区内，更不能散落在田间地头，防止裸露地面吸湿散粉而影响种子纯度。去雄不仅能保证种子的纯度，还能降低植株高度，减少养分的消耗，促进吐丝一致，减少遮阴，提高制种质量和产量。

2. 孕穗期去杂

玉米制种生产孕穗期仍然要做好去杂的工作，对于与亲本性状不相符的玉米植株，仍然要一一拔出。

3. 重施孕穗肥

玉米孕穗期，是决定果穗大小、籽粒多少的关键时期，也是植株需肥的高峰期。孕穗肥的施用量，应根据土壤肥力、底肥数量和植株生育状况等灵活掌握。施肥时期一般在玉米 10~12 叶期，亩施尿素 15~20kg。

4. 浇足孕穗水

玉米孕穗期，不仅是需肥高峰期，也是需水高峰期。土壤水分应保持在田间持水量的 70%。此期若土壤缺水，减产率可在 30%~50%。玉米孕穗期，要浇足浇透孕穗水。

5. 及时中耕

玉米孕穗期及时中耕能防风雨造成玉米倒伏；及时清除杂草、拔除分蘖，减少养分消耗。

（十一）玉米杂交制种——抽穗吐丝期管理

在制种田管理中，当父本玉米植株的雄穗主轴从顶叶抽出 5~10cm 时，表示父本玉米已经进入了抽穗期；当母本玉米植株的雌穗花丝露出苞叶 5cm 以上时，表示母本玉米已经进入吐丝期。因为在播种时已经设计好了父本玉米和母本玉米的花期，所以这时父本玉米抽穗和母本玉米吐丝基本上是同步的。

1. 抽穗吐丝期浇水

玉米抽穗吐丝期是玉米需水量最多的时期，干旱不仅影响雌雄穗的正常抽丝和开花，而且延长开花和吐丝的间隔时间，所以如果遇到高温干旱天气要及时灌水，保持田间持水量 70%～80%。

2. 抽穗吐丝期人工授粉

在抽穗吐丝期，采取人工辅助授粉的方法，可以明显的提高结实率。适宜的授粉时期是母本玉米的丝长为苞长的一半时。

采集花粉可以洁净的纸袋，套到父本玉米的雄穗上，轻轻地弹几下，花粉就散落在容器中。

将采集好的花粉倒扣在母本的雌穗上，使花粉均匀的洒落，确保所有的雌穗都能接受到花粉。

（十二）玉米杂交制种适时收获

玉米收获期的早晚对产量和品质有很大影响，当玉米籽粒乳线消失，即完熟期收获。收获时，必须将母本和父本分开放置，父本上的玉米穗不能作为玉米种和母本上的玉米穗混杂在一起。收获的同时，根据穗的长短、粗细、穗行数、穗轴颜色、粒色、粒型等特征进行最后一次去杂，将杂穗彻底除掉。收获后的玉米剥去叶片，将果穗全部上房晾晒，同时勤翻动，以加速脱水速度和防止霉变。

（十三）玉米杂交制种——种子加工

根据我国《种子法》的要求，玉米种子生产加工企业必须由生产所在地县级农业行政主管部门审核，省级农业行政主管部门核发《种子生产许可证》。在整个生产过程中，对烘干、精选、检验等各个环节实施严格的监管，才能保证每一粒种子的质量。

1. 种子烘干

种子烘干，是采用热空气强制种子中的水分降至安全含水量以下，以减少霉变，保证种子质量等级和发芽率的工艺过程。玉米制种生产使用专用的烘干机，种子烘干后，水分必须降至 12% 以下。

2. 种子精选

种子精选加工是提高种子质量的重要措施。种子精选的目的是除去收获后种子中未成熟的、破碎的、遭受病虫为害的种子和杂草种子。种子精选首先使用风筛清选机。利用风选和筛选从种子中剔除大、小杂质和轻杂质，使种子在宽度和厚度上达到基本一致。

风筛清选机精选之后，还要使用重力清选机进一步精选。重力精选机利用气流和振动的台面，把经过风筛清选机和窝眼筒清选机加工后，在外形尺寸基本一致的种子中含有的那些不饱满、发霉、虫蛀和受病虫害损伤的籽粒剔除，进一步提高种子的质量。

3. 种子包衣

种子包衣是指在种子外面包上一层含水药剂和促进生长物质的"外衣"，这层外衣物质称"种衣剂"。种衣剂包在种子上能立即形成固化的膜，种子入土后遇水膨胀而种衣不会被溶解，随着种子的萌动、发芽、出苗、生长，种衣上的有效成分会逐步释放，并被根系吸收传导植株的各部位，延长了药剂的有效期。

种子包衣有综合防治农作物苗期病虫危害、抗旱、防寒作用，确保一次播种保全苗，促进作物生育，培育壮苗，提高产量，改善品质等作用，一般可增产10%左右。

目前，我国很多种子加工企业都开始生产包衣种子。种子包衣是在包衣机内完成的。在"包衣物质"中含有肥料、杀菌药剂和保护层等，包衣种子可促进出苗，提高成苗率，使苗的生长整齐健壮，也更适于机械化播种。

4. 称重包装

利用计量秤和包装机，根据生产、经营的实际需要把加工包衣后的种子，按不同规格称重和包装，并附上品种栽培说明，提高种子的商品性。农民朋友在选购种子的时候，可以从包装的外观上，首先确定是不是按照国家标准生产的种子。

种子是有生命的活商品，有遗传后代的特性。种子是一种特殊的生产资料。种子性状隐蔽，难以快速检测。种子的适应性、抗逆性、稳产性、丰产性等性状，从种子外观上无法判断，当前国内外也没有仪器能够检测，只有种在地里，长到一定生育阶段才能表现出来，一旦出现种子问题，损失的局面将无法挽回。

随着我国农业产业化的发展，玉米制种生产已经形成了商品化、规模化的大生产格局，给制种单位、制种农户带来了较大的经济效益，因此，加强玉米制种的生产管理，对确保种子质量，提高制种产量具有十分重要的意义。

五、玉米全膜覆盖节水栽培技术

（一）选地整地

在地块的选择上应选土层深厚、土质疏松、墒情好、肥力中等以上的平地，前茬以洋芋、小麦、豆类作物为宜；在前茬作物收获后要及时深耕，耕后及时清除根茬，耙耱保墒。

（二）选用良种

目前，古浪县主要选用的玉米品种有：沈单16号、豫玉22号、郑单958、金穗2001、凉单系列，一般选用包衣种进行播种。

（三）施足基肥

结合春耕或播种，每公顷施农家肥60 000～75 000kg以上，过磷酸钙1500kg，尿素225～300kg或磷二铵300～375kg，硫酸钾90～120 kg，硫酸锌30kg。

（四）覆膜播种

1.播种。当表层地温稳定在10℃时即可播种。地膜玉米播期应比露地提早7～10d，但湿度过大的地块不宜过早播种，以防烂种。古浪县播期一般在4月中旬。

2.合理密植。选用120～140cm超薄膜进行宽窄行种植，窄行40～50cm，宽行70～80cm，株距20～25cm，密度在5000株左右为好，每亩播种量2～2.5kg。

3.覆膜。覆膜采用先播种后覆膜或先覆膜后播种的方式。①先播种后覆膜。就是先在整好的地上，用小铧犁开一小沟，将种子点播于小沟内，播深4～5cm，每穴2粒，然后在垄的两侧开一压膜沟，把播种沟覆土整平后覆膜。②先覆膜后播种。就是先开沟覆膜，然后破膜点种，此法不用放苗。覆膜时两膜相接不留孔隙，地膜要拉展紧贴地面，膜底压入压膜沟内5cm，压土踏实。覆膜后膜面每隔3～5m压一土腰带，防止大风揭膜。

（五）田间管理

1.及时放苗：先播种后覆膜的地块，出苗后要及时破膜放苗。放苗最好在无风的晴天进行，千万不要在高温天气或大风降温天气放苗。放苗后随即用潮土把苗孔封严。先覆膜后播种的，雨后要及时破土，助苗出土。

2.查苗补苗：在破膜放苗时，发现缺苗现象，要及时催芽补种。在苗子长出2～3片叶时，如发现缺苗或死苗，可结合间苗移苗补栽。4～5片叶时定苗，留壮苗一株。

3. 中耕除草：在苗期要结合中耕，锄净苗眼的杂草。

4. 追肥灌水：在拔节期结合灌水每公顷施尿素150kg，在玉米大喇叭口期结合灌水，每公顷施225kg尿素对提高地膜玉米产量有显著作用。

5. 病虫害防治：丝黑穗病用15%粉锈宁150g，加水2kg，均匀喷洒在50kg种子上。玉米螟用50%辛硫磷乳油500mL加适量水，与25kg过筛（25～60目）煤渣或沙石颗粒拌和均匀而成，玉米心叶末期每株施颗粒剂1～2g。红蜘蛛用40%乐果乳油或73%克螨特1000倍液喷雾。粘虫用20%速灭杀丁2000倍液喷雾。蚜虫用40%克蚜星乳油800倍液喷雾。

6. 适时收获：当玉米苞叶变黄、籽粒变硬有光泽时进行收获。收获后及时清除田间残膜，便于来年生产。

六、玉米全膜双垄集雨沟播栽培技术

（一）选地

宜选用地势平坦、土层深厚、土质疏松、肥力中上等、保肥保水能力较强的地块，切忌选用陡坡地、石砾地、沙土地、瘠薄地、洼地、涝地、重盐碱地等地块，应优先选用豆类、小麦、洋芋茬。

（二）整地

一般在前茬作物收获后及时灭茬，深耕翻土，耕后要及时耙耱保墒。对于前茬腾地晚来不及进行冬前耕翻的春玉米地块，要尽早春耕，并随耕随耙，防止跑墒；做到无大土垡块，表土疏松，地面平整。

（三）施肥

肥料施用以农家肥为主，化肥施用本着底肥重磷、追肥重氮的原则进行，既可防止玉米苗期徒长，又能防止后期不脱肥，保证玉米后期正常生育。一般每公顷施优质农家肥75 000kg左右，化学肥料按纯氮150～180kg，磷120～150kg，钾75～150kg，硫酸锌15～22.5kg或玉米专用肥1200kg，结合整地全田施入或在起垄时集中施入窄行垄带内。

（四）选用良种及种子处理

宜选择比原露地使用品种的生育期长7～15d，或所需积温多150～300℃，叶片数多1~2片，株型紧凑适合密植，不早衰，抗逆、抗病性强的品种。

（五）土壤处理

地下害虫危害严重的地块，整地起垄时每公顷用40%辛硫磷乳油7.5kg加细沙土450kg，拌成毒土撒施。杂草危害严重的地块，整地起垄后用50%的乙草胺乳油兑水全地面喷雾，然后覆盖地膜。土壤湿度大、温度高的地区，每公顷用乙草胺乳油750~1050g，兑水450kg，冷凉地区用乙草胺乳油2250~3000g，兑水600~750kg。

（六）划行起垄

每行分为大小双垄，大小双垄总宽110cm，大垄宽70cm，高10~15cm，小垄宽40cm，高15~20cm。每个播种沟对应一大一小两个集雨垄面。

1. 划行

划行是用齿距为小行宽40cm，大行宽70cm的划行器进行划行，大小行相间排列。

2. 起垄

缓坡地沿等高线开沟起垄，要求垄和垄沟宽窄均匀，垄脊高低一致。一般在3月上中旬耕作层解冻后就可以起垄。用步犁起垄时，步犁来回沿小垄的划线向中间翻耕起小垄，将起垄时的犁臂落土用手耙刮至大行中间形成大垄面。用机械起垄时，如人手较少，可用起垄机起垄，起完垄后再一次性铺膜；如果人手较多，可用起垄覆膜机一次性起垄覆膜。

（七）覆膜

整地起垄后，用宽120cm、厚0.008mm的超薄地膜，每亩用量为5~6kg，全地面覆膜。膜与膜间不留空隙，两幅膜相接处在大垄的中间，用下一垄沟或大垄垄面的表土压住膜，覆膜时地膜与垄面、垄沟贴紧。

每隔2~3m横压土腰带，一是防止大风揭膜；二是拦截垄沟内的降水径流。机械覆膜质量好，进度快，节省地膜，但必须按操作规程进行，要有专人检查质量和压土腰带。覆膜后，要防止人畜践踏、弄破地膜。铺膜后要经常检查，防止大风揭膜。如有破损，及时用细土盖严。覆膜后在垄沟内及时打开渗水孔，以便降水入渗。

（八）适时播种

播种时各地可结合当地气候特点，当地温稳定通过≥10℃时播种，一般是4月中下旬。播种密度按照各地土壤肥力高低具体确定。

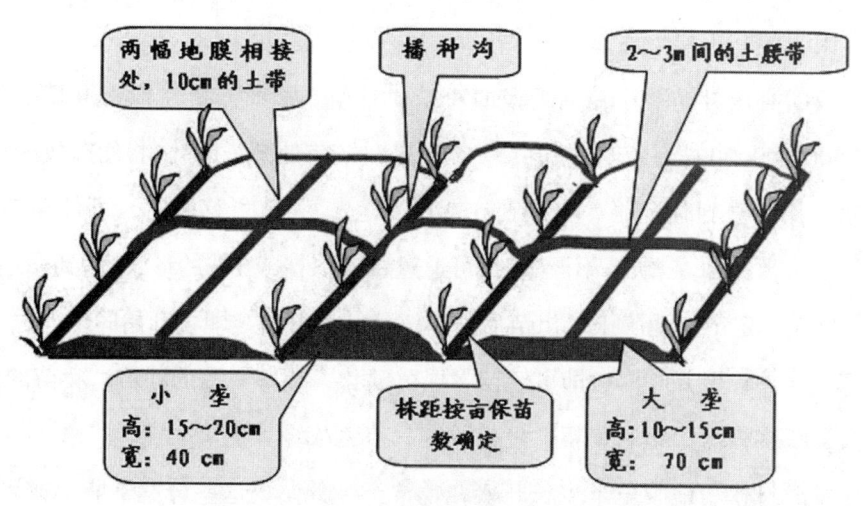

玉米全膜覆盖双垄面集雨沟播栽培技术示意图

肥力较高的旱川地、沟坝地、梯田地，株距30～35cm，每公顷保苗48 000株～55 500株；肥力较低的旱坡地株距35～40cm，每公顷保苗42 000～48 000株；早中熟品种适当加大密度，株距30cm，每公顷保苗55 500株左右。

播种深度和覆土厚度要根据土壤墒情、土壤质地和种粒大小等具体情况而定。由于地膜玉米具有增温提墒保墒作用，因此，一般播深要比直播玉米浅1～2cm。土壤黏重墒情好，种粒较小的要播浅点，但不宜浅于3cm。墒情差、质地轻、种粒大的要播深些，但不宜超过5cm。雨水较多的地区覆土宜浅，种子覆土不宜超过3cm。雨水较少的地区覆土宜深，覆土不宜超过5cm。春季多风地区，应覆土厚些、防止被风吹跑落干。播种方法，一般用玉米点播器按规定的株距破膜点种，点播后用细砂或牲畜圈粪、草木灰等疏松物封播种孔，防板结影响出苗。

（九）田间管理

1. 苗期管理技术

（1）破土引苗。玉米全膜双垄集雨沟播栽培技术在春旱时期需要座水点种，或者墒情好，播种覆土后遇雨，盖土后都会形成一个板结的蘑菇帽，如不及时破碎，易憋芽子，导致苗子出土有先有后，参差不齐，影响整齐度，进而影响产量，所以要破土引苗。破土就是破板结。做法是在玉米胚芽鞘破土而出之前，压碎板结。引苗是把幼苗从膜孔引出来。有些幼苗钻入地膜孔旁的膜内，紧贴地面不能出土，要用手将苗引出地膜孔眼，使其正常生长。

（2）及时查苗补苗。引苗后要及时查苗、补苗。播时，可在地头覆膜预备用苗，每公顷7500～9000株，用于移栽补苗。方法是在缺苗处开一小孔，将幼苗放入小孔中，浇少量水，用细土封住孔眼。当缺苗在20%以上，无苗可移栽时，可催芽补种当地露地种植的玉米品种。当缺苗不严重时，可通过每穴双株或3株的形式，达到合理密度。

（3）间苗、定苗。地膜玉米出苗后2～3片叶展开时，即可开始间苗，去掉弱苗。幼苗达到3～4片展开叶时，即可定苗，保留健壮，整齐一致的壮苗。壮苗的标准是：叶片宽大，根多根深，茎基扁粗，生长敦实，苗色浓绿。

（4）及时打杈。地膜玉米生长旺盛，常常产生分蘖，这些分蘖不能形成果穗，只能消耗养分。因此，定苗后至拔节期间，要勤查看，及时将无效分蘖去掉，即人工打杈。

2. 中期管理技术

（1）追施氮肥。当玉米进入大喇叭口期，即10～12片叶时，追施壮秆增穗肥，一般每公顷追施尿素225～300kg。追肥方法是用自制玉米点播器从两株距间打孔，施入肥料。或将肥料溶解在2250～3000kg水中，制成液体肥，用壶每孔内浇灌50mL左右。

（2）增施锌、钾肥。玉米施用锌、钾肥具有十分显著的增产效果。锌肥的施用方法有两种，一是在春耕时每公顷施22.5～30.0kg硫酸锌作底肥，二是在玉米拔节期每公顷用0.05%～0.1%的硫酸锌溶液750kg进行叶面喷施，全生育期共喷2次。钾肥施用方法是每公顷用150kg硫酸钾在春季犁地时一次施入。

3. 后期管理技术

后期管理的重点是防早衰、增粒重、病虫防治。若发现植株发黄等缺肥症状时，追施攻粒肥，一般追施尿素$75kg/hm^2$。发生黏虫的地块用20%速灭杀丁2000～3000倍液喷雾防治，在10～12片叶（大喇叭口期）用辛硫磷拌毒砂防治玉米螟，玉米抽穗期，用40%乐果或73%克螨特1000倍液防治红蜘蛛，玉米大小斑病发生时可加入15%粉锈宁可湿性粉剂150～200g。

（十）适时收获

当玉米苞叶变黄、籽粒变硬，有光泽时收获。如果一膜用两年，及时砍倒秸秆覆盖在地膜上，保护地膜。如要换茬，玉米收获后，清除田间残膜，回收利用。

（十一）注意的问题

提早覆膜，一般在3月中下旬就可进行；覆膜后如遇降雨及时在垄沟内先打孔，使雨水入渗；缓坡地沿等高线起垄；所用基肥集中在小垄沟内施用；播种不宜过早，以防晚霜冻危害，造成缺苗。

七、全膜宽窄双垄沟播沟灌玉米栽培技术

全膜双垄沟播沟灌技术就是在田间起大小双垄，用地膜全覆盖，在沟内、垄侧播种作物的种植技术，主要技术要点如下：

（一）冬前工作

1. 整地：上年前茬作物收获后，及时深耕耙糖，拾净旧膜和根茬，尤其是玉米和葵花茬，必须将根茬拾净，否则在起垄覆膜时会直接影响机子操作和起垄覆膜质量，进而影响作物出苗和产量。

2. 灌水：泡地可以是冬水或春水，但要灌足灌好，每亩一般用水120m^3，冬灌地及时做好镇压保墒工作。有条件的话，每公顷拉农家肥60 000kg左右。

（二）起垄前工作

1. 土壤处理：如果金针虫等地下害虫严重可用40%辛硫磷乳油在旋地时喷洒，如野燕麦草严重，可用燕麦畏毒土在旋地前撒入地面。

2. 施肥：施肥方法、数量同大田玉米和葵花。

3. 除草剂使用：除草剂种类和施肥方法同大田玉米和葵花。

4. 起垄机具及物资准备：用专用起垄覆膜机，配套动力为18马力以上的带有后动力输出轴的四轮拖拉机。用宽1.2m的地膜，每亩一般用地膜6kg左右。

（三）起垄覆膜工作

1. 选用能熟练操作四轮拖拉机的机手，顺着地块的长边开始起垄覆膜，最好是顺着灌水水流方向起垄，一般需要辅助人员2人，一人及时排除起垄机上土槽内堵塞的前茬根系、废地膜、杂物及土块，一人及时补压机子未压土部分地膜，以防大风扯膜。

2. 每一作业面幅宽1.1m，其中双窄垄宽60cm，两边压膜垄各宽25cm，下一幅起垄时，四轮拖拉机的后轮要刚压到前一幅膜的边缘，膜与膜刚好接住。这样就形成了

双垄沟宽60cm、宽垄50cm。特别要注意接膜的垄距不能宽于50cm。

3.地块两头不能横着起垄，只能在机子作业时，留5～6m地膜，人工开沟起垄压膜。这样就能更好地起到节水和增产的效果（通风条件好）。

4.一块地作业完后，要仔细检查地膜压土情况，若有未压实压好地方，人工要压好，防止大风揭膜。

5.起垄后要及时打渗水孔，方法是用铁叉在沟内每隔1m左右扎一下，这是为了将降水及时地渗入地膜内，充分利用自然降水，增加地膜内湿度，保证苗全。

（四）播种工作

1.播种位置：在每条沟的阳面，距沟底5cm处点播种子，在沙性较大的地块，可以直接播到沟内（利于机播）。严禁种在垄上（因为一是墒情差，二是播种后失墒严重，影响出苗）。

2.播种密度：根据不同品种密度要求进行调整株距（在包装袋上都有密度要求）。具体调整公式为：株距=1468/密度，比如当密度为6000株时，则株距为1468/6000=0.25，株距为25cm，当葵花密度为4500株时，株距为1468/4500=0.33，株距为33cm。

3.播种时要随时用土封住播种孔，防止钻风后揭膜和失墒。

4.在灌水条件好的地方可以在接膜的垄上套种两行黄豆、豌豆等矮秆作物。

（五）田间管理工作

1.灌水：根据各地配水时间进行灌溉，每次灌水时，水刚灌满沟即可。

2.其他管理同大田玉米和葵花。

八、玉米露地栽培技术

（一）玉米的播种

1.播前种子准备

（1）选用良种：根据各地自然条件和种植制度等不同，选用不同良种。

（2）精选种子：一般采用穗选和机械、风力粒选等。穗选应在玉米制种的种子田里或晒场上进行，对所选果穗脱粒做到"去两头、留中间"，然后用风力或机械进行粒选，达到粒大、饱满，生命力强。

对选好的种子，播前应做发芽试验，尤其是从外地调入的种子，更应把好种子发芽试验关，保证种子发芽率达到90%。

（3）种子处理：种子经粒选后，在播种前应摊晒2～3d，并注意翻动，促进种子内酶的活化，增强种子吸水力，提高发芽势和发芽率。晒种后能提早出苗1～2d。为防治病虫害，须用药剂处理种子，或采用包衣。

2. 播种期

（1）适时早播：当土壤表层5～10cm地温稳定通过10℃～12℃时，即可开始播种。

（2）播种质量要求：机播的质量要求是：地平墒足、播行端直、行距一致、下籽均匀、深浅合适、接行准确、不重不漏、镇压严密。播种方式一般采用60～70cm等行距或60cm+30cm的宽窄行播种，播种深度5～7cm，墒情好、黏土地可稍浅，干旱、墒情差的沙土地稍深一些。播种量一般为45～60kg/hm²，用精量播种机播种可节省种子量50%以上。

（二）玉米的施肥

1. 合理施肥的生理基础

（1）玉米对肥料三要素的需要量：玉米是需肥水较多的高产作物，一般随着产量提高，所需营养元素数量也增加。玉米全生育期吸收的主要养分中，以氮为多，钾次之，磷较少。玉米对微量元素尽管需要量少，但不可忽视，特别是随着施肥水平的提高，施用微肥增产效果更加显著。按照玉米每生产100kg籽粒需吸收氮3.34kg，磷1.23kg，钾3.26，氮：磷：钾为3：1：2.8。玉米吸收的氮、磷、钾比例和小麦以及其他禾谷类作物相近。但玉米单产高，单位面积实际吸收养分数量远高于这些作物。据新疆农垦科学院分析，玉米单产7500kg/hm²，折合100kg籽粒需氮3.6kg，磷1.5kg，钾3.5。以不同肥力水平的条田创造吨粮田计算，其氮：磷：钾高肥力地区为1：0.5：0.6，低肥力地区为1：0.6：0.8。生产实践表明，高产玉米田必须增施磷、钾肥。

（2）玉米生育期间对肥料三要素的需求规律：苗期生产缓慢，只要施足基肥，施好种肥，才可满足其需要；拔节以后至抽雄前，茎叶旺盛生产，内部的穗部器官迅速分化发育，是玉米一生中养分需求最多的时期，必须供应较多的养分，达到穗大、粒多；生育后期，植株抽雄吐丝和受精结实后，籽粒灌浆时间较长，仍须供应一定量的肥水，使之不早衰，确保正常灌浆。

春玉米全生育期较长，前期外界温度较低，生长较为缓慢，以发根为主，栽培管理上适当蹲苗，需求肥水的高峰比夏玉米来得晚，到拔节、孕穗时对养分吸收开始加快，直到抽雄开花达到高峰，在后期灌浆过程中吸收数量减少。春玉米需肥可分为两个关键时期：一是拔节至孕穗期，二是抽雄至开花期。

2. 玉米施肥原则和技术

（1）施肥原则：施肥以"基肥为主，种肥、追肥为辅；有机肥为主，化肥为辅；基肥、磷、钾肥早施，追肥分期施；一般以前轻、中重、后补足"的原则，做好测土配方施肥。

（2）施肥技术

①重施基肥：基肥应以有机肥为主，有机肥与无机肥相结合。基肥用量占总施肥量的60%～70%，中等肥力的地块须施有机肥45～60t/hm^2。基肥国卷烟厂投寄、磷配合，以70%磷肥量混入有机肥中施用。重视秸秆还田，在前茬收割时，把茎秆粉碎并混拌一定量的氮素化肥，随即耕翻入土。豆科绿肥和复播绿肥，在翻压时，适当配施磷肥，以磷增氮、提高肥效的目的。

②带好种肥：种肥有良好的增产效果。种肥一般以速效氮、磷复合化肥为主，也可用腐熟过筛的优质有机肥。化肥用量：磷酸二铵为70～100kg/hm^2。用化肥作种肥时，种肥不能与种子混播，应将种肥和种子分开入土，行间相隔5～7cm，种肥较种子入土深3～5cm。

③重施拔节肥：在重施基肥和带好种肥的前提下，强调重施拔节肥。此期追肥，植株尚不高大，可采用机械追肥，追肥要与灌水相配合。大多数生产单位浇头水（拔节水）前追施拔节肥，接着灌拔节水。此时，植株进入茎叶旺盛生产和果穗分化形成的两旺时期，需求肥水多，这次肥水可以起到促进茎节伸长和幼穗分化进程的双重作用。追肥宜于用腐熟有机肥和化肥配施。当混合有机肥量，若仅用化肥，须氮、磷复合肥配施，磷酸二铵300～400kg/hm^2。

④酌施穗肥：随着种植密度加大和紧凑型玉米的推广，在重施拔节肥的基础上，抽雄前酌情追施穗肥。此时，玉米植株高大，机械作业困难，尽可能进行人工窝施磷酸二铵，用量为100～200kg/hm^2，以保证穗分化发育对养分的需要。

⑤根外追肥：在抽雄灌浆期将氮肥、生长调节剂和微肥适当配合，叶面喷施。若

为防治后期病虫害，可配合药剂，采用航空作业。

⑥微肥施用：硼肥在基肥中施入，用量为 2～4 kg/hm²；或以 0.01%～0.05% 硼酸溶液浸种 12～24h，还可用 0.1%～0.2% 硼酸溶液叶面喷施，锌肥可用基、种肥施用，用量为 5～10kg/hm²；也可用 0.2%～0.5% 硫酸锌溶液浸种 12～24 h，或用 0.05%～0.1% 浓度在苗期喷叶。锰肥可作基肥、种肥施用，用量为 20～30kg/hm²；浸种可用 0.05%～0.1% 硫酸锰溶液；也可用同样浓度进行叶面喷施，用药液量 200～500kg/hm²。

（三）玉米的灌溉

1. 需水规律

玉米一生需水规律大体是：①播种至出苗消耗水分少，土壤田间持水量应保持在 60%～70%；②苗期需水少，耐旱性较强，土壤田间持水量可保持在 60%；③拔节后，茎、叶生长快而数量多，需水量大大增加，土壤田间持水量应保持在 70%～80%；④抽穗开花期间，营养生长和生殖生长两旺，需水最多，在抽穗前 10d 至抽穗后 20d 约一个月时间内，是玉米需水"临界期"，土壤田间持水量应达到 80%；⑤进入乳熟期后，需水逐渐减少，土壤田间持水量应在 60% 以下，以利于籽粒脱水和加速成熟。玉米需水规律和生育期间的干物质积累增长相吻合。从拔节至灌浆末这一期间，光合同化物形成多，不可缺水受旱。

2. 灌溉技术

首先要制定合理的灌溉制度，以便充分发挥灌溉水源的高效利用，对盐碱较重的地块，事前须洗盐压碱，适当增加灌水量。

（1）灌溉方法：玉米灌溉的方法较多，以灌溉方式和设施不同可分为畦灌、沟灌、喷灌、滴灌、管道渗灌等。新疆以沟灌为主，少数地方用畦灌，条件具备的单位可采用喷灌或滴灌等方式。

灌沟的毛渠间距，依据条田坡降、地势、土质等而定，一般为 40～50m，流入沟内水的流量以 2～3L/s 为宜，细流沟灌。灌水前结合开沟、培土、追肥，土壤肥沃疏松，保水、保肥性能好的地块，可实行隔沟灌。

（2）灌溉技术

①贮备灌：播种前必须保证土壤有足够墒情，既要能满足种子发芽出苗需水，又

要保持拔节前对水分的需要，促使根系下扎，壮苗发根。播前贮备灌须灌深、灌透，尤其是盐碱地。贮备灌一般在冬前进行，灌溉水量为 1200 ~ 1500m³/hm²。若冬前没有冬灌，可实行早春灌，但要做好灌后耙糖保墒工作。

②苗期蹲苗：玉米苗期生长以根系为中心，需水量少，耐旱、怕涝；除非特别干旱外，一般不灌水，采用蹲苗，通过中耕松土，保蓄水分，"以耕代灌"，形成上干下湿、上松下实，起到跑表墒、保底墒的双重作用，以利控制地上茎叶生长，促进根系深扎。新疆春玉米的蹲苗时间，春播晚熟玉米在播后 50 ~ 60d 结束，夏播中熟玉米 40 ~ 45d 结束，复播早熟玉米一般不进行蹲苗；蹲苗结束的时间最迟应在拔节前、雌穗分化时结束。从植株叶部形态观察，以中午植株下部叶片出现短时间萎蔫，作为停止蹲苗的形态指标。

③生育期灌溉：玉米全生育期一般须灌水 4 ~ 5 次，要抓好灌水三个关键时期。春玉米灌头水是在拔节孕穗期，第二个需水关键时期，即抽雄扬花期，为玉米需水临界期，应根据苗情和土壤肥水状况，灌水 1 ~ 2 次。第三个需水关键时期是玉米灌浆至成熟时期，应灌水 1 ~ 2 次。每次灌水量 1000 ~ 1200m³/hm²。

全生育期灌溉定额 5500 ~ 6000m³/hm²，高产地块还可适当增加灌水量。

（四）玉米的其他田间管理

1. 苗前耙地

玉米播种后至出苗前，进行苗前耙地，其作用是增温、保墒，破除土壤板结，消灭杂草，促使早出苗，提高出苗率，有利于培育壮苗。苗期耙地在苗高 5 ~ 10cm 时进行，耙地深度 3 ~ 5cm，要避免伤苗、压苗、埋苗。

2. 查苗补种及时定苗

播后出苗前，必须及早查苗补种，保证全苗。

早间苗，防止幼苗拥挤和互相遮光，利于壮苗早发。定苗一般在 4 ~ 5 叶期进行。

3. 中耕除草

玉米中耕，一般进行 2 ~ 3 次。机力中耕的深度应掌握"前后两次浅，中间一次深；苗旁浅，行中深"的原则。头次中耕在现行时进行，一般为 6 ~ 8cm，防止埋苗；拔节前可耕深至 15cm；拔节后中耕要浅些，保持在 10 ~ 12cm，避免损伤次生根。除机力中耕外，还应结合人工进行株间除草。灌头水后，植株迅速长高，机车不便进地作业，须人工除草，或化学除草。

4. 防治病虫

玉米主要病害有黑粉病、丝黑穗病等，虫害有地老虎、玉米螟、蚜虫、叶跳蝉、叶螨等，除进行药剂拌种外，可根据病虫预测预报，实施综合防治。

5. 去蘖（打杈）

肥沃田块，尤其是分蘖力强的杂交种，易发生分蘖，消耗养分应在拔节前人工去蘖（打杈）。去分蘖时，应避免把主茎叶掰去，以利于主茎生长和果穗的正常分化形成。

6. 去雄授粉

玉米抽雄后可人工配合去雄、授粉。去掉雄穗减少养分消耗，改善顶层叶的光合强度，有利于增产。当玉米刚抽雄、尚未散粉时，隔两行去一行，留下2/3雄穗保证花粉量，在地边四周不去雄。高温干旱、植株生长不良时不宜去雄。人工辅助授粉是给雌穗增加花粉接受量，提高结实率，这在开花授粉期间遇到干热天气时，增产效果更大。授粉应在玉米散粉盛期、大部分花露出后，选择晴天上午进行，可采用授粉器或拉绳、摇茎秆等方法授粉。

7. 化学调控

玉米化学调控，就是利用植物生长调节剂（玉米健壮素或乙烯利等），在适当时期进行叶面喷施，以控制株高，促进气生根发生和果穗伸长，能使株矮、茎粗、抗倒伏，提高抗旱能力，延长叶片功能期，防止早衰，提高结穗率和结实率，减少缺粒、秃顶，增产可在15%～20%。

（五）玉米的收获和贮藏

1. 玉米籽粒成熟度及其鉴别

籽粒灌浆的乳线从顶部下移至籽粒1/3处作为成熟的标志。乳线即籽粒背面蜡熟固体物与胶状物交接分界线。在乳线消失时可见尖冠黑层出现，是适期收获的标志。

2. 适时收获，安全贮藏

玉米果穗上苞叶干枯松散，籽粒变硬发亮，呈现本品种固有的色泽、粒型等特征，大约75%籽粒出现黑层，即可开始收获。机械收割既可提高功效，还可结合粉碎秸秆还田、培肥土壤。

玉米种子大，胚也较大，吸湿性强，含水量较高，在贮藏中易霉变。收获采摘的果穗必须晒干。一般以果穗堆垛贮藏或挂于通风处风干贮藏为宜。如以籽粒入库贮藏，其含水量须低于15%。有条件的地区，收获后用干燥设备适当烘干，再行贮藏。

九、麦行套种玉米栽培技术

套种是生长季节积温不足的地区，提高复种指数，实现增产、稳产的有效措施。实行小麦留行套种玉米，在和田地区可比麦茬复播玉米多利用近一个的生长期，多获得≥10的有效积温560℃～680℃。套种延长了后作的生育日数，便于选用增产潜力大的中、晚熟品种，使后期能积累较多的干物质。此外，套种错开了收与种"双抢"的大忙季节，便于调节劳力，对人少、地多的地区有重要的现实意义。

（一）优化小麦－玉米品种配置

1. 充分利用生长季节，实行小麦－玉米良种的优化配置。在作物成熟的搭配上，应从全年高产出发，根据当地的自然气候特点，尽量避免不利的自然因素对玉米和下茬作物的影响。玉米成熟过早，不利于增产潜力的发挥，成熟期过晚，容易遭受不利气候的影响，不但产量不稳，还会给下茬作物适期播种造成困难，影响产量。

2. 紧凑型玉米品种具有高产的潜力。这类玉米品种株型紧凑，耐密性好，同时又具有果穗大、籽粒多和千粒重高的特点，使群体和个体都能得到协调发展。

3. 选择具有较强的抗逆性品种。品种应具有较强抗病性和抗倒伏能力，在较好肥水条件下具有良好结实性。双穗型品种往往具有更大的优越性。

4. 选用高产杂交种。应选用中、晚熟高产优良杂交种。

（二）麦套玉米的播种及种植方式

1. 套种玉米播种期的确定。一是不能影响下茬小麦的播种；二是玉米与小麦的共生期不宜超过1个月也不能超过玉米雄穗分化初期（即拔节初期）。

2. 实行带状播种。麦套玉米多采用带状播种，小麦留行要匀、要直，便于玉米套种。如小麦带宽70～75cm，种6行小麦，麦带间行距预留45～50cm，套种2行玉米；或麦带宽45cm，种植4行小麦，麦带间行距预留30cm，套种1行玉米。为便于机械化作业，也可采用麦带宽105cm，种植8行小麦，麦带间行距预留45cm，套种2行玉米。

（三）合理密植

合理增加密度是提高单产的重要措施。玉米密度要达到 7.00 万 ~ 8.25 万株/hm²。为确保留苗密度，在精细整地基础上下种量为 45 ~ 60kg/hm²。

（四）合理施肥、适时灌水

新疆实现麦套玉米两季单产超过 15 000 kg/hm² 的成功经验，是增施农家肥。小麦、玉米两季一般施农家肥 45 ~ 57t/hm²，磷酸二铵 300kg/hm²，尿素 900kg/hm²，并增施油渣 750 ~ 1500kg/hm²。

（五）加强田间管理

小麦收获后，对麦套玉米施肥、灌水应掌握"以促为主，一促到底"的原则。麦套玉米与小麦有近一个月的共生期，在共生期间存在着争光、争水、争肥的矛盾，玉米苗比较弱小，麦收后正是玉米根系和茎节生长发育的关键时期，麦收后，必须早定苗、早松土、早追肥、早灌水，以弥补其共生期间营养生长的不足，促进根系和茎节生长、为雌、雄穗的分化发育和实现高产打下良好基础。在玉米苗期、拔节期和喇叭口期各追施尿素 150kg/hm²，施肥后立即灌水，做到肥水配合。在灌溉方法上，通常实行沟灌，每次灌水 750 ~ 900m³/hm²，全生育期共灌水 4 ~ 5 次，要结合灌水，进行中耕除草培土，以有利于壮株、大穗、夺高产。成熟期前及时停水，以便于适时收获，有利于干燥贮藏。

十、甜玉米品质特点及栽培要点

（一）品质特性

甜玉米（sweet corn）因控制籽粒甜味的隐性突变基因（su_1、se、sh_2、bt_1、bt_2）不同，而分为普甜、超甜、加强甜、甜糯多味和普超甜多味等多种类型。有人称它为蔬菜玉米或罐头玉米。普通甜玉米由隐性基因 su_1 控制，超甜玉米由 sh_2 控制，加强甜玉米在普通甜玉米中又引入一个加强甜基因，由双隐性（su_1、se）基因控制而形成。甜玉米一般在乳熟期采收，鲜穗籽粒中的含糖量可在 10% ~ 15%，在雌穗授粉、受精后 22 ~ 25d 采收时，籽粒含糖量最高，超甜玉米籽粒的含糖量超过 20%。

甜玉米主要以鲜穗上市时，应选种早熟高产、生育期较短的品种类型；实行分期播种，做到分批采收以满足市场时效性需求，最好当天收获、当天处理。当果穗籽粒成熟后，容易变得皱缩，千粒重较低，种子的发芽力较差。

甜玉米种植生产数量较大时，可成批加工成多种高档的营养菜肴，制成速冻甜玉米鲜穗或脱穗籽粒，真空保鲜软包装，制作甜玉米罐头和玉米笋，加工高果糖玉米糖浆（HFCS）、食品甜味剂等，其茎叶、穗轴等可作营养丰富的精饲料。因甜玉米籽粒含有多种维生素（B_1、B_2、B_6、C、PP）和矿质营养元素（Ca、Fe、Mg、Zn等），其营养价值和食用品质优良，具有良好的医疗保健作用，可防治高血脂、动脉血管硬化、高血压、糖尿病、癞皮病等。甜玉米食用和加工用途广泛，生产效益和经济价值都较高。

（二）栽培要点

1. 严格隔离种植。甜玉米因其甜质胚乳属隐性遗传性状，若与普通玉米杂交，当代所结籽粒就可能成为普通玉米，甜度大大降低，食用品质下降。应采用隔离种植，与普通玉米大田应相距300～500m。若有林带、地形等屏障，距离可适当缩小。也可错开播种期，各自前后相差10～15d分期播种为宜。不同类型的甜玉米也不宜相邻种植，否则会形成不甜的普通籽粒。

若为收获种子的制种田，甜玉米与非甜玉米或不同类型甜玉米之间，在抽雄散粉前必须进行人工套袋，然后人工授粉制种，防止不同类型间玉米花粉相互串粉，以确保制种质量和生产使用价值。

2. 精细整地，施足基肥，确保全苗。甜玉米由于胚乳含糖多，成熟易皱缩，种子不饱满，播后发芽势弱，顶土力差，保苗率较低。为此，种植甜玉米的地块，必须精细整地，保证底墒充足，土层疏松、细碎，有利浅播和出苗整齐。为确保甜玉米获得较高的产量，宜选用土壤疏松肥沃、土层深厚的土地种植，同时注意防治苗期害虫，尽量少用农药，减少污染，保证食用质量。

3. 适当密植，确保果穗质量。甜玉米商品的食用价值高，既可以青鲜果穗上市销售，也可作为餐桌上特用蔬菜食用等。应提高栽培技术水平和供足肥水，保持适宜的种植密度。一般大田可种植4万～5万株/hm^2，株型较小、果穗中等的甜玉米可增加到5万～6万株/hm^2。密度过大，果穗大，商品价值较低；密度小，则经济收益不高。

4. 分期播种，分批采收，及时销售。甜玉米供应时间较长，在大、中城市的市场需求量较大，可依据当地社会需求和市场发展前景进行预测，合理安排种植计划，选用早、中、晚熟不同品种类型，采取分期种，实行分批采收，延长鲜穗供应时间，提高经济效益。甜玉米籽粒在乳熟期含糖量高，营养丰富，果穗鲜食或制成加工食品，不能成熟的下位幼小果穗可以做菜用，茎叶是牲畜的优质青贮料。采收期的早晚对籽粒的甜味、鲜穗市场的商品品质和营养成分等影响极大。目前，一般从籽粒外形、籽粒含水、含糖量等来确定采收期。快速、简易的测定办法是及时品尝，以口感来决定采收时期。通常甜玉米适宜的采收期是，在雌穗叶丝受精后 20～25d，在市场销售青鲜果穗者可晚收 1～2d。在北方地区，春播甜玉米可适当提早收获，夏播甜玉米可适当延迟收获。

5. 推广地膜覆盖栽培，提高经济收益。甜玉米采用地膜覆盖栽培，可提早播种，充分利用早春时机，提前上市供应果穗，既能满足社会需要，又可以提高经济收益。

6. 加强田间管理，减少用药，保证产品质量。甜玉米栽培应慎用农药，对病虫害最好采用生物防治，以确保甜玉米的销售质量。

害虫防治应以玉米螟为重点，因其为害果穗，造成经济损失大。甜玉米具分蘖特性，应及早打杈，在去蘖时不能操作主茎叶，以免影响果穗正常发育。

十一、糯玉米品质特点及栽培要点

（一）品质特性

糯玉米又称黏玉米，即糯质型，属蜡质（waxy）种，由隐性单基因（wx）控制。因为糯玉米类型起源于中国，所以又称为中国糯型玉米（Chinese waxy corn）。糯玉米籽粒的胚乳中，为支链淀粉，具有很强的黏性，工业用途很广，在轻工业和医药工业上，可生产食用塑料薄膜、塑料制品、医药胶囊、糖果包装、糖衣以及各种变性淀粉、增稠剂、黏合剂、胶黏剂等。糯玉米营养丰富，被人或动物食用后消化和利用率较普通玉米高，是供青穗鲜用的良好食品。整穗或糯玉米籽粒速冻和真空保鲜包装，能制作高级糖果、糯玉米淀粉、糯玉米糁和糯玉米面、高档美味饮料和配制风味独特的黄酒等，其茎叶、果穗等副产品，又是饲养奶牛、绵羊等营养价值很高的精饲料。

（二）栽培要点

（1）种植田间设置障碍物或隔离区，避免与异品种类型串粉；

（2）采用分期播种，播种期应当与普通玉米错开；

（3）适时分期采收，及时供应市场；

（4）防治病虫草害，实行综合防治，防止农药污染食品。

第二节 玉米主要病虫害防治技术

近几年来,随着玉米种植面积的扩大,玉米病虫危害也呈加重趋势,已成为玉米生产上的主要限制因素。其主要有病害瘤黑粉病、丝黑穗病、大小斑病等;玉米螟、蚜虫和红蜘蛛等,所以,在玉米栽培过程中,必须搞好病虫害的综合防治工作,以最大限度地减少其危害。

一、玉米主要病害防治技术

（一）玉米瘤黑粉病防治技术

玉米瘤黑粉病又称玉米黑粉病,是玉米生产中一种常见病害。病菌常从叶片、茎秆、果穗、雄穗等部位的幼嫩组织或伤口浸入,所形成的黑粉瘤消耗大量的植株养分,影响籽粒商品质量,造成30%～80%的产量损失,严重发病田块可造成绝收。

1. 危害症状

又称玉米瘤黑病,各个生长期均可发生,尤其以抽穗期表现明显,被害的部位生出大小不一的瘤状物,大的病瘤直径可达15cm,小的仅在1～2cm。初期病瘤外包一层白色薄膜,后变灰色,瘤内含水丰富,干裂后散发出黑色的粉状物,即病原菌孢子,叶子上易产生豆粒大小的瘤状物。雄穗上产生囊状物瘿瘤,其他部位则形成大型瘤状物。

2. 防治方法

（1）种植抗病品种。该病毒可浸染种子幼芽或植株的幼嫩组织,所以,严把种子关是杜绝病害发生的有效措施。因地制宜地选用抗病不解决该病的根本措施。

（2）种子处理。一是选用包衣种子,如8%克·烯玉米种衣剂,或20%福·克悬浮种衣剂。二是药剂拌种,可选用15%三唑酮可湿性粉剂按种子重量的0.2%～0.3%药量拌种,即50kg种子拌药0.1～0.15kg,或用50%退菌特可湿性粉剂,按种子重量0.2%的药剂拌种,即50kg种子拌药0.1kg,或2%戊唑醇湿拌种剂用0.01kg药,兑少量水成糊状,拌玉米种子3～3.5kg,或50%多菌灵可湿性粉剂重量0.3%～0.7%

药量拌种,即50kg种子拌药0.15～0.35kg,或50%甲基硫菌灵可湿性粉剂按种子重量0.5%～0.7%药量拌种,即50kg种子拌药0.25～0.35kg。

(3)减少和控制初浸染来源。施用充分腐熟的堆肥、厩肥,防止病原菌冬孢子随粪肥传病。及时处理病残体,拔除病株,在肿瘤未成熟破裂前,摘除病瘤并深埋销毁。摘瘤应定期、持续进行,长期坚持,力求彻底。

(4)加强栽培管理。合理轮作,与马铃薯、大豆等作物实行3年以上轮作倒茬;适期播种,合理密植;加强肥水管理,均衡施肥,避免偏施氮肥,防止植株贪青徒长,缺乏磷、钾肥的土壤应及时补充,适当施用含锌、含硼的微肥。抽雄前后适时灌溉,防止干旱;加强玉米螟等害虫的防治,减少虫伤口。

(5)药剂防治。用50%克菌丹可湿性粉剂200倍液,用量3.75kg/hm^2,进行土表喷雾,减轻侵染菌源。在病瘤未出现前,用三唑酮、烯唑醇、福美双等杀菌剂对植株喷药,以降低发病率。在玉米抽雄前用30%苯甲·丙环唑乳油、50%退菌特可湿性粉剂500～1000倍液,用量0.75～1.5kg/hm^{2}喷雾防治,每隔7d喷一次,连喷1～3次,可有效减轻发病。

(二)玉米丝黑穗病防治技术

玉米丝黑穗病又名乌米、灰包,发病普遍,一般年份发病株率2%～10%,严重发生时病株率在30%以上。该病发生后,首先破坏雌雄穗,发病率等于损失率,严重威胁着玉米的生产。

1. 症状危害

玉米丝黑病是苗期浸入的系统性浸染病害,一般在穗期表现典型症状,主要危害玉米的雄穗和雌穗,一旦发病,往往全株无收成。

(1)苗期症状:受黑穗病浸染严重的植株,在苗期可表现各种症状。幼苗分蘖增多呈丛生形,植株明显矮化,节间缩短,叶片颜色暗绿挺直,农民称此病状是:"个头矮、叶子密、下边粗、上边细、叶子暗、颜色绿、身子还是带弯的"。有的品种叶片上出现与叶脉平行的黄白色条斑,有的幼苗心叶紧紧卷在一起弯曲呈鞭状。

(2)成株期症状:玉米成株期病穗上的症状可分为两种类型,即黑穗形和变态畸形穗。

黑穗形。病穗除苞叶外,整个果穗变成一个黑粉包,其内混有丝状寄主维管束组织,故名为丝黑穗病。受害果穗较短，基部粗、顶端尖，近似球形，不吐花丝。

变态畸形穗。雄穗花器变形而不形成雄蕊，其颖片因受病菌刺激而呈多叶状；雌穗颖片也可能因病菌刺激而过度生长成管状长刺，呈刺猬头状，长刺的基部略粗，顶端稍细，中央空松，长短不一，由穗基部向上丛生，整个果穗呈畸形。

2. 防治方法

玉米丝黑穗病的防治应采取以选育和应用抗病品种为主，结合种子药剂处理以及加强栽培管理的综合防治措施。

（1）选用优良抗病品种。选用抗病品种是解决该病的根本性措施。抗病的杂交种有丹玉13、掖单14、豫玉28、富友968等。

（2）种子处理。一是选用防病的包衣种子；二是可选用2%的戊唑醇湿拌种剂按种子重量0.2%~0.3%用量拌种，即0.15kg药剂拌种50kg；或用12.5%烯唑可湿性粉剂按种子重量0.1%~0.2%用量拌种，即先用适量水将50kg玉米种子拌湿润，然后拌药0.1kg药剂，力求均匀，稍晾干后播种。

（3）土壤处理。可用50%多菌灵可湿性粉剂，或50%甲基硫菌灵可湿性粉剂药土盖种。每750kg细土拌药粉0.05kg，播种时每穴用药土0.1kg左右盖在种子上。

（4）加强栽培管理。合理轮作，与小麦、谷子、大豆、马铃薯等作物实行3年以上轮作。拔除病株，苗期和生长期症状明显时或生长后期病穗未开裂散出黑粉（冬孢子）之前，及时割除发病株并携出田外深埋。施用净肥减少菌量，禁止用带病秸秆等喂牲畜和作积肥。肥料要充分腐熟后再施用。另外，清洁田园，处理田间病株残体，同时秋季进行深翻土地，减少病菌来源，从而减轻病害发生。

（三）玉米青枯病防治技术

玉米青枯病又称玉米茎基腐病或茎腐病，是对玉米生产危害较重的病害。该病病情发展迅速，来势凶猛，一般病株率在10%~20%，严重的40%~50%，特别严重的高在80%以上，农民称之为"暴死"，对玉米产量影响极大。玉米青枯病是典型的土传根病。

1. 症状危害

在自然条件下该病为成株期病害，在玉米灌浆期开始发病，乳熟末期至蜡熟期为显症高峰。从始见病叶到全株显症，一般经历一周左右，历期短的仅需1~3d，长的可持续 15d 以上。

茎部症状：开始在茎基节间产生纵向扩展的不规则状褐斑，随后很快变软下陷，内部空松，一掐即瘪，手感十分明显。剖茎检查，组织腐烂，维管束呈丝状游离，可见白色或玫瑰红色菌丝病毒秆表面可见蓝色的子囊壳。茎秆腐烂自茎基第一节开始向上扩展，可达第二三节甚至全株，病株极易倒伏或折断。

叶部症状：叶片不产生病斑，是茎腐所致的附带表现，大体分为青枯型和黄枯型。青枯型也称急性型，发病后，叶片自下而上迅速枯死，呈灰绿色，水烫状或霜打状，发病快历期短，田间 80% 以上属于这种类型。病原菌致病力强、品种比较感病，环境条件发病快，历期短，环境条件对发病有利，则易表现青枯症状。黄枯型，也称慢性型，发病后叶片自下而上或自上而下逐渐变黄枯死，显症历期较长，一般见于抗病品种或环境条件不利于发病的情况。

多数病株明显发生根腐，初生根和次生根不定根腐烂变短，根表皮松脱，髓部变为空腔，须根和根毛减少，整个根部极易拔出。果穗苞叶青干，松散，穗柄柔软，籽粒干瘪，脱粒困难。

2. 防治方法

（1）用抗病品种。选育和使用抗病品种。

（2）加强栽培管理。合理密植，增施基肥，多施有机肥，注意氮磷钾配合使用，增施钾肥、硅肥。平整土地，及时排除积水，及时防治黏虫、玉米螟和地下害虫。扩大玉米、小麦、马铃薯等间作面积；与大豆等作物轮作。

（3）药剂防治。在播种前进行种子处理。用 50% 甲基硫菌灵可湿性粉剂 500~1000 倍液；50% 多菌灵可湿性粉剂 500 倍液浸种 2h，清水洗净后播种；2.5% 咯菌腈悬浮种衣剂 1∶300 包衣。在病害发生初期，可用下列药剂进行喷雾防治：50% 多菌灵可湿性粉剂 600 倍液＋25% 甲霜灵可湿性粉剂 500 倍液；70% 甲基硫菌灵可湿性粉剂 800 倍液＋40% 乙膦铝可湿性粉剂 300 倍液＋65% 代森锌可湿性粉剂 600 倍液；50% 腐霉利可湿性粉剂 1500 倍液＋72.2% 霜霉威盐酸盐水剂 800 倍液＋50% 福美双可湿性粉剂 600 倍液喷淋根茎，间隔 7~10d 喷 1 次，连喷 2~3 次。

（四）玉米大斑病防治技术

玉米大斑病也称条斑病、煤纹病、枯叶病、叶斑病。发病普遍，一般年份可造成减产5%左右，严重发生年份可造成产量损失20%以上。

1. 危害症状

主要为害叶片，严重时波及叶鞘和苞叶。田间发病始于下部叶片，逐渐向上发展。发病初期为水渍状青灰色小点，后沿叶脉向两边发展，形成中央黄褐色，边缘深褐色的梭形或纺锤形的大斑，湿度大时病斑愈合成大片，斑上产生黑灰色霉状物，致病部纵裂或枯黄萎蔫，果穗苞叶染病，病斑不规则。在温度18℃~22℃，高湿，尤以多雨多雾或连阴雨天气，可引起该病流行。

2. 防治方法

防治玉米大斑病应采取以种植抗病品种为主，合理布局品种和栽培防病措施为辅的综合防治措施。

（1）选用抗病品种。选用高产、优质、抗病品种是控制大斑病发生和流行的根本途径，主要有郑单2号，沈单7号。

（2）加强栽培管理。加强农业防治，清洁田园，深翻土地，控制菌源；轮作倒茬，合理密植防止连作和种植过密；摘除下部老叶，减少再侵染菌源；增施钾磷肥，在施足基肥的基础上，适期追肥，尤其在拔节和抽穗期追肥更为重要，防止后期脱肥，保证植株健壮生长。注意灌溉和排水，避免过旱过湿。

（3）药剂防治。在大喇叭口期到抽雄或发病初期喷药。可选用50%多菌灵可湿性粉剂500倍液，用量为1.5kg/hm^2，或用50%甲基硫菌灵可湿性粉剂600倍液，用量1.28kg/hm^{2}或用75%百菌清可湿性粉剂800倍液，用量0.975kg/hm^2，或25%苯菌灵乳油800倍液，用量975mL/hm^2，或用80%代森锰锌可湿性粉剂500倍液，用量1.5kg/hm^{2}均匀喷雾，每隔10d喷药1次，连续防治2~3次。

（五）玉米小斑病防治技术

玉米小斑病又称玉米斑点病，发病较为严重，一般年份可造成减产10%左右，严重发生年份可造成产量损失50%以上，甚至绝收。

1. 危害症状

玉米小斑病从苗期到成株期都可发生，在抽雄灌浆期发生严重。该病主要侵害叶片，也可浸染为茎、果穗、籽粒等。发病初期，在叶片上出现半透明水渍状褐色小斑点，后扩大为3~4mm×5~10mm大小的椭圆形灰褐色病斑。有时病斑上具轮纹，高温条件下病斑出现暗绿色浸润区，病斑呈黄褐色坏死小点。该病在温度高于25℃和雨多的条件下发病重。

2. 防治方法

防治玉米小斑病应采取以种植抗病品种为主，合理布局品种和栽培防病措施为辅的综合防治措施。

（1）选用抗病品种。选用高产、优质、抗病品种是控制大斑病发生和流行的根本途径，主要有郑单2号。

（2）加强栽培管理。合理密植，实行间套作；深翻土壤，高温沤肥，杀灭病菌；摘除下部老叶，病叶，减少再浸染菌源；施足基肥，增施磷、钾肥，重施喇叭口肥，增强植株抗病力；加强通风透光，降低田间湿度等措施可防止病害发生。

（3）药剂防治。在玉米抽穗前后，病情扩展前喷药防治。可选用50%多菌灵可湿性粉剂600倍液，用量1.28kg/hm²，或用75%百菌清可湿性粉剂800倍液，用量0.975kg/hm²、70%代森锰锌可湿性粉剂600倍液，用量1.28kg/hm²，或70%甲基硫菌灵可湿性粉剂600倍液，用量1.28kg/hm²均匀喷雾，每隔7～10d喷药1次，连防治2～3次。

（六）玉米锈病防治技术

近年来，随着玉米种植面积的不断扩大，玉米锈病在玉米田普遍发生，个别年份发生严重，防治不及时，造成籽粒不饱满而减产。

1. 危害症状

主要侵害叶片，严重时果穗苞叶和雄花上也可发生。植株中上部叶片发病重，最初在叶片正面散生或聚生不明显的淡黄色小点，以后突起，并扩展为圆形至长圆形，黄褐色或褐色，周围表皮翻起，散出铁锈色粉末（病原菌的夏孢子）。后期病斑上生长圆形黑色突起，破裂后露出黑褐色粉末（病原菌冬孢子）。生产上早熟品种易发病，偏施氮肥发病重，高温、多湿、多雨、雾日，光照不足，利于玉米锈病的流行。

2. 防治方法

（1）选用抗病品种。因地制宜选用适合当地种植的抗病品种。

（2）加强栽培管理。施用酵素菌沤制的堆肥，增施磷钾肥，避免偏施、过施氮肥，提高寄主抗病力。清除酢浆草和病残体，集中深埋或烧毁，以减少浸染源。

（3）药剂防治。在发病初期开始喷药，常用药剂有25%三唑酮可湿性粉剂1500~2000倍液，用量0.375kg/hm^2，25%丙环唑乳油3000倍液，用量0.225~0.3kg/hm^2，12.5%烯唑醇可湿性粉剂4000~5000倍液，用量0.15~0.225kg/hm^2，每隔10d左右喷1次，连续防治2~3次。

（七）玉米顶腐病防治技术

玉米顶腐病近年发生呈上升趋势，防治不及时会造成植株死亡，危害损失严重，潜在危险性较高。

1. 危害症状

玉米顶腐病从玉米苗期到成株期均可发生，以成株期发病多。

苗期症状：苗期病株生长缓慢、茎基部变灰、变褐、变黑，叶片边缘失绿，出现黄色条斑，叶片皱缩、扭曲，重病苗枯萎死亡。

成株期症状：成株期病株多矮小，但也有矮化不明显的，其他症状更呈多样化。

（1）叶缘缺刻型。感病叶片的基部或边缘出现"刀切状"缺刻，叶缘和顶部褪绿呈黄亮色，严重时1个叶片的半边或者全叶脱落，只留下叶片中脉以及中脉上残留的少量叶肉组。

（2）叶片枯死型。叶片基部边缘褐色腐烂，叶片有时呈"撕裂状"或"断叶状"，严重时顶部4~5叶的叶尖或全叶枯死。

（3）扭曲卷裹型。顶部叶片缩成直立"长鞭状"，有的在形成鞭状时被其他叶片包裹不能伸展形成"弓状"，有的顶部几个叶片扭曲缠结不能伸展，缠结的叶片常呈"撕裂状""皱缩状"。

（4）叶鞘、茎秆腐烂型。穗位节的叶片基部变褐色腐烂的病株，常常在叶鞘和茎秆髓部也出现腐烂，叶鞘内侧和紧靠的茎秆皮层呈"铁锈色"腐烂，剖开茎部，可见内部维管束和茎节出现褐色病点或短条状变色，有的出现空洞，内生白色或粉红色霉状物，刮风时容易折倒。

（5）弯头型。穗位节叶基和茎部发病发黄，叶鞘茎秆组织软化，植株顶端向一侧倾斜。

（6）顶叶丛生型。有的品种感病后顶端叶片丛生、直立。

（7）败育型或空秆型。感病轻的植株可抽穗结实，但果穗小、结籽少；严重的雌、雄穗败育、畸形而不能抽穗，或形成空秆，类似于缺硼症。病株的根系通常不发达，主根短小，根毛细而多，呈绒状，根冠变褐腐烂。高湿的条件下，病部出现粉白色至粉红色霉状物。

（8）叶缘褪绿型。上部新叶抽生的叶片除了叶边缘出现褪绿黄化现象外，叶片基本正常，是发病最轻的一种症状。稍重的靠近叶片边缘的局部组织变薄、似薄膜状或丝绸状。类似于缺锌症。

2. 防治方法

（1）选择抗病品种。在生产上，应注意淘汰感病的品种，选用抗性强的品种。

（2）加强田间管理。及时排水中耕，增强抗病能力。对玉米心叶已扭曲腐烂的较重病株，可用剪刀剪去包裹雄穗以上的叶片，以利于雄穗的正常吐穗，也可将病株及时铲除，并将病叶和病株带出田外深埋处理。及时追肥，玉米生育进程进入大喇叭口期，要迅速对玉米进行追肥氮磷钾肥，每公顷用尿素300～375 kg，加10%的三元复合肥150～225 kg，用量加硫酸锌肥24～30 kg重施攻穗肥，对发病较重的地块更要及早做好追肥工作。同时，要做好叶面喷施硫酸锌肥和生长调节剂，促苗早发，补充养分，提高抗逆性。

（3）药剂防治。一是药剂拌种。常用药剂有75%百菌清可湿性粉剂、50%多菌灵可湿性粉剂、80%代森锰锌或湿性粉剂等，以种子量的0.4%拌种，即50kg种子拌药0.2kg。二是喷雾防治。对发病田块可58%甲霜灵锰锌300～500倍液，用量1.5～2.25kg/hm^2，加配75%百菌清300～500倍，用量1.5～2.25kg/hm^2，加硫酸锌肥600倍，用量1.2kg/hm^2，以上混合液喷施。或选用50%多菌灵或70%钾基硫菌灵500倍液，用量1.5kg/hm^2，加配75%百菌清500倍液，用量1.5kg/hm^2，加硫酸锌肥600倍液，用量1.2kg/hm^2，喷施。一般喷施2次，间隔期为5～7d，喷药后6h内遇雨需重喷。

（八）玉米矮花叶病毒病防治技术

玉米矮花叶病毒病又叫花条纹病、黄绿条纹病，是玉米重要的病毒病之一，该病毒主要在雀麦、牛鞭草等寄主上越冬，是重要初浸染源，带毒种子出苗后也成为发病中心。病毒主要靠毒蚜虫的扩散而传播。该病在先玉335品种玉米田中普遍发生。一般年份平均病株率为10%左右，严重的病株率为20%，可减产15%～20%。

1. 危害症状

玉米整个生育期均可感染。幼苗染病心叶基部细胞间出现椭圆形褪绿小点，断续排列成条点花叶状，并发展成黄绿相间的条纹症状，后期病叶叶尖的叶缘变红紫而干枯。发病重的叶片发黄，变脆，易折。病叶鞘、病果穗的苞叶也能现花叶状。发病早的，病株矮化明显。

2. 防治方法

（1）选用抗病品种。主要郑单1号、武早4号、武105，张单251，中玉5号，

（2）加强田间管理。适期播种，避开蚜虫迁飞高峰期与玉米易感病生育期相吻合。采用地膜覆盖，不仅使玉米出苗早，避开蚜虫迁飞高峰期，而且还有驱蚜作用。施足基肥，合理追肥，增施有机肥，增施锌、铁等微肥。及时拔除田间病株，带出田外销毁。及时中耕锄草，可减少传毒寄主，减轻发病；冬前或春季及时清除地头、田边以及田间的杂草，尤其多年生杂草，压低蚜虫虫口基数及时防治蚜虫，减少初浸染源。

（3）药剂防治。播种时，用玉米种子重量0.1%的10%吡虫啉可湿性粉剂拌种，即每50kg种子拌药0.05kg，防治苗期蚜虫。在传毒蚜虫迁入玉米田的始期和盛期，及时喷洒40%氧化乐果乳油800倍液，用量975mL/hm^{2}或50%抗蚜威可湿性粉剂300倍液，用量2.48kg/hm^2，或10%吡虫啉可湿性粉剂1500～2000倍液，用量0.37～0.52kg/hm^2。病害发生初期，可喷施下列药剂预防其扩展：20%盐酸吗啉胍·乙酸铜可湿性粉剂500倍液，用量1.5kg/hm^2；1.5%植病灵乳剂1000倍液，用量750mL/hm^2；10%混合脂肪酸乳油100倍液，用量7.5L/hm^2；0.5%菇类蛋白多糖水剂250～300倍液，用量2.25～3L/hm^2；5%菌毒清水剂300倍液，用量2.55L/hm^{2}喷洒叶面。

二、玉米主要虫害防治技术

（一）玉米螟防治技术

玉米螟又叫钻心虫，是玉米的主要害虫。

1. 形态特征

玉米螟幼虫初孵时体长1.5mm头壳黑色，体乳白色半透明，老熟幼虫体长20～30mm头壳棕黑色，背部黄白色至淡红褐色,呈央背线明显。两侧有暗淡褐色条纹。

腹部1-8节背面各有两列横排的毛瘤，前4个较大。

2.发生规律

玉米螟以幼虫危害，可造成玉米花叶、折雄、折秆、雌穗发育不良、籽粒霉烂而导致减产。初孵幼虫为害玉米嫩叶取食叶片表皮及叶肉后即潜入心叶内蛀食心叶，使被害叶呈半透明薄膜状或成排的小圆孔，称为花叶；玉米打包时幼虫集中在苞叶或雄穗包内咬食雄穗；雄穗抽出后，又蛀入茎秆，风吹易造成折雄；雌穗长出后，幼虫虫龄已大，大量幼虫到雌穗上为害籽粒或蛀入雌穗及其附近各节，食害髓部破坏组织，影响养分运输使雌穗发育不良，千粒重降低，在虫蛀处易被风吹折断，形成早枯和瘪粒，减产很大。

3.防治方法

防治玉米螟应采取预防为主综合防治措施，在玉米螟生长的各个时期采取对应的有效防治方法，在甘肃省的各县（市）联防、在古浪县的各村屯联防，一定会收到非常好的效果。具体方法如下：

（1）农业防治。实行轮作倒茬，采收后及时清除玉米秸秆，将秸秆粉碎还田，杀死秆内越冬幼虫，减少虫源数量。

（2）生物防治。用白僵菌封垛：越冬幼虫化蛹前（4月中旬），把的秸秆垛按每立方米0.1kg白僵菌粉，每立方米垛面喷一个点，喷到垛面飞出白烟（菌粉）；玉米心叶中期，用白僵菌粉0.5kg拌过筛的细砂5kg，制成颗粒剂，投撒玉米心叶内，白僵菌就寄生在为害心叶的玉米螟幼虫体内，来杀死田间幼虫。人工放赤眼蜂，利用赤眼蜂卵寄生在玉米螟的卵内吸收其营养，致使玉米螟卵破坏死亡而孵化出赤眼蜂，以消灭玉米螟虫卵来达到防治玉米螟的目的。放蜂方法是：在玉米螟化蛹率达20%后推10d，就是第一次放蜂的最佳时期，约6月末到7月初、隔5d为第二次放蜂期，两次每亩放1.5万头，放2万头效果更好。

（3）物理防治。灯光诱杀成虫。因为玉米螟成虫在夜间活动，有很强的趋光性，所以设频振式杀虫灯、黑光灯、高压汞灯等诱杀玉米螟成虫，一般在5月下旬开始诱杀7月末结束，每4公顷安放1~2盏，两灯间距100m以上，悬挂在高出作物1m左右的地方，晚上太阳落下开灯，早晨太阳出来闭灯，并定期清理虫袋，不但诱杀玉米螟成虫，还能诱杀所有具有趋光性害虫。

（4）药剂防治。在抽雄前心叶末期（大喇叭口期）以颗粒剂防治效果最佳。可用 0.1%氯氰菊酯，每株施用 0.16g，0.3%辛硫磷颗粒剂，按 1：15 拌煤渣后，每株施 2g，1.5%辛硫磷颗粒剂，每株施 1g，5%的杀虫双颗粒剂，每公顷用 3kg 与细土 60kg 拌匀后撒施到心叶内，如心叶期花叶率已在 30%以上时，应先防治一次，到心叶末期再治一次。穗期发生时，每公顷可用 25%杀虫双水剂 1.5L，或 4.5%高效氯氰菊酯乳油 0.3L，或 0.5%阿维菌素乳 0.75L，或 5%氟虫脲乳油 0.3L 以上药剂均兑水 750kg 灌注雌雄穗。还可用 4.5%高效氯氰菊酯乳油 0.3L，兑水 750kg，在玉米散粉结束时蘸花丝，可杀死在穗部为害的幼虫。

（二）玉米红蜘蛛防治技术

玉米红蜘蛛，是一种繁殖能力强、虫口密度高、防治难度大、危害损失重的暴发性有害叶螨。

1. 形态特征

红蜘蛛体型很小，一般体长 0.28～0.59mm，椭圆形，多为深红色。

2. 发生规律

危害古浪县玉米的红蜘蛛是一个复合种群，包括截形叶螨、朱砂叶螨和二斑叶螨。玉米红蜘蛛食性较杂，除危害玉米外，还危害豆类、瓜类、蔬菜、果树、杂草等。主要以雌成螨于 10 月下旬开始向玉米秸秆、枯叶和土块缝隙、田埂杂草根际群居越冬。翌年 4 月随气温上升在田埂、沟渠、树下杂草上取食、产卵，繁殖 1～2 代后于 5 月下旬向玉米田迁移，危害下部叶片主脉两侧，逐渐向上部叶片蔓延。被害叶片起初出现黄白斑点，后期变黄褐色焦枯斑。6 月下旬是其危害高峰期，危害严重的叶片背面虫口密度高、拉丝结网、全株叶片焦黄干枯。9 月中旬虫口逐步下降，10 月中旬开始蛰伏越冬。

3. 防治方法

（1）农业防治

①消灭越冬成虫。早春和秋后灌水，可以消灭大量的越冬红蜘蛛。

②清除杂草。清除田埂、地畔、沟渠上的杂草，减少害螨的食料和繁殖场所，压低虫源基数。

③摘除基部叶片。利用红蜘蛛在玉米生长前期主要在玉米基部片叶集中为害的特

性，在红蜘蛛发生初期剪除玉米底部有螨叶片，并装入袋内统一深埋或烧毁。

（2）药剂防治。每公顷用阿维菌素0.37～0.45kg，或10%浏阳霉素0.45kg，或20%哒螨灵乳油0.45kg，或5%噻螨酮乳油0.45～0.6kg，以上均兑水750kg均匀喷雾。可加0.3%磷酸二氢钾（2.25kg），增强玉米抗逆性，提高防治效果。

喷药时注意，喷雾器压力要足，雾化要好，喷雾力求均匀周到，将药液集中喷布于叶片背面，严防漏喷；喷药后检查防效及害螨回升情况，及时补防；高温施药应注意安全，严禁施用剧毒、高毒农药，以防人畜中毒事故发生。

（三）玉米蚜虫

玉米蚜虫俗名"蜜虫"。分有翅和无翅两型。广泛分布于玉米产区，可为害玉米、小麦、高粱及多种禾本科杂草。

1. 形态特征及为害症状

一般体长1.6～2mm，有触角，表皮光滑，有纹。受作物，生育期，环境等的影响，体色有淡绿色、淡黄色、褐色、黑色等。为害初期，蚜虫多密集于玉米下中部叶鞘和叶片背面叶脉处，到蜡熟阶段，多集中到雌雄穗附近或入苞叶内为害。蚜虫群集于玉米叶片背面、心叶、花丝和雄穗刺吸植株汁液，能分泌"密露"并常在被害部位形成黑色霉状物。

2. 防治方法

（1）清除田边沟旁的杂草，消灭孳生基地，减少虫量。

（2）药剂防治。种子处理，用70%噻虫嗪种衣剂包衣，或用10%的吡虫啉可湿性粉剂拌种，对苗期蚜虫有一定防治效果。在玉米大喇叭口期，发现玉米上蚜虫数量大增，群集为害时，每公顷用3%辛硫磷颗粒剂22.5～30kg撒于心叶内。在苗期和抽雄初期玉米红蜘蛛防治关键期，发现蚜虫较多时，平均每株有蚜虫40头以上，有蚜株率50%以上时，可选用药剂喷雾防，用10%吡虫啉可湿性粉剂每公顷用0.75kg，兑水750kg，或10%高效氯氰菊酯乳油0.45kg，兑水750kg，或50%抗蚜威可湿性粉剂0.45kg，兑水750kg，或25%噻虫嗪水分散剂0.15kg，兑水750kg。连续喷药2～3次，每隔10d一次。

（四）草地贪夜蛾

针对草地贪夜蛾迁飞性、突发性和暴食性的危害特点，各乡镇要制定切实可行的监测方案和应急防控预案，做好防控农药、机械等物资储备和相关准备工作。县农技中心也要积极争取有关资金，做好防控农药、机械等物资储备。确保一旦发生虫情，能够快速有序开展应急防治，控制扩散危害，防止造成大面积成灾。

按照"全面排查、突出重点、对芯施药、打点保面，集中清除、消灭虫源、保险兜底、特事特办、防止扩散、阻截北迁"的防控策略，积极开展专业化防治和绿色防控，切实提高防控效果。

1. 成虫诱杀技术

成虫迁入期，集中连片使用杀虫灯、性诱、食诱、迷向等绿色防控技术，加大推广应用力度，多种技术综合利用，提高防治效果。

2. 幼虫防治技术

化学防治：零星发生地采取带药排查，发现一株，防治一株，边调查边防控，降低农药使用量；成片发生田块，由技术人员和专业防治队进行集中防控，抓住3龄前幼虫的防控最佳时期，开展专业化统防统治。施药时间最好选择在清晨或者傍晚，药液要集中喷洒在玉米心叶、雄穗和雌穗等部位，力争扑灭虫源。生物防治：在卵孵化初期选择喷施白僵菌、绿僵菌、苏云金杆菌制剂以及多杀菌素、苦参碱、印楝素等生物农药。应急防治：玉米田虫口密度达到10头/百株时，使用农业农村部推荐的25种药剂开展化学防治。针对部分地区菊酯类药剂防效不高的实际，应将菊酯类药剂与其他药剂混用。同时还应将不同作用机理的农药轮换使用，一季作物使用同种农药不超过2次，以延缓害虫抗药性产生。

3. 生态调控及天敌保护利用

作为长期控制措施，有条件的地区可与非禾本科作物间作套种，保护和利用自然天敌，发挥生物多样性的自然控制优势，控制害虫危害。

第三节　玉米主栽品种介绍

一、沈单16号

（一）品种来源

辽宁省沈阳市农业科学院用k12×沈137配制的杂交种。2003年通过全国农作物品种审定委员会审定，审定编号：国审玉2003014。

（二）特征特性

株高280cm左右，穗位高120~130cm，穗长20~25cm穗行数16行，行粒数40粒左右穗轴红色果穗筒形苞叶上长小叶。籽粒橙黄色，半硬粒型，百粒重34.90~37.70g。在西北春播生育期133d，抗倒伏。容重741~777g/L，籽粒含粗蛋白质9.46%~10.48%，粗脂肪3.42%~3.94%，粗淀粉71.53%~72.66%，赖氨酸0.28%~0.30%；高抗小斑病、矮花叫病和茎腐病抗大斑病，中抗玉米螟，感丝黑穗病。平均产量11 082kg/hm^2。

（三）适宜范围

适宜甘肃陇东、陇南及中部中春播玉米区种植。

（四）栽培要点

直播密度河西60 000~67 500株/hm^2，河东49 500~60 000株/hm^2。

二、豫玉22号

（一）品种来源

河南省农业大学以综3为母本，87-1为父本配制的杂交种。1994年由张掖市玉米原种场和省种子管理总站引进。1998年通过甘肃省农作物品种审定委员会审定。

（二）特征特性

株高268.20cm，穗位高114.20cm，茎粗2.50cm。果穗圆柱形，顶部略有弯曲，穗长20.80cm，穗粗5.30cm，穗行数16.40行，行粒数40.60粒。籽粒马齿形，橘黄色，千粒重380.40g。籽粒含粗蛋白质9.39%，赖氨酸0.32%，粗脂肪4.66%。生育期135d，属晚熟种。抗丝黑穗病、矮花叶病和红叶病，中感大斑病。绿叶成熟，抗倒性中等，平均亩产547.10kg。

（三）适宜范围

适宜甘肃省晚熟玉米区种植。

（四）栽培要点

采用宽窄行（宽行83cm，窄行50cm）种植。每公顷留苗密度，中等肥力地块40 500～45 000株，高肥水地块可在45 000～49 500株。施足底肥，适期早播，4～5叶间苗定苗。并注意推迟灌头水和第1次追肥，适当蹲苗防止倒伏。重施攻穗攻粒肥，以发挥大穗大粒优势。

三、郑单958

（一）品种来源

郑单958是堵纯信教授育成的高产、稳产、多抗玉米新品种。

（二）特征特性

株高240cm，穗位100cm左右，叶色浅绿，叶片窄而上冲，果穗长20cm，穗行数14～16行，行粒数37粒，千粒重330g，出籽率高达88%～90%。郑单958根系发达，株高穗位适中，抗倒性强；活秆成熟，经1999年抗病鉴定表明，该品种高抗矮花叶病毒、黑粉病，抗大小斑病。

（三）产量表现

高产、稳产：1998、1999两年全国夏玉米区试均居第一位，比对照品种增产28.9%、15.5%。1998年区试山东试点平均亩产达674kg，比对品种增产36.7%；高者达927kg。经多点调查，958比一般品种每亩可多收玉米75～150kg。郑单958穗子均匀，轴细，粒深，不秃尖，无空秆，年间差异非常小，稳产性好。

（四）栽培要点

抢茬播种，一般密度在60 000～75 000株/hm^2，大喇叭口期，应重施粒肥，注意防治玉米螟。

四、金穗8号

（一）品种来源

金穗8号玉米新品种由白银金穗种业有限公司和甘肃农业大学联合攻关育成。经甘肃省农作物品种审定委员会第二十二次会议审定通过，审定号为甘审玉2007002。

（二）特征特性

该品种叶鞘紫红色。株高236cm，穗位高86cm，穗长26cm，穗粗5.8cm，穗行数16.18行，行粒数40粒，千粒重434g。籽粒黄红色，硬粒型。红轴。生育期124d，与中单2号同熟期。株型紧凑型。前期生长慢，后期生长快。绿叶活秆成熟，具有粮草兼收的特点。

经甘肃省农科院测试中心品质化验，含籽粒淀粉75.60%，蛋白质8.923%，脂肪3.82%，赖氨酸0.327%。经河北省农林科学院植物保护研究所鉴定，抗红叶病、抗矮花叶病、中抗大斑病、中抗茎腐病、中抗瘤黑粉病，感小斑病。

（三）栽培措施

2005—2006年省玉米中晚熟组区试中两年平均产量12 878.25kg/hm²，两年平均比对照酒试20平均增产12.7%。

（四）栽培要点

（1）播前结合整地亩施磷酸二铵40kg；在拔节期和喇叭口期分别亩追施尿素20和30kg。

（2）保苗一般为60 000~67 500株/hm²。

（3）注意防治玉米红蜘蛛。

（五）适宜范围

该品种适于酒泉、张掖、武威、兰州、定西、临夏、白银、平凉、庆阳地区中晚熟玉米种植区域栽培种植。

五、武科8号

（一）品种来源

武科8号玉米新品种于2013年3月通过审定，甘审玉2013011，由河南省大京九种业有限公司在全国范围内开发经营，母本武5048、父本武7004，2012年甘肃品种审定委员会生产试验比郑单958增产11.8%。

（二）特征特性

生育期与对照郑单958相同，夏播96d，甘肃春播132d。幼苗叶鞘紫色，叶片绿色，叶缘紫色。株型紧凑，株高250～290cm，穗位高90～129cm，成株叶片数20片。茎基紫色，花药浅紫色，颖壳绿色，花丝浅紫色。平均穗长18，穗行数16～18行，行粒数38～40粒，穗轴白色。籽粒黄色、马齿型，平均千粒重377克，出籽率89%左右。

（三）栽培措施

1. 合理密植：4～5叶期及时间苗，春播种植密度公顷90 000株，建议夏播密度每公顷60 000株左右。

2. 合理施肥：播种前每公顷施复合肥（N15P15K15）600kg，锌肥22.5kg做底肥，播种后35d（小喇叭口期）每公顷追施尿素525kg。

（四）产量表现

在2011—2012年甘肃省玉米品种区域试验中，平均产量15 516kg/hm^2，比对照郑单958增产9.5%。2012年生产试验，平均产量16 857kg/hm^2，比对照郑单958增产11.8%。

（五）适宜区域

适宜在甘肃、郑单958种植区域种植。

六、肯玉10号

（一）品种来源

由甘肃农垦良种有限责任公司选育，以LK2029为母本，LK3715为父本组配的杂交种，原代号垦玉2号。

（二）特征特性

普通玉米品种。幼苗叶鞘紫色，叶片浅绿色，叶缘紫色。株型紧凑，株高203cm，穗位高75cm，成株叶片数16～18片。茎基紫红色，花药黄绿色，颖壳紫色。花丝粉红色，果穗锥形，穗长19.3cm，穗行数13.7行，行粒数35粒，穗轴红色，籽粒黄色、半马齿形，百粒重31g，容重785g/L，含粗蛋白12.96%，粗脂肪3.83%，粗淀粉70.79%，赖氨酸0.374%。生育期在临夏、定西等地高海拔区为133d，比对照酒单 2 号晚 4d。抗病性，经接种鉴定，高抗茎基腐病，中抗丝黑穗病，抗瘤黑粉病，中抗玉米矮花叶病，抗玉米红叶病，感大斑病。抗倒性强。

（三）栽培要点

在灌区种植，亩保苗 4500～5500 株。施肥，基肥应每公顷施磷二铵 300kg，尿素 750kg，钾宝 75kg，硫酸锌 15kg；追施，拔节期亩施尿素 300kg，大喇叭口期亩施尿素 300kg。并注意拌种防治丝黑穗病。

（四）产量表现

2010—2011 年在甘肃省玉米品种区域试验中平均产量 8862kg/hm^2，比对照酒单 2 号、金穗 3 号增产 24.8%。2011 年生产试验平均亩产 6823.5kg/hm^2，比对照金穗 3 号增产 13.6%。

（五）适宜区域

适宜在甘肃省临夏、定西等地高海拔区种植。

七、吉祥 1 号

（一）品种来源

吉祥 1 号是甘肃省武威市农业科学研究院等单位选育而出的玉米新品种。

（二）特征特性

夏播生育期 96d，株型紧凑，株高 251cm，穗位高 99.4cm；幼苗叶鞘浅紫色，第 1 叶尖端圆到匙形，第 4 叶叶缘紫红色，全株叶片 20 左右；雄穗分枝中，花药浅红色，花丝浅紫色；果穗筒形，果柄短，苞叶长度中等；果穗长 18.1cm，粗 5.1cm，穗轴白色、粗 2.7cm，穗行数 16.1 行，行粒数 34.6 粒，千粒重 388.4 克，出籽率 90.2%；籽粒黄色，半马齿形。含粗蛋白 10.76%，粗脂肪 3.76%，粗淀粉 75.30%，赖氨酸 0.233%。生育期 134d。

（三）栽培要点

1. 播期和密度：密度每亩 3500～4000 株，不宜超过 5000 株。要注意播种质量及时间。

2. 田间管理：按照配方施肥的原则进行肥水管理，磷钾肥和其他缺素肥料作为基肥 1 次施入，氮肥分次施入，重施拔节肥，约占总追肥量的 65%，在前茬小麦施肥较为充足情况下,也可采用"1炮轰"的施肥方法。及时定苗和中耕除草。防治病虫害,大喇叭口期注意防治玉米螟。

(四)产量表现

2007年省区域试验(60 000株/hm² 2组),平均产量9070.5kg/hm²,比对照郑单958增产3.6%;2008年续试(60 000株/hm² 2组),平均产量10 129.5kg/hm²,比对照郑单958增产4.1%.2008年省生产试验(60 000株/hm² 1组),平均产量9400.5kg,比对照郑单958增产7.5%.

(五)适宜区域

黄淮海春夏播、京津唐夏播、东华北春播和西南春播。

八、甘鑫2818号

(一)品种来源

由甘肃省武威市农业科学研究所、武威甘鑫种业有限公司选育,以武9086作母本,6073作父本组配杂交而成,原代号武试30号。

(二)特征特性

甘鑫2818号生养期139d。幼叶绿色,叶鞘紫色,全株19～21片叶,株形半紧凑,苗期长势旺盛,茎粗2.6cm;成株高259cm,穗位高107cm;雄穗主轴长36～44cm,雄穗分枝5～10个,颖壳绿色,花药浅紫色,花粉量大,花丝黄色,花丝长,抽丝整洁;果柄短,果穗锥形,果穗长20.6cm,秃顶长0.5cm,果穗粗5.0cm,穗轴粗3.0cm,穗行数14.8行,行粒数41.0粒,千粒重357.3克,出籽率83.0%;籽粒黄色,半马齿形,穗轴红色。籽粒含粗蛋白9.0%,粗脂肪6.45%,粗淀粉74.59%,赖氨酸0.408%,抗病性鉴定,高抗丝黑穗病、红叶病,抗茎腐病,中抗瘤黑粉病,感矮花叶病、大斑病。

(三)栽培要点

一般4月中下旬播种,相宜密度67 500～75 000株/hm²,田间治理同一般大田玉米。

(四)产量表现

2008年参加甘肃省玉米中晚熟组区域试验,7个点均匀折合产量13 219.5kg/hm²,比同一对照品种酒试20增产3.4%。2009年8个点均匀折合产量11 665.5kg/hm²,比同一对照品种沈单16增产2.3%。2009年出产试验中均匀产量12 117kg/hm²，比同一对照沈单16增产10.3%。

（五）适宜区域

相宜甘肃省河西、中部及陇东地区等地种植。

九、先玉335

（一）品种来源

先玉335，是美国先锋公司选育的玉米杂交种。由敦煌种业先锋良种有限公司按照美国先锋公司的质量标准和专有技术独家生产加工销售。具有高产、稳产、抗倒伏、适应性广、熟期适中、株型合理等优点。于2004年、2006年分别通过了国家审定。母本为PH6WC，来源为先锋公司自育；父本为PH4CV。

（二）特征特性

该品种田间表现幼苗长势较强，成株株型紧凑、清秀，气生根发达，叶片上举。其子粒均匀，杂质少，商品性好，高抗茎腐病，中抗黑粉病，中抗弯孢菌叶斑病。田间表现丰产性好，稳产性突出，适应性好，早熟抗倒。在黄淮海地区生育期98d，比对照农大108早熟5~7d。幼苗叶鞘紫色，叶片绿色，叶缘绿色。成株株形紧凑，株高286cm，穗位高103cm，全株叶片数19片左右。花粉粉红色，颖壳绿色，花丝紫红色，果穗筒形，穗长18.5cm，穗行数15.8行，穗轴红色，籽粒黄色，马齿型，半硬质，百粒重39.3克。经河北省农科院植保所两年接种鉴定，高抗茎腐病，中抗黑粉病、弯孢菌叶斑病，感大斑病、小斑病、矮花叶病和玉米螟。经农业部谷物品质监督检验测试中心（北京）测定，籽粒粗蛋白含量9.55%，粗脂肪含量4.08%，粗淀粉含量74.16%，赖氨酸含量0.30%。经农业部谷物及制品质量监督检验测试中心（哈尔滨）测定，籽粒粗蛋白含量9.58%，粗脂肪含量3.41%，粗淀粉含量74.36%，赖氨酸含量0.28%。

（三）栽培要点

适宜密度为60 000~67 500株/hm²，注意防治大斑病、小斑病、矮花叶病和玉米螟。夏播区麦收后及时播种，适宜种植密度：52 500~60 000株/hm²，适当增施磷钾肥，以发挥最大增产潜力。春播区，造好底墒，施足底肥，精细整地，精量播种，增产增收。

(四)产量表现

2002—2003年参加黄淮海夏玉米品种区域试验,38点次增产,7点次减产,两年平均产量8692.5kg/hm²,比对照农大108增产11.3%;2003年参加同组生产试验,15点增产,6点减产,平均亩产7638kg/hm²,比当地对照增产4.7%。在东北平均产量22 500kg/hm²左右,年积温2650℃~2700℃。

十、庆单3号

(一)品种来源

庆9619组合:庆系824×MO17,由大庆市庆发种业有限责任公司选育。

(二)特征特性

苗势中等,叶色深绿,叶鞘浅紫色,成株高260cm,穗位高95cm,株型收敛,清秀。雄穗分枝中等,花丝粉色,花药黄色,雌雄协调,结实性好。果穗筒型,穗长24~26cm,穗粗5.0cm,穗行数12~16行,每行粒数45粒左右,百粒重36g。苞叶上带浅紫色条纹。粉红色轴,籽粒黄色,半马齿型,品质较好。品质分析结果:粗蛋白含量为9.95%,粗脂肪含量为4.05%,淀粉含量为74.81%,赖氨酸含量为0.31%。

(三)栽培要点

适宜种植区在5月初播种,种植密度4.5万株/hm²,中等肥力地块施基肥磷酸二铵220kg/hm²,硫酸钾150kg//hm²,追尿素300kg/hm²,在拔节初期和大喇叭口期分两次追施。有条件的应增施有机肥,以获得更高产量。

(四)产量表现

2000—2001年区域试验平均每公顷产量9738.2kg,较对照品种增产13.1%;2002年生产试验平均每公顷产量8113.0kg,较对照品种增产12.0%。

(五)适宜区域

黑龙江省第一积温带下限。

第二章 马铃薯

第一节 马铃薯主要栽培技术

一、马铃薯全膜垄侧栽培技术

（一）选择地块

宜选用地势平坦、土层深厚、土质疏松、肥力中上等、保肥保水能力较强的地块，切忌选用陡坡地、石砾地、沙土地、瘠薄地、洼地、涝地、重盐碱地等地块，应优先选用豆类、小麦茬。

（二）整地施肥

一般在前茬作物收获后及时灭茬，深耕翻土，耕后要及时耙耱保墒，做到无大土块，表土疏松，地面平整。一般每公顷施农肥 60 000kg 以上，纯氮 95~150kg，纯磷 75kg，纯钾 75kg。结合整地全田施入或在起垄时集中施入窄行垄带内。

（三）种薯准备

选择生长期适宜、品质优良、薯形好、产量高的抗病品种。最好选用脱毒小型（75~100g）种薯，进行整薯播种。播前准备种块时，选择无病种薯，切成 40~50g 的种块，每个种块留 2 个芽眼。每次切薯后用 75% 的酒精对切刀消毒，以免病菌传染。种块切好每公顷用稀土旱地宝 1500g 药液兑 75kg 水浸种 10~20min，捞出晾晒后播种；也可用草木灰拌种。

（四）划行起垄

每行分为大小双垄，大小双垄总宽 110cm，大垄宽 70cm，高 12~15cm，小垄宽40cm，高15~18cm。每个播种沟对应一大一小两个集雨垄面。

1. 划行

划行是用齿距为小行宽40cm，大行宽70cm的划行器进行划行，大小行相间排列。见图1。

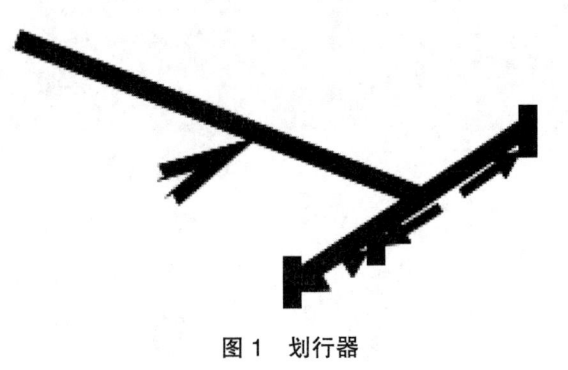

图1 划行器

2. 起垄

缓坡地沿等高线开沟起垄，要求垄和垄沟宽窄均匀，垄脊高低一致。

一般在4月上中旬起垄。用步犁起垄时，步犁来回沿小垄的划线向中间翻耕起小垄，将起垄时的犁臂落土用手耙刮至大行中间形成大垄面。用机械起垄时，如人手较少，可用起垄机起垄，起完垄后再一次性铺膜；如果人手较多，可用起垄覆膜机一次性起垄覆膜。

（五）覆膜

整地起垄后，用宽120cm、厚0.008~0.01mm的地膜，每公顷用量为75~90kg，全地面覆膜。膜与膜间不留空隙，两幅膜相接处在大垄的中间，用下一垄沟或大垄垄面的表土压住地膜，覆膜时地膜与垄面、垄沟贴紧。每隔2~3m横压土腰带，一是防止大风揭膜；二是拦截垄沟内的降水径流。机械覆膜质量好，进度快，节省地膜，但必须按操作规程进行，要有专人检查质量和压土腰带。覆膜后，要防止人畜践踏、弄破地膜。铺膜后要经常检查，防止大风揭膜。如有破损，及时用细土盖严。覆膜后在垄沟内及时打开渗水孔，以便降水入渗。

（六）适时播种

播种时期各地可结合当地气候特点，一般在4月中下旬开始播种。株距30cm，行距40cm，每公顷保苗55 500株左右。

播种深度10cm左右，若春季较旱，干土层较厚，墒情较差的地块要进行注水播种，以保证马铃薯全苗。

（七）田间管理

1. 查苗

及时检查出苗情况，若幼苗钻入膜下，要及时掏苗，并用湿土壅苗封孔。缺苗的地方应及时补种，以求全苗。

2. 防病

田间发现疫病中心病株要及时拔除。对早疫病在发病初期可用 70% 的代森锰锌可湿性粉剂 100 克兑水 40～50kg，叶面喷雾防治。用 40% 的氧化乐果乳油 1500 倍液叶面喷雾防治蚜虫，可有效地阻断病毒病的传播。

3. 收获清膜

当地上茎叶由绿转黄并逐渐枯萎时即可收获。收获时，捡拾清除残膜，回收利用。

二、川区马铃薯起垄覆膜高产栽培技术

马铃薯地膜覆盖栽培技术始于 20 世纪 80 年代末。地膜覆盖栽培马铃薯，可加快马铃薯生育进程，提早出苗，提前封行日期，增加株高及茎粗，提高茎叶鲜物质量和叶面积系数，提早成熟，单株结薯增多且质量增加，生理及形态效益均比较明显。然而，随马铃薯产业的壮大，面积不断扩大，地膜覆盖（平作）栽培技术苗期存在放苗问题，造成烧苗、烫苗、放苗不及时、苗弱、出苗不整齐，易导致缺苗断垄、易感染病害，马铃薯生长后期块茎青头率较高，商品性降低。为了克服这些问题，近几年，对地膜覆盖技术加以改进，采取起垄覆膜栽培技术模式，该栽培技术在增产效果、防病效果等方面都好于平作马铃薯。

马铃薯起垄覆膜栽培技术的优点：一是有利于增加密度，尤其是对大西洋等加工型马铃薯来说，增加密度马铃薯商品性进一步提高。二是提高地温、通风透光，有效减轻病虫、杂草危害。三是增产效果明显，马铃薯起垄覆膜栽培比平作栽培增产 10%以上，合格薯、商品率提高 20% 以上。薯块整齐、无畸形、青头数减少。具体栽培技术如下：

（一）选地整地

应选地势较高、土壤疏松肥沃、土层深厚的中性或微酸性土壤种植，忌重茬，也不要在茄果类或白菜、甘蓝等为前茬的地块上种植。地块选好后，进行深耕、耙糖、镇压，做到地平、土细、上虚下实，以利保墒。

（二）施足基肥

一般需在播种前整地时每公顷施优质农家肥 60 000～75 000kg，在中等肥力的

地块每公顷施磷酸二铵 300kg、尿素 150kg、硫酸钾 150～225kg，或每公顷施马铃薯专用肥 750kg。施化肥时应混合均匀，随犁开沟撒于沟中。

（三）种薯准备

川水灌区种植应选择克星系列、大西洋、夏波蒂/陇薯 7 号等。选定品种后，还要进行优质种薯的挑选，要除去冻、烂、病、萎蔫块茎。晒种时把种薯摊为 2～3 层，摆放在光线充足的空房间或日光温室内，使温度保持 10℃～15℃，让阳光照射，并经常翻动，当薯皮发绿、芽眼萌动时，就可切块播种。为了防止环腐病、黑胫病通过切刀传毒，切芽块时要多准备几把切刀，放在 75% 的酒精溶液或 0.1% 的高锰酸钾溶液中浸泡，种薯切好后可用旱地宝或草木灰拌种。

（四）起垄播种

地膜种植马铃薯最好起垄栽培，要求垄底宽 70～80cm，沟宽 40cm，垄高 25～30cm，用幅宽 120～140cm、厚 0.008mm 的地膜。为防止大风揭膜，覆膜后在膜面每隔 2～3m 横压土腰带。一般播种穴距 23～25cm，播深 8cm 左右，行距 40cm，亩保苗 5000 株左右。一般在覆膜后 5d 左右地温上升后开始用小铲或打孔工具破膜挖穴播种，播后用湿土盖严膜孔，也可先播种后覆膜，成三角形种植。

（五）田间管理

1. 引苗封孔。当幼苗拱土时，及时用小铲或利器在对准幼苗的地方将膜割成"T"字形，把苗引出膜外后，用湿土封住膜孔。

2. 水肥管理。在施足底肥的情况下，不能放松生长期间的水肥管理，以免造成脱肥早衰而影响产量。要在垄侧半坡距植株 12cm 左右处打孔追肥，结合追肥顺垄浇水。在开花前摘除花蕾，促进块茎生长。

3. 后期培土。沟中挖土培在根部，以免块茎露出土面。

（六）马铃薯病虫害防治

马铃薯的病虫害较多，目前古浪县比较普遍的病害有晚疫病、早疫病、环腐病、黑胫病、病毒病、疮痂病等；主要虫害有蚜虫、蛴螬、金针虫、地老虎等。现将其防治方法介绍如下：

1. 马铃薯晚疫病：一是选用抗病品种；二是选用无病种薯；三是药物防治。发病初期喷洒 58% 甲霜灵锰锌可湿性粉剂 600～800 倍液或 25% 的甲霜灵可湿性粉剂

500倍液，或64%杀毒矾可湿性粉剂500倍液，或75%百菌清可湿性粉剂500倍液，或1∶1∶200波尔多液，每隔7~10d喷药一次，连续2~3次。马铃薯苗期和开花初期喷1000倍植物动力2003可明显减轻病害的为害。总之，防治马铃薯晚疫病，应以推广抗病品种，选用无病种薯为基础，并结合预防，消灭中心病株，加强药剂防治和改进栽培技术进行综合防治。

2. 马铃薯早疫病：一是与非茄科作物轮作倒茬；二是施足基肥，增施磷钾肥，提高植株抗病力；三是药物防治。发病初期喷1∶1∶150的波尔多液、80%代森锌600~800倍液、75%百菌清600~800倍液，根据发病情况5~7d喷洒一次，共喷3~4次进行防治。

3. 马铃薯环腐病：环腐病主要是种薯带菌传播，带菌种薯是初侵染来源，切块是传播的主要途径。实验表明，一般切一刀病薯可传染20个以上的健康薯，最多可以传到60个，经田间调查，发病株率可达到69%。防治应采取选用抗病品种、田间拔除病株与选用低毒农药防治相结合的综合措施。在苗期和成株期挖除病株，集中处理。田间发生病害可喷洒72%农用链霉素4000倍液，或2%春雷霉素可湿性粉剂500倍液，或77%可杀得可湿性微粒粉剂500倍液，或50%DT可湿性粉剂500倍液。

4. 马铃薯黑胫病：一是选用抗病品种；二是建立无病留种田；三是主要采取以农业措施为主的防治原则。发病防治方法同环腐病。

5. 马铃薯病毒病：到目前为止，尚无特效药剂，只能从农业技术上加以防止。选用脱毒种薯。发病初期喷洒1.5%植病灵乳剂1000倍液，或20%病毒A可湿性粉剂500倍液，或5%菌素清可湿性粉剂500倍液，或乐果乳剂2000倍液，每隔7~10d喷药一次，连续喷洒2~3次。

三、马铃薯垄作覆膜高产栽培技术规程

（一）选地整地

应选地势较高、土壤疏松肥沃、土层深厚、土壤砂质、中性或微酸性的平地或缓坡地种植，忌重茬，也不要在茄果类或白菜、甘蓝等为前茬的地块上种植。地块选好后，进行深耕、耙耱、镇压，做到地平、土细、上虚下实，以利保墒。

（二）施足基肥

一般需在播种前整地时每公顷施优质农家肥60 000～75 000kg，在中等肥力的地块每公顷施磷酸二铵300kg、尿素150kg、50%的硫酸钾150～300kg；或每公顷施马铃薯专用肥750kg。施化肥时应混合均匀，随犁开沟撒于沟中。结合整地施肥每公顷施5%的辛硫磷颗粒剂30～45kg，防治地下害虫危害。

（三）种薯准备

川水灌区种植应选择克星系列、大西洋、夏波蒂等品种。选定品种后，还要进行优质种薯的挑选，要除去冻、烂、病、萎蔫块茎。晒种时把种薯摊为2～3层，摆放在光线充足的空房间或日光温室内，使温度保持10℃～15℃，让阳光照射，并经常翻动，当薯皮发绿、芽眼萌动时，就可切块播种。为了防止晚疫病、环腐病、黑胫病等通过切刀传播，切种块时要多准备几把切刀，放在75%的酒精溶液或0.1%的高锰酸钾（每kg水中加入1g高锰酸钾配成溶液）溶液浸泡消毒。每个种薯块带有1～2个芽眼，重量30～40g。种薯块切好后，在10kg水中加入58%甲霜灵锰锌可湿性粉剂30～40g和70%农用链霉素可湿性粉剂10～15g，充分搅匀后洒在薯块表面（每100kg薯块需药液3～5kg），晾干播种。

（四）起垄播种

要求垄高30～35cm，垄底宽70cm，沟宽40cm。起垄前用总宽110cm，齿距以沟宽40cm、垄底宽70cm的划行器进行划行，然后起垄覆膜，用幅宽140cm、厚0.008mm的地膜。为防止大风揭膜，覆膜后在膜面每隔2～3m横压土腰带。播种时将种子种在垄上，每垄双行种植，株距28cm，行距40cm，播深8cm左右，亩保苗4300株左右。一般在起垄覆膜后4～6d地温上升后开始用小铲或打孔工具破膜挖穴播种，播后用湿土盖严膜孔；也可先起垄播种后覆膜，膜面覆土3～4cm。

（五）田间管理

1. 引苗。当幼苗拱土时，膜孔错位或膜面无覆土时应及时用小铲或利器在对准幼苗的地方将膜割成"T"字形，把苗引出膜外后，用湿土封住膜孔。膜孔覆土结块时应及时破碎土块。

2. 水肥管理。在施足底肥的情况下，不能放松生长期间的水肥管理，以免造成脱肥早衰而影响产量。要在垄侧半坡距植株12cm左右处打孔追肥，结合追肥顺垄浇水。

生长期间每千克水加 50～100mg 的多效唑或膨大素进行叶面喷施，可在花前摘除花蕾，促进块茎生长。

3. 后期培土。沟中挖土培在根部，以免块茎露出土面。

（六）病虫害防治

环腐病可采用选无病种薯、小薯整薯播种、切刀消毒等方法防治；早疫病除采用选无病种薯、实行轮作倒茬外，发病初期用 64% 杀毒矾可湿性粉剂 500 倍液喷雾防治；晚疫病应在发病初期用 58% 甲霜灵锰锌可湿性粉剂 600 倍液喷雾防治；二十八星瓢虫、蚜虫可选 2.5% 功夫乳油 2500 倍液或 50% 辛硫磷乳油 1000 倍液喷雾防治。

四、川区马铃薯地膜覆盖高产栽培技术

（一）选地整地

马铃薯种植应选择土层深厚、土质疏松、肥力中等以上的地块，忌重茬，也不要在茄果类或白菜、甘蓝等为前茬的地块上种植。地块选好后，进行深耕、耙糖、镇压，做到地平、土细、上虚下实，以利保墒。

（二）施足基肥

一般需在播种前整地时每公顷施优质农家肥 60 000～75 000kg，在中等肥力的地块每公顷施磷酸二铵 300kg、尿素 150kg、50% 的硫酸钾 150～300kg；或每公顷施马铃薯专用肥 750kg。施化肥时应混合均匀，随犁开沟撒于沟中。

（三）种薯准备

川水灌区种植应选择克星系列、大西洋、夏波蒂等品种。选定品种后，还要进行优质种薯的挑选，要除去冻、烂、病、萎蔫块茎。晒种时把种薯摊为 2～3 层，摆放在光线充足的空房间或日光温室内，使温度保持 10℃～15℃，让阳光照射，并经常翻动，当薯皮发绿、芽眼萌动时，就可切块播种。为了防止环腐病、黑胫病通过切刀传毒，切芽块时要多准备几把切刀，放在 75% 的酒精溶液或 0.1% 的高锰酸钾溶液中浸泡，种薯切好后可用旱地宝或草木灰拌种。

（四）起垄播种

地膜种植马铃薯最好起垄栽培，要求垄底宽 70～80cm，沟宽 40cm，垄高 25～30cm，用幅宽 120～140cm、厚 0.008mm 的地膜。为防止大风揭膜，覆膜后

在膜面每隔2～3m横压土腰带。一般播种穴距23～25cm，播深8cm左右，行距40cm，亩保苗5000株左右。一般在覆膜后4～6d地温上升后开始用小铲或打孔工具破膜挖穴播种，播后用湿土盖严膜孔，也可先播种后覆膜，成三角形种植。

（五）田间管理

1. 引苗。当幼苗拱土时，及时用小铲或利器在对准幼苗的地方将膜割成"T"字形，把苗引出膜外后，用湿土封住膜孔。

2. 水肥管理。在施足底肥的情况下，不能放松生长期间的水肥管理，以免造成脱肥早衰而影响产量。要在垄侧半坡距植株12cm左右处打孔追肥，结合追肥顺垄浇水。生长期间喷施50～100mg/kg的多效唑或膨大素，可在花前摘除花蕾，促进块茎生长。

3. 后期培土。沟中挖土培在根部，以免块茎露出土面。

（六）病虫害防治

环腐病可采用无病种薯、小整薯播种、切刀消毒等方法防治；早疫病除采用无病种薯、实行轮作倒茬外，发病初期用64%杀毒矾可湿性粉剂500倍液喷雾等防治；晚疫病应在发病初期用58%甲霜灵锰锌可湿性粉剂喷雾防治；二十八星瓢虫、蚜虫可选2.5%功夫乳油2500倍液或50%辛硫磷乳油1000倍液喷雾防治。

五、专用马铃薯高产栽培技术

马铃薯营养价值高，口感性好，既是重要的粮菜兼用作物，又是重要的加工原料，因此在增加农民经济收入中占有主导地位。近年来，古浪县各级政府紧密结合地方实际，从新品种、新技术、生产布局和加工、市场等方面入手，实施马铃薯产业工程，使马铃薯产业成为一项富民强县的农业支柱产业。为了更好的促进马铃薯产业的发展，提高马铃薯生产水平，有效增加收入，根据古浪县实际，在马铃薯栽培技术的基础上总结出专用马铃薯高产栽培技术。

（一）品种选择

选用马铃薯专用脱毒微型薯，可比未脱毒的马铃薯增产30%以上。适合古浪县种植的专用马铃薯品种有大西洋、费乌瑞它、陇薯3号、甘农薯1号、夏波蒂、克新12号等。

（二）选地整地

选择3年内未种过马铃薯或茄科作物的土地肥沃的地块，并且从未施用过氯磺隆、脂草酮等除草剂，以阴湿或有一定灌溉条件的沙壤土最好。地块应进行深翻或早春翻，深度25cm以上，播前打碎土块，拾净根茬，做到精细整地。在种植脱毒马铃薯的周围，补种未经脱毒的马铃薯，杜绝病毒病的传播、蔓延，造成减产。

（三）施足种肥，适时追肥

每公顷施优质农家肥75 000kg，磷酸二铵225～300kg，尿素75～110kg，硫酸钾150kg，农家肥和所有化肥均以种肥基施。氮、磷、钾配比为15∶15∶15的混合肥375～600kg最好。现蕾期追硝铵150kg。

（四）播种

1. 当土壤温度稳定在7℃后开始播种，适宜播种期为3月下旬至4月中旬。

2. 播种

开沟12～14cm深，先顺沟撒施种肥和农药切忌用硝铵作种肥，以免硝铵与马铃薯的伤口接触而造成烂薯，亩施5%辛硫磷颗粒剂2kg可有效防治地下害虫，再施入农家肥盖住化肥、农药，如盖不住，应加土覆盖，最后点播微型种薯，起垄，播深8～10cm。

3. 密度

双行错位种植，株行距均30cm，种植密度67 500～82 500株/hm^2。

（五）田间管理

有灌溉条件的地方应保证现蕾至开花期灌水1次，灌水时水面以达到垄高的1/3为宜。及时防治病虫害，幼苗出齐后10d，用40%乐果乳油1500g/hm^2，兑50kg水喷洒，以后每隔10d喷1次。6月底开始清除田间晚疫病病株，7～8月份下雨后喷施58%甲霜铜锰锌可湿性粉剂500倍液，每隔7～10d喷1次，连喷2～3次，防治晚疫病确保增产增收。

（六）收获与窖藏

收获前15d彻底清除病株、杂株、杂薯，以保证种薯纯度。选择晴天收获，待块茎晾晒半天，表皮老化后，运至干燥通风的室内暂时保存。

收获后贮藏时，再次捡去病薯，破损薯和杂薯。种薯入窖前，先对贮藏窖进行清扫消毒，窖藏种薯不可堆积太厚。贮藏期间应及时检查管理，以防止烂窖。

六、古浪县马铃薯高产创建栽培技术

（一）范围

本标准规定了马铃薯无公害高产生产要求的产地环境、品种选择、水肥管理、病虫防治和收获及后续管理。

本标准适于古浪县马铃薯无公害高产生产。

（二）规范性文件

下列文件中条款通过本标准的引用而成为本标准条款。凡是注明日期的引用文件，其随后所有的修改单（不包括勘误的内容）或修订版均不能用于本标准。然而，鼓励根据本标准达成协议的各方面研究是否可使用这些文件的最新版本。凡是不注日期的引用文件，其最新版本适用于本标准

DB 62/T 691—2001　《马铃薯脱毒种薯标准》

DB 62/797—2002　　《无公害农产品质量》

DB 62/T 798—2002　《无公害农产品产地环境质量》

DB 62/T 799—2002　《无公害农产品生产技术规范》

（三）术语和定义

下列术语和定义适用于本标准：

1. 块茎：块茎是由匍匐茎顶端逐膨大而形成的变态茎。

2. 芽眼：鳞片状的子叶脱落后，在块茎上留下半月形芽眉，芽眉内有 3～5 个未伸长的幼芽共同组成芽眼。

3. 脱毒种薯：利用茎尖脱毒技术获得脱毒苗然后在此基础上扩大繁殖生产的种薯。

4. 病虫害：薯块在生长发育过程中由于病原菌和害虫的浸染而导致的伤害。

5. 机械伤：薯块在收获或运输过程中因挤、压、碰等外力所造成的伤害。

6. 土壤肥力：土壤为植物生长发育所提供和协调营养与环境条件的能力。

（四）产地环境

选择海拔 1600～1800m、地势平坦，富含有机质，土层深厚、土质疏松，肥力中上，灌溉便利的沙壤土的地块，并符合 DB 62/T 798—2002 的规定。

（五）农药、肥料及植物生长调节剂使用要求

严格执行 DB 62/T 799—2002《无公害农产品生产技术规范》的规定。

（六）生产技术

1. 茬口选择

马铃薯间作以禾本科（小麦、玉米）及豆科作物茬为好。忌连作，轮作年限应在3年以上。不宜与茄科作物轮作。

2. 品种选择

根据马铃薯用途不同，选择不同品种：高淀粉品种以陇薯3号为主，菜用型品种以新大坪为主，薯条、薯片加工型品种以大西洋、夏波蒂为主。

3. 种薯处理

（1）种薯质量

选择具有所选品种特征、薯块完整、无病虫害、无伤冻、薯皮光滑、色泽鲜艳，并符合 DB 62/T 691—2001《马铃薯脱毒种薯质量标准》。

（2）切薯催芽

播前进行切块催芽。切块时先纵切，再横切，要求切块大小为25g左右。切薯时用0.1%升汞或高锰酸钾消毒切刀，防止通过切刀传病。切好的薯块用95%敌克松WP拌种，每100kg种薯拌药210g，或用50%多菌灵WP500倍液与1000倍液农用链霉素混合喷施。然后进行催芽晒种，将拌种后切块种薯堆放，盖一层草帘。3~5d大部分芽眼出芽时，揭帘炼芽，待芽变绿时即可播种。

4. 播种

（1）播前准备

①深耕灌水

前茬作物收后尽早深耕晒垡，封冻前灌水耙磨保墒。

②整地施肥

播种前3~5d结合浅耕每亩施经无害化处理的优质农家肥5000~6000kg，然后进行起垄覆膜，并随起垄条施基肥。

（2）适期播种

一般在4月中下旬，土壤表层10cm温度稳定通过7℃~8℃，即可播种。

（3）种植方式及密度

①垄沟双行种植

起垄规格：垄沟 60cm×60cm，垄底宽 60cm，垄面宽 40cm，垄高 20cm，每垄种两行，行距宽行 80cm，窄行 40cm，株距 20~22cm，种植密度 75 000~90 000 株/hm²，种植深度 10~12cm。

②垄沟单行种植

起垄规格：垄宽 50cm，沟宽 40cm，沟深 30cm，株距 12~16cm，种植密度 67 500~75 000 株/hm²，种植深度 10~12cm。

③覆膜种植

整地时，先开沟起垄，随后覆膜，2~3d 后破膜播种，播后立即用疏松湿土盖压好膜孔。

5. 田间管理

（1）科学施肥

①施肥要求

实行测土平衡施肥，以经无害化处理的有机肥和生物肥料为主，合理使用化肥。肥料施用严格执行 DB 62/T 799—2002 规定。常规施肥量推荐指标见表1，其中 70% 作基肥，30% 作追肥。肥料品种首选马铃薯专用肥、硫酸钾复合肥、商品有机肥、生物肥、有机无机复合肥。

表1 马铃薯推荐施肥量

单位：kg/hm²

地力等级	有机肥	氮	磷	钾
低肥力	90 000	120-135	135	90-105
中肥力	82 500	105-120	108-120	75-90
高肥力	75 000	90-105	90-105	60-75

②施肥方法

基肥随整地起垄集中条施，追肥于初花-现蕾期随灌水穴追施或结合培土条追施。

③不允许使用的肥料

在生产中不应使用城市垃圾、工业废渣和未经无害化处理的有机肥。禁止使用硝态氮肥、含氯化肥及未经国家有关部门登记生产的肥料品种。

（2）合理灌水

灌水采用浅灌或隔沟灌溉，灌水量以沟深三分之二为准，切忌大水淹垄。灌水时期在马铃薯出苗齐全后，灌一次透水，之后直到现薯期灌第二水，初花至盛花期灌第三水。后期应根据天气情况，酌情控制灌水，以防徒长和湿度过大，引起块茎感病腐烂。收获前半月应停止灌水。

（3）中耕培土

现蕾前苗高 10~15cm 时，及时进行中耕，松土保墒，去除杂草、同时浅培土。在现蕾期苗高 15~20cm 时，进行第二次中耕培土。要尽量培高垄、大垄以提高块茎膨大速度和块茎质量。在植株封垄前进行第三次中耕高培土，以增加结薯层次，多结薯，结大薯，防止薯块暴露晒绿。

（七）主要病虫害防治

1. 防治原则

预防为主，综合防治。优先采用农业防治、物理防治、生物防治、科学合理的化学防治。禁止使用的农药品种见附录 A，主要病虫害防治见附录 B。

2. 农业防治

马铃薯与非茄科作物实行 3 年以上的轮作；采取垄作，防止行间早期渍水，降低田间湿度；控制氮肥用量，增施磷、钾肥，增强植株抗病能力。发现中心病株后，必须立即清除。为预防块茎发病，应及时培土 2~3 次。病田应割秧晒地两周后收获。

3. 物理防治

采用茎尖脱毒技术生产的马铃薯脱毒原种，防治马铃薯病毒病。为防止田间蚜虫传毒，可用防虫网，覆盖银灰色地膜驱避蚜虫，或采用黄板（柱）诱蚜防治。

4. 生物防治

（1）天敌

积极保护天敌，防治害虫。

（2）生物药剂

采用生物药剂、农用链霉素、春雷霉素等。

5. 化学防治

见表2。

表2 主要病虫害防治表

主要防治对象	农药名称	剂型及含量	常用药量(g/(次·hm²)或mL/(次·hm²)或稀释倍数)	施用方法	每季作物最多施用次数	安全间隔期(d)
地下害虫	辛硫磷	50%EC	7500mL	拌50kg土随播种沟条施	1	7
蚜虫	溴氰菊酯（敌杀死）	2.5%EC	300~600mL	喷雾	3	2
	吡虫啉	10%WP	2000~3000倍	喷雾	3	7
早疫病	代森锰锌	70%WP	600~800倍	喷雾	3	7
	百菌清	75%WP	600倍	喷雾	3	10
	甲霜灵锰锌	58%WP	500倍	喷雾	1	1
晚疫病	氢氧化铜	72.2%AS	400~600倍	喷雾	3	8
	代森锰锌	70%WP	600~800倍	喷雾	1	21
	甲霜灵锰锌	68%WP	600g	喷雾	1	1
环腐病	敌克松	95%WP	3150g	拌100kg种薯	1	14
	农用链霉素	72%WP	500倍	浸种	3	15
	春雷霉素	2%WP	98500倍	浸种	1	15

（八）收获及后续管理

1. 收获

适时收获。茎叶呈现黄色，中基部叶片枯黄，薯皮老化，薯块易从脐部脱落时收获。晚熟品种和秋播马铃薯，常常不等茎叶显黄成熟即遇早霜，因此在不影响后作和块茎不受冻的情况下可适当延迟收获期。

收获马铃薯要选择晴朗的天气，机械或手工收获均可，但要避免损伤薯块。收获的薯块不易在烈日下暴晒，以免薯皮晒绿，影响食用品质。刚收获的薯块，先放在阴凉通风处风干，把病、烂、破伤薯挑出来，然后再入窖贮藏。同时，为了避免病菌传播，秋耕前必须清洁田间残留的茎叶。

2. 安全贮藏

入窖前要严格挑选薯块，凡是损伤、受冻、虫蛀、感病等薯块都应清除。挑选好的薯块应先放在阴凉通风的地方摊晾几天，然后再入窖贮藏。入窖时轻倒轻放，防止碰伤，窖内薯堆不易过厚，堆放数量不能超过窖容2/3。贮藏窖温度应控制在1℃～3℃为宜，空气相对湿度控制在80%～85%。

3. 质量及包装、运输

按 DB 62/797—2002 条款执行。

第二节　马铃薯主要病虫害防治技术

一、马铃薯主要病害防治技术

（一）马铃薯晚疫病防治技术

马铃薯晚疫病是一种暴发性、毁灭性病害，在高湿、多雨、凉爽的条件下病害扩散迅速，7～10d可使地上部分全部枯死。马铃薯感染晚疫病后，叶片、茎秆、薯块均可出现症状。

1. 危害症状

主要侵害叶、茎和薯块。叶片染病，首先在叶尖或叶缘出现水浸状绿褐色病斑，天气干燥时，病斑干枯呈褐色，不产生霉轮；湿度增大病斑就向外围扩展，病斑与康健部分无明显界限，病斑边缘有白色稀疏的霉轮，叶背更明显。茎部或叶柄染病，现褐色条斑。发病严重的叶片萎垂，卷缩，最后整个植株变为焦黑，空气干燥就枯萎，空气湿润叶片就腐烂，全田一片枯焦，散发出腐败气味。薯块染病，初生褐色或紫褐色大块病斑，稍凹陷，病部皮下的薯肉呈深度不同的褐色坏死部分。薯块可以在田间发病烂掉，也会在田间受浸染而储藏后大量腐烂。

2. 防治方法

（1）选用抗病品种。因地制宜地推广普及抗病品种及优良原种，最好选用当年调运的健康种薯进行播种，目前，较抗晚疫病的品种有陇薯3号、陇薯5号、陇薯6号等，这样才能从根本上控制和减轻晚疫病对古浪县马铃薯的危害。

（2）进行种薯消毒。切块时，准备两把以上切刀，浸在0.1%的高锰酸钾溶液或75%的酒精液中，用一把刀切块，当切到病、烂薯后，立即换另一把切刀。也可在炉火中烧一锅沸水，一把刀放入沸水中，另一把刀切块，切到病、烂薯时，即换另一把切刀。切好的种薯用58%甲霜灵锰锌可湿性粉剂0.05~0.1kg或用25%甲霜灵或克露0.05kg，加水2~3kg，均匀喷洒150kg种薯薯块，晾干后播种。

（3）改进栽培措施。一是推广全膜垄侧种植技术，垄作技术是防治疫病发生的有效措施，在古浪县马铃薯生产上广泛应用；二是科学施肥，增施腐熟的农家肥，氮磷钾配合施用；三是早熟品种催芽，适时早播；四是加强田间管理，及时除草、中耕培土，并在收获前1~2周割除地上部茎叶，并将植株运出田外；在入窖、播种前淘汰并处理好病薯。

（4）药剂防治。在初花期，当株高30~40cm时，亩用15%的多效唑可湿性粉剂0.05kg兑水50kg，均匀喷洒，做到不漏喷，不重喷；另外要加强监测，发现中心病株及时拔除，带出田外深埋（1m以上），病穴处撒石灰消毒，对病株周围50m范围内喷洒代森锰锌、甲霜灵、甲霜灵锰锌等药剂进行预防处理。对常发重病区，应加强预防工作，喷药防治1~3次，每隔7d喷药1次，并注意轮换用药。一般常用的防治药剂有：25%的甲霜灵可湿性粉剂500倍液，58%甲霜灵锰锌可湿性粉剂600倍液，40%的乙磷铝300倍液，80%代森锰锌干悬浮剂（必得利）800倍液。

（二）马铃薯早疫病防治技术

马铃薯早疫病又称夏疫病、轮纹病，是马铃薯易发普遍的病害。干旱、瘠薄地块发病重。

1. 危害症状

叶片症状：叶片发病初期，出现黑褐色水浸状小斑点，然后病斑逐渐扩大成近似圆形的黑褐色病斑，直径3~4mm，有同心轮纹，有的呈多角形。病斑与健康组织有明显的界线，严重时病斑连成一片，整个叶片枯死，但不脱落。天气潮湿时，病斑上生出黑色绒毛状霉层。一般植株下部的叶片先发病，再向上部蔓延。

叶柄和茎秆症状：多发生于分枝处，病斑长圆形，黑褐色，有轮纹。

薯块症状：薯块很少发病，一旦受侵后，薯皮略下凹，出现边缘清楚的褐黑色圆形或不规则病斑，病斑下的薯肉呈现褐色、海绵状干腐。潮湿时，病斑上均可生黑色霉层。

2. 防治方法

（1）加强栽培管理。选用健薯播种；合理密植，增施有机肥，推行配方施肥，增施钾肥，适时喷施叶面肥；合理灌溉，控制湿度，雨后及时清沟排渍降湿，促植株稳生稳长，增强抗病性。初见病株及时拔除或摘除病叶；收获时避免损伤，减少侵染；收后及时翻地，压埋病菌，减少病源。

（2）药剂防治。发病初期，每公顷用80%代森锰锌可湿性粉剂0.9kg，或75%百菌清可湿性粉剂1.2kg，或77%氢氧化铜可湿性微粒粉剂1.5kg，或70%丙森辛可湿性粉剂1.05kg，或64%恶霜锰锌可湿性粉剂1.5kg，均兑水750kg喷雾防治，每隔7～10d喷1次，连续喷2～3次。

（三）马铃薯环腐病防治技术

马铃薯环腐病是危害马铃薯的主要病害之一，造成死苗、死株，发病严重的地块可减产13%以上，如果收获时有病薯存在，常造成大量薯块腐烂，甚至引起烂窖。

1. 危害症状

（1）薯块症状：切开薯块可见皮层内现环纹或弧环死部，故称环腐，经窖藏，块茎芽眼变黑干枯或外表爆裂，播种不出芽，或出芽后枯死或形成病株。病株的根、茎部维管束变褐，病蔓有时溢出白色菌浓。

（2）茎叶症状：茎叶染病有枯斑和萎蔫两种类型。枯斑形：多在植物复叶的顶上发病，叶尖和叶缘及叶脉呈绿色，叶肉黄绿色或灰绿色，具明显斑驳，且叶尖干枯或向内卷，病情向上扩展，致全株枯死。萎蔫型：初期从顶端复叶开始萎蔫，叶肉稍内卷，似缺水状，病情向下扩展，全株叶片开始褪绿，内卷下垂，终致植株倒伏枯死。

2. 防治方法

（1）选用抗病品种。因地制宜地选择种植适合当地的抗病品种，如克新1号、陇薯7号、陇薯5号、新大坪、庄薯3号等，有条件的可种植脱毒种薯，二级种薯和二级以上种薯无感染环腐病。

（2）精选种薯。播种前把种薯堆放在室内进行凉种，精选无病种薯，剔除病烂薯。

（3）进行种薯和切刀消毒。切块时，准备两把以上切刀，浸在 0.1% 的高锰酸钾溶液或 75% 的酒精液中，先取出一把切刀，切一个薯块后，将刀方回药液，再用另一把切刀切下一个薯块，如此交替使用。切好的种薯后，进行种薯消毒，可用多抗霉素 100～200mg/kg 溶液，或用硫酸铜 50mg/kg 溶液浸泡种薯 10min，或用 47% 春雷霉素 0.167kg，或链霉素 0.017 kg 兑水 50 kg 浸种 10 min。

（4）栽培管理。施用磷酸钙作种肥，在开花后期，加强田间检查，拔除病株及时处理，及时防治田间地下害虫，防止大水漫灌，减少传染概率。

二、马铃薯主要虫害防治技术

（一）马铃薯田金针虫防治方法

金针虫是叩头甲的幼虫，俗名铁棍子、火蚰蜒、钢丝虫等，是一种杂食性地下害虫。古浪县各地均有发生，主要危害麦类、玉米、马铃薯、瓜类、蔬菜等。

1. 金针虫危害症状

金针虫以幼虫为害，在土中咬食刚发芽的种子和幼苗的地下部分，造成缺苗断垄。成株期钻入根茎取食，可使植株逐渐枯萎死亡。马铃薯块茎常被蛀食成空洞，不堪食用，有的还会引起腐烂。2009 年在古浪县旱作区全膜马铃薯田发生较重，为害马铃薯种块，且造成伤口感染病菌，引起种块腐烂，严重影响了全膜马铃薯的正常出苗。

2. 防治方法

（1）药剂拌种。马铃薯播种前，每公顷用 50% 的辛硫磷乳油或 48% 的乐斯本乳油，兑水 22.5～30kg，搅匀后混拌 1950～2250kg 种块（即 1 公顷地种块）；晾干后播种，可有效防治金针虫、蛴螬等地下害虫。

（2）毒土处理。每公顷用 50% 的辛硫磷乳油 2.25～3kg 兑水 75kg 左右，拌粪土，起垄时均匀撒入垄底，既起到集中施肥的作用，又能有效防治金针虫等地下害虫；然后起垄，也可有效防治金针虫。

（3）灌根防治。播种后出苗期若发现有金针虫危害，可用 40% 甲基异柳磷乳油 2000 倍液灌根（即每公顷用本药剂 1.125～1.5L 兑水 2250～3000kg 配成药液灌根，每穴不少于 40mL 该药液）；或亩用 50% 的辛硫磷乳油 1500 倍液灌根（即每公顷用本药剂 2.25L 兑水 3300kg 配成药液灌根，每穴不少于 40mL 该药液）。

（4）注意事项：甲基异柳磷毒性较高，使用时要严格按照使用安全说明进行操作，严防中毒事故发生；装过农药的空瓶要及时深埋地下，不能乱扔或作他用。

第三节 马铃薯主栽品种介绍

一、陇薯3号

（一）品种来源

陇薯3号是甘肃省农科院马铃薯研究所育成的高淀粉马铃薯新品种。

（二）生育期

该品种中晚熟，生育期（出苗至成熟）110d左右。

（三）特征特性

株型半直立较紧凑，株高60~70cm。茎绿色、叶片深绿色，花冠白色。薯块扁圆或椭圆形，大而整齐，黄皮黄肉，芽眼较浅并呈淡紫红色。结薯集中，单株结薯5~7个，大中薯重率90%以上。块茎休眠期长，耐贮藏。薯块干物质含量24.10%~30.66%，淀粉含量20.09%~24.25%，品质优良，食用口感好，有香味。特别是淀粉含量比一般中晚熟品种高出3%~5%，十分适宜淀粉加工。该品种抗病性强，高抗晚疫病，对花叶、卷叶病毒病具有田间抗性。产量高，最高产量75 000kg/hm²以上。

（四）适应范围

该品种适宜于高寒阴湿、二阴地区及干旱山区种植。

栽培技术要点：①适期播种，一般4月下旬播种，起大垄双行点播，密度60 000~67 500株/hm²为宜；②每公顷施农肥52 500~75 000kg，磷酸二铵300kg，尿素225kg，硫酸钾150kg；③及时防治晚疫病。

二、陇薯6号

（一）品种来源

陇薯6号，原系号L9408—10，由甘肃省农科院马铃薯研究所育成。

（二）生育期

该品种晚熟，生育期（出苗至成熟）120d 左右。

（三）特征特性

株型半直立，株高 70～80cm，幼苗生长势强，植株繁茂，主茎分枝较多，茎绿色，叶深绿色，花冠乳白色。结薯集中，单株结薯 5～8 个，薯块扁圆形，淡黄皮白肉，芽眼浅，大中薯重率 90% 以上；薯块休眠期中长，较耐贮藏。薯块含干物质 28.9%，淀粉 21.33%，食用品质优良，可粮菜兼用，并适合淀粉加工用。该品种田间表现抗退化能力强，高抗晚疫病，高抗病毒病，中抗花叶病毒病。一般产量 42 000～60 000kg/hm^2。

（四）适应范围

该品种适宜于高寒阴湿、二阴地区及干旱山区种植。

（五）栽培技术要点

（1）适期播种，一般 4 月下旬播种，起大垄双行点播，密度 52 500～60 000 株/hm^2 为宜；（2）注意重施底肥，氮、磷、钾肥配合使用，切忌氮肥过量，避免植株徒长，一般每公顷施农肥 52 500～75 000kg，磷酸二铵 300kg，尿素 270kg，硫酸钾 150kg；（3）及时防治晚疫病。

三、大西洋

（一）品种来源

大西洋（Atlantic），美国品种。

（二）生育期

中熟品种，生育期 90d 左右（出苗至收获）。

（三）特征特性

株型直立紧凑，株高 75cm 左右。茎基部有分布不规则的紫色斑点，茎秆粗壮，分枝少，叶肥大、亮绿色。块茎圆形，白皮白肉，表皮有轻微网纹，芽眼较浅，薯块整齐，结薯集中，大中薯重率高，较耐贮藏。该品种对 PVX 免疫，中抗晚疫病，抗旱性较强，水、旱地均可种植。块茎淀粉含量 17.8%，还原糖含量 0.03%，适宜油炸薯片加工。一般产量 22 500～30 000kg/hm^2。

（四）适应范围

该品种适应性较强，土质以沙壤为好，但不宜在严重干旱的沙质土上种植。

（五）栽培技术要点

（1）选择土质肥沃、耕层深厚，有机质含量高的地块；

（2）4月下旬播种，起垄栽培，种植密度 57 000 ~ 60 000 株 /hm^2，播种量 1950 ~ 2250kg/hm^2，母薯切块重 35g，播种前室外晒种 10 ~ 12d；

（3）每公顷施优质有机肥 45 000kg，磷酸二铵 300kg，尿素 450kg，硫酸钾 255kg。

四、新大坪

（一）品种来源

定西市安定区

（二）生育期

中熟品种，生育期（出苗至成熟）100d 左右。

（二）特征特性

株型半直立，幼苗长势强，成株繁茂，株高 40 ~ 50cm，茎粗 10 ~ 12cm，分枝中等，茎绿色，叶片肥大，墨绿色。薯块椭圆形，表皮光滑，白皮白肉，芽眼较浅且少，结薯集中，单株结薯 3 ~ 4 个，大中薯重率 95% 以上。抗病毒病、中抗早疫病和晚疫病，薯块休眠期中等，耐贮性强，抗旱耐瘠。薯块干物质含量 27.8%，淀粉含量 20.19%，还原糖含量 0.16%，是淀粉加工型品种，一般产量 27 000 ~ 34 500kg/hm^2。

（三）适应范围

本品种适宜范围广，可在古浪县大部分地区种植。

（四）栽培技术要点

1. 播期：高寒阴湿及二阴山区在 4 月下旬播种为宜，半干旱地区在 4 月中旬为宜。

2. 密度：旱薄地 37 500 ~ 45 000 株 /hm^2，高寒阴湿和川水保灌区 60 000 ~ 67 500 株 /hm^2 为宜。

3. 施肥：每公顷施优质农家肥 45 000 ~ 75 000kg，尿素 300kg，磷酸二铵 375kg，硫酸钾 150kg。其中 2/3 氮肥作底肥，1/3 作追肥，其他肥料结合播种一次性施入。

五、夏波蒂

（一）品种来源

原名 shepody，1980 年加拿大育成，1987 年从美国引进我国试种。

（二）生育期

本品种属中熟品种，从播种到成熟 100d 左右。

（三）特征特性

株型开张，株高 60~80cm，茎绿粗壮，多分枝，叶片浅绿色，卵圆形且密集较大；花浅紫色，开花较早，花期较长；结薯早且集中，薯块倾斜向上生长；块茎长椭圆形，一般长 10cm 以上，大的超过 20cm，白皮白肉，表皮光滑，芽眼极浅，大薯率高。该品种不抗旱、不抗涝，对涝特别敏感，喜沙壤土，退化快，对早疫病、晚疫病敏感，块茎感病率高。块茎干物质含量 19%，还原糖 0.2%，是油炸薯条的主要品种。一般产量 22 500~45 000kg/hm^2，产量差异较大。

（四）适应范围

特别适宜高海拔冷凉干旱区种植。

（五）栽培技术要点

1. 选择土层深厚，排水通气性良好的沙壤土或轻沙壤土地块；

2. 密度每公顷 52 500~60 000 株，起垄深播；

3. 每公顷施优质农家肥 45 000~75 000kg，尿素 300kg，磷酸二铵 375 kg，硫酸钾 150kg；

4. 及时注意控制病、虫、草害，特别应严格防治晚疫病。

六、克新 6 号

（一）生育期

克新 6 号是一个早熟高产马铃薯品种，生育期 80d。

（二）特征特性

株型开展、繁茂，生长势中等，早期扩展迅速，株高 60cm，分枝少，茎绿色。花冠白色，叶片中等，叶色浅绿，叶缘平展，结薯期早，膨大快，结薯集中，薯块扁圆形，表皮光滑，黄皮浅黄肉，薯形整齐一致，块大、芽眼浅且数目中等。休眠期短，极耐贮藏。该品种中抗花叶病毒、轻感卷叶病毒,植株易感晚疫病、块茎较抗,植株轻感环腐病、块茎中抗。块茎干物质含量21.4%,淀粉13.3%,还原糖0.04%,食用品质好,煮食口感优,是油炸薯片的主要品种。一般产量30 000~37 500kg/hm²。

(三)适应范围

该品种适应性较广,适宜于水川区、半干旱山区种植。

(四)栽培技术要点

1. 该品种耐水肥,适于水浇地高水肥栽培。

2. 植株分枝少,适于密植,每公顷60 000~75 000株为宜。

3. 增加肥料的投入,配比施肥,每公顷施优质农家肥45 000~75 000kg,尿素300kg,磷酸二铵375 kg,硫酸钾150kg;

4. 严格防治晚疫病。

七、荷兰15号

早熟,出苗后60d可收获。株型直立,株高50cm左右,长势强,分枝少,茎绿色。复叶大小中等,叶缘平展,叶色深绿。花白色,天然结实性中等。薯块圆形、长圆形,皮、肉淡黄色,芽眼少而浅,表皮光滑,薯块大而整齐,结薯集中,该品种肥水好的地块可获高产,一般产量37 500kg/hm²左右,高产可在52 500kg/hm²以上。

八、陇薯8号

(一)品种来源

以大西洋为母本,以创新资源材料L9705-9为父本杂交选育而成,原代号L0206-6,由甘肃省农业科学院马铃薯研究所选育。

(二)生育期

中晚熟,出苗至成熟116d左右。

(三)特征特性

株型半直立,株高65~70cm。茎绿色局部带褐色网纹,叶绿色,花冠白色,天然结实性较强。薯块椭圆形,淡黄皮淡黄肉,薯皮粗糙,芽眼较浅,顶芽浅红色,薯形好,结薯集中,单株结薯5~6个,商品薯率80%以上。抗晚疫病,对花叶病毒病和卷叶病毒病具有很好的田间抗性。薯块含干物质平均31.59%，淀粉含量22.91%~27.34%，平均24.89%，粗蛋白平均2.96%，维生素C平均13.32mg/100g，还原糖含量平均0.24%。

（四）适应范围

适宜在甘肃省高寒阴湿、二阴地区及半干旱地区种植。

（五）栽培技术要点

选用脱毒种薯，或建立种薯田，选优选健留种。高寒阴湿、二阴地区4月中旬播种，半干旱地区4月上、中旬播种。播种密度一般52 500~60 000穴/hm²，旱薄地37 500~45 000穴/hm²。重施底肥，氮、磷、钾配合，早施追肥，切忌氮肥过量。在收获前一周割掉薯秧，以便晒地和促使薯皮老化。

（六）产量表现

2007—2008年全省区域试验，平均产量26 650 kg/hm²，比统一对照陇薯6号平均增产1.3%，比当地对照品种平均增产4.7%；生产试验产量24 360~32 200kg/hm²，平均产量28 428kg/hm²，比对照品种增产12.1%。

九、青薯9号

（一）品种来源

青海省农林科学院生物技术研究所从国际马铃薯中心（CIP）引进杂交组合（387521.3×APHRODITE）材料C92.140-05中选出优良单株ZT，后经系统选育而成。

（二）特征特性

株高97±10.4cm。幼芽顶部尖形、呈紫色，中部绿色，基部圆形，紫蓝色，稀生茸毛。茎紫色，横断面三棱形。叶深绿色，较大，茸毛较多，叶缘平展，复叶大，椭圆形，排列较紧密，互生或对生，有5对侧小叶，顶小叶椭圆形；次生小叶6对互生或对生，托叶+呈圆形。聚伞花序，花蕾绿色，长圆形；萼片披针形，浅绿色；花柄节浅紫色；花冠浅红色，有黄绿色五星轮纹；花瓣尖白色，雌蕊花柱长，柱头圆形，二分裂，绿色；雄蕊黄色，圆锥形整齐聚合在子房周围。无天然果。薯块椭圆形，表皮红色，有网纹，薯肉黄色；芽眼较浅，芽眼数9.3±1.57个，红色；芽眉弧形，脐部凸起。结薯集中，较整齐，耐贮性中等，休眠期45±5d。单株结薯数8.6±2.8个，单株产量 945g ± 0.61g，单薯平均重 117.39 ± 4.53g。中晚熟，生育期 125 ± 5d，全生育期 165 ± 5d。植株耐旱，耐寒。抗晚疫病，抗环腐病。

（三）适应范围

适宜在青海省海拔 2600m 以下的东部农业区和柴达木灌区种植。

（四）栽培技术要点

结合深翻每公顷施有机肥 30 000 ~ 45 000kg，纯氮 93.15 ~ 155.25kg，五氧化二磷 124.2 ~ 179.4kg，氧化钾 187.5kg。4 月中旬至 5 月上旬播种，采用起垄等行距种植或等行距平种，播深 8 ~ 12cm。播量 1950 ~ 2250kg/hm^2，行距 70 ~ 80cm、株距 25 ~ 30cm，密度 3200 ~ 3700 株。

（五）产量表现

块茎淀粉含量 19.76%，还原糖 0.253%，干物质 25.72%，维生素 C 23.03mg/100g。一般水肥条件下每公顷产量 33 750 ~ 45 000kg；高水肥条件下每公顷产量 45 000 ~ 63 000kg。

第三章　小　麦

第一节　小麦主要栽培技术

一、春小麦全膜覆土穴播节水栽培技术

（一）地块选择

选择土层深厚、土质疏松、土壤肥沃的条田、川地、塬地等平整灌溉土地，以豆类、麦类、油菜、胡麻等茬口较佳，马铃薯、玉米等茬次之。

（二）深耕蓄墒

前茬作物收获后深耕晒垡，熟化土壤，接纳降水，耙耱收墒，做到深、细、平、净，以利于覆膜播种。伏秋深耕即在前茬收获后及时深耕灭茬，深翻晒土，以利保墒，耕深25~30cm；覆膜前采用旋耕机浅耕，耕深18~20cm，然后平整地块，做到"上虚下实无根茬、地面平整无坷垃"。玉米茬口地最好先深耕拣出玉米根茬，再采用旋耕机浅耕后镇压，以打破犁底层及破碎玉米根茬。

（三）施肥

全膜覆土穴播一次覆膜连续多茬种植时应重施有机肥、施足化肥。结合最后一次整地施入优质腐熟农家肥45~75t/hm²、氮180~240kg/hm²、磷120~180kg/hm²，缺钾土壤适当补充钾肥。

（四）土壤处理

对地下害虫为害严重的地块，用50%辛硫磷乳油7.5 kg/hm²，加水75.0 kg，喷拌细沙土750.0kg，制成毒土于旋耕前撒施。

（五）地膜选择

选择厚度为 0.008～0.010mm、幅宽为 120cm 的抗老化地膜，用量 90kg/hm² 左右。

（六）覆膜覆土

覆膜与膜上覆土一次性完成，覆膜时间依据土壤墒情而定。如土壤湿度大，应在翻耕后晾晒 1～2d，然后耙耱整平覆膜，以免播种时播种孔（鸭嘴）堵塞。覆膜后要防止人畜践踏，以延长地膜使用寿命，提高保墒效果。

1.人工覆膜覆土：全地面平铺地膜，不开沟压膜，下一幅膜与前一幅膜要紧靠对接，膜与膜之间不留空隙、不重叠。膜上覆土厚度 1.0～1.5cm。覆膜用土必须是细绵土，不能将土块或土疙瘩覆在膜上，以免影响播种质量，膜上覆土要均匀，薄厚要一致，覆土不留空白，地膜不能外露。

2.机械覆膜覆土：机引覆膜覆土一体机以小四轮拖拉机作牵引动力，实行旋耕、镇压、覆膜、覆土一体化作业，具有作业速度快、覆土均匀、覆膜平整、镇压提墒、苗床平实、减轻劳动强度、有效防止地膜风化损伤和苗孔错位等优点，每台每天可完成 2.7 hm². 作业量，作业效率较人工作业提高 20 倍以上。

（七）品种选择

选择抗倒伏、抗条锈病、抗逆性强的高产优质中矮秆春小麦品种。如陇春 26 号、陇辐 2 号、宁春 4 号、宁春 15 号、武春 5 号、陇春 26 号、银春 8 号、甘春 24 号等。

（八）种子处理

小麦条锈病、白粉病易发地区，可用 15% 三唑酮可湿性粉剂按 100 kg 种子用药量 100 g 均匀拌种，随拌随播。

（九）播种

1.播种机调试：不同机型和型号的播种机控制下籽的方式方法不同，下籽的最大量和最小量范围也不同。种子装在穴播机外靠外槽轮控制排放量的穴播机，需调整齿轮大小；种子装在穴播机葫芦头内的穴播机，需打开葫芦头逐穴调整排放量。播种机调试应由技术人员指导，以免播种过稀或过密。

2.播种时期：春小麦一般不推迟播期，但必须在土壤解冻 10cm 后进行。为了避免覆土板结给出苗造成困难，各地应关注天气预报，尽量避开雨天，在天气晴朗的条件下播种，要尽量掌握播种后小麦能在降水前出苗，以防板结，争取保全苗，为高产稳产奠定基础。

3. 播种规格：播种深度 3~5cm，行距 15cm 左右，穴距 12cm，采用幅宽为 120cm 的膜时，每幅膜播 8 行。同一幅膜上同方向播种，以避免苗孔错位。播种时步速要均匀，步速快下籽太少，步速慢下籽太多。同一幅膜先播两边，由外向里播种，既可以控制地膜不移动，又便于控制每幅膜的行数。当土壤较湿时，为避免播种过浅，应在穴播机上加一个土袋施加压力。

4. 播种密度：春小麦以主茎成穗为主，应适当加大播种量，根据品种的特征特性、海拔高度等确定播种量。一般行距 15 cm，穴距 12cm，每穴 13~15 粒，播种量 675 万~825 万粒 /hm^2。大穗品种（千粒重 50~55g）播种量 360~450kg/hm^2，常规品种（千粒重 42~48 g）播种量 300~405kg/hm^2 为宜。

（十）田间管理

1. 前期管理：播种后如遇雨，要及时破除板结。一般采用人力耙耱器或专用破除板结器，乘地表湿润破除板结，地表土干裂时则影响破除效果。若发现苗孔错位膜下压苗，应及时放苗封口。遇少量杂草则进行人工除草。

2. 灌水：在灌好冬水的基础上，分别于小麦拔节期、抽雄－扬花期、灌浆期各灌水 1 次，每次灌水量均为 1125m^3/hm^2。对于免冬灌的地块，于 2 月下旬进行播前浅灌，灌水量 450~750m^3/hm^2。

3. 预防倒伏：全膜覆土穴播春小麦易出现旺长造成倒伏。为了有效控制旺长，首先要选择抗倒伏的中矮秆品种，一般株高不超过 85cm；其次，采取喷施矮壮素、多效唑的办法控制小麦株高。对群体大、长势旺的麦田，在返青至拔节初期喷施 1000~2000mg/kg 矮壮素溶液，或用 10% 多效唑可湿性粉剂 750~900g/hm^2 兑水 750kg 喷雾，可有效地抑制节间伸长，使植株矮化，茎基部粗硬，防止倒伏。另外，合理控制密度是预防倒伏的重要措施，一般灌溉地种植密度不能超过 750 万株 /hm^2。

4. 追肥：春小麦进入分蘖期后，结合灌水追施尿素 112.5~150.0kg，以促壮、增蘖。进入扬花灌浆期，应结合灌水少量追肥，或用磷酸二氢钾、多元微肥及尿素等进行叶面追肥，以补充养分，促进灌浆，增加粒重，提高产量。

（十一）病虫草害防治

1. 病虫害防治

条锈病、白粉病用20%三唑酮乳油675～900mL/hm² 兑水750 kg进行喷雾防治，或用15%粉锈宁可湿性粉剂750～1125g/hm² 兑水750 kg喷雾防治，间隔7～10 d喷1次，连喷2～3次。麦蚜用50%抗蚜威可湿性粉剂4000倍液，或l0%吡虫啉可湿性粉剂1000倍液，或3%蚜克星乳油1500倍液喷雾防治。麦红蜘蛛用20%哒螨灵可湿性粉剂1000～1500倍液，或40%螨克净悬浮剂2000倍液喷雾防治。

2. 杂草防治

膜上覆土可有效预防杂草，但若播种孔和膜间有杂草生长，如野燕麦等禾科杂草，可在3叶期前用6.9%精恶禾草灵水剂1050～1200mL/hm² 兑水450 kg喷雾防除；对阔叶类杂草，可用2.4-D丁酯300～375mL/hm² 加75%苯磺隆水分散粒剂15.0～22.5g，兑水450kg喷雾防除。

（十二）适时收获

春小麦进入蜡熟期末期籽粒变硬即可收获。全膜覆土穴播小麦收获后，要实行留膜免耕多茬种植，收获时一定要保护好地膜。一般采取人工收获，或采用小型收割机收获。若采用大型收割机收获，小麦留茬高度要达到10cm左右，以免损坏地膜。

二、春小麦高产栽培技术规程

（一）分区轮作

采用两年两区或两年四区分区轮作制度，统一规划，统一整地，统一播期播量，统一机播、统一管理，对示范片进行科学规范管理。轮作倒茬，避免重茬；早春顶凌耙糖镇压保墒，做到土面平整，土绵墒足。

（二）选用良种

选用永良4号、永良15号等优质高产品种。

（三）种子处理

选择粒大饱满的种子，并晒种1～2d，每50kg种子用15%的粉锈宁可湿性粉剂75g或12.5%的禾果利75～100g干拌，现拌现种，以防锈病和地下害虫。

（四）测土配方施肥

按照小麦创建高产的要求，结合测土配方项目土壤测试结果和目标产量，在每公顷施农肥 60 000kg 的基础上，施纯氮 195kg，纯磷 150kg，纯钾 45kg，25% 氮肥作追肥外，其余全部作底肥施用，提高肥料的利用率。

（五）机械化耕作

大力推广保护性耕作技术，推广机械松耕、高茬收割、秸秆还田、机收机播等机械化耕作技术，提高机械化作业水平，使项目区综合农业机械化程度在 85% 以上。

（六）精量播种合理密植

在三月上旬，土壤解冻到适宜播深时适时播种，先施肥后播种，亩播种量 25～26kg。实行机械播种，播种深度以 3～5cm 为宜；

（七）加强田间管理，防治病虫草害

灌水。全生育期浇灌 3～4 次，最好在头水三叶一心、二水拔节期、三水孕穗期、四水灌浆期；若浇三次水，灌水时间分别在三叶一心、孕穗期和灌浆期；追肥。结合浇头水每公顷施纯氮 45～60kg，折合尿素 105～135kg；播前亩用 40% 野麦畏 200mm 加水 30～50kg 均匀喷施地面，防除燕麦草；头水前后亩用 2,4-D 丁酯 50 克，兑水 30kg，喷雾防除阔叶杂草，抽穗后及时人工拔除田间燕麦草，生育期间如有病虫害发生，及时防治。

（八）适时收获

小麦成熟后及时收获，早打碾、早入仓，做到丰产丰收。

三、水浇地小麦高产优质栽培技术

（一）范围

本规程主要适用于甘肃冬、春小麦水浇地一年一熟单作栽培。

（二）产量目标及结构

正常年份按本规程实施，可实现产量 6000～9000kg/hm^2。600kg/hm^2 以上高产田，一般适宜的群体产量结构为：穗数 675 万穗/hm^2，穗粒数 30 粒，千粒重 45g 左右。

（三）播前准备

1. 耕作整地：夏茬田前作收后及时深耕灭茬，立土晒垡，熟化土壤，到秋末先深耕施基肥，再旋耕碎土、整平土壤，等待播种。秋茬田应随收随深耕，可将深耕、施基肥、旋耕、耙耱整平一次性作业完成。秋末耕作整地要与打埂作畦结合，保证灌溉均匀。深耕要达到25cm以上，打破犁底层。

2. 秸秆还田：秸秆先粉碎成5cm长的碎段，再铺撒、翻埋入田，适宜秸秆还田量为4500~7500kg/hm^{2}风干秸秆。前茬小麦的地块，最好结合夏季深耕灭茬将小麦秸秆翻埋还田；前茬玉米田块，可将玉米秸秆在秋播前结合旋耕还田，旋耕后注意耙耱或镇压。灌区春小麦可连作2年。

3. 灌底墒水：水浇地冬、春小麦播前一般不灌水，但需要11月中旬土壤夜冻昼消时灌底墒水，底墒水要灌透灌足，灌溉量1050~1500m^3/hm^2。

4. 耙耱镇压：入冬后耙耱弥补裂缝，早春最好顶凌耙耱保墒。秸秆还田地块若土壤暄松，早春可通过轻度镇压弥补裂缝、保墒提墒。

5. 施肥技术

（1）施肥总量：产量在7500kg/hm^{2}以上的麦田，全生育期施肥量：每公顷施腐熟有机肥45 000~75 000kg，纯氮150~225kg、磷90~180kg，氮、磷比一般以1∶0.8为宜。较肥沃的豆茬地、蔬菜地、庄园地，氮、磷化肥用量可取下限，未使用有机肥作基肥或春施有机肥地块，氮、磷化肥用量取上限。施用化肥的质量要符合国家相关标准的规定。

（2）施基肥与种肥：全部有机肥和磷肥作基肥，基肥最好结合秋季深耕一次性翻埋施入。前氮后移有利于提高产量和品质，氮素化肥最好30%作基肥、70%作追肥（50%拔节期追施，20%抽穗期追施）。

春小麦若未用氮素化肥作基肥，则可用30%氮肥作种肥，在春播前5~7d旋耕施入，以便在下种前融化，同时种肥层应在播种层下方2cm左右。适宜作种肥的氮素化肥有硝酸铵、硫酸铵、复合肥料等。尿素、碳酸氢铵、氯化铵对种子腐蚀大，不宜作种肥。

（四）规范化播种技术

1. 品种选用：最好选用良种补贴的中、强筋品种。河西走廊灌区春小麦应注意选择中早熟、抗干热风、抗倒伏的品种；沿黄灌区春小麦应注意选择抗锈、抗白粉病、抗倒伏、耐盐碱品种；陇东和陇南灌区冬小麦应注意选择抗锈、抗白粉病、抗倒伏、越冬安全品种。灌区小麦要求株型较紧凑，株高在河西走廊灌区不宜超过85cm、其他灌区不超过90cm。

2. 种子处理：条锈病、白粉病、黑穗病、地下害虫发生较重地区，播种前全覆盖药剂拌种。药剂拌种技术参见上述甘肃省旱地小麦高产优质栽培技术规程。

3. 播种期：水浇地春小麦提倡适期早播，地表解冻6~8cm即可播种。沿黄灌区播期在3月5日~10日，河西平川灌区在3月上、中旬，河西沿山冷凉灌区和陇中海拔1900m以上灌区在3月下旬至4月上旬。

水浇地冬小麦一般种植在低海拔地势平坦地带，通常较旱地冬小麦晚播1周以上，陇东适宜播期大致在"白露"至"秋分"，陇南在"霜降"前后。

4. 播种量：应根据产量目标、品种特性、当地出苗率来确定，一般每公顷产量在6000~7500kg的田块，适宜每公顷播量大致为262~337kg。

5. 播种方式：推广机条播，播后耱平。过分暄松的土壤，播后需要镇压。播前若墒情差，可采用深种浅盖法。播种深度以4~5cm为宜。

（五）田间管理

1. 中耕除草和防倒伏：三叶期至拔节前，结合人工除草行间划锄1~2次。若苗期杂草严重，可在封垄前化学除草。病虫草害防治参见上述甘肃省旱地小麦高产优质栽培技术规程；拔节初期喷0.5%的矮壮素，以防后期倒伏。

2. 灌水与追肥：无论冬、春小麦，在冬前灌足底墒水基础上，返青至成熟期一般分3次使用水肥。第一次在拔节期，强调重用拔节水肥，灌水量1050m³/hm²，追施纯氮75~90kg/hm²，占总追氮量的60%以上；第二次在抽穗至开花期，灌水量750~1050m³/hm²，酌情追施纯氮30~45kg/hm²，若叶色深绿，可不追氮肥；第三次在灌浆期（乳熟期前后），灌水量600m³/hm²左右，一般不再土壤追肥。干热风重发频发区，可在干热风来临前2~3d浅浇一次（洗脸水）（300~450m³/hm²），当天渗完。

3. 一喷三防：从花后10d开始，酌情进行1~2次"一喷三防"，每次相隔7~10d。一喷三防具体技术参见上述甘肃省旱地小麦高产优质栽培技术规程。

（六）收获

完熟期及时机械抢收，以防冰雹危害。

四、小麦宽幅精播特点及高产栽培技术

小麦是古浪县种植的主要农作物，生产分散经营、规模小、种植模式多、品种更换频繁、种植机械种类多、机械老化等现象，造成小麦高产栽培技术应用面积降低，小麦播种量快速升高，平均播量在 375kg/hm² 以上，个别农户播量 525kg/ hm² 左右。造成群体差、个体弱、产量徘徊不前的局面。直接影响小麦产量、品质和效益的提高。

小麦宽幅精播机由山东农业大学余松烈院士、董庆裕副教授与郓城县工力公司联合研制生产，经过了 3 年（2006—2008 年）的研制、生产和试验示范，2008 年获国家专利。

小麦宽幅精播特点："扩大播幅，播种均匀，健壮个体，提高产量"。

（一）小麦宽幅精播优点

（1）扩大行距,改传统小行距 15～20cm 密集条播为等行距 22～26cm 宽幅播种。由于宽幅播种籽粒分散均匀，扩大了小麦单株营养面积，有利于植株根系发达，苗蘖健壮，个体素质高，群体质量好，提高了植株的抗寒性、抗逆性。

（2）扩大播幅，改传统密集条播籽粒拥挤一条线为宽播幅 8cm 种子分散式粒播，有利于种子分布均匀，无缺苗断垄、无疙瘩苗克服了传统播种机密集条播、籽粒拥挤、争肥、争水、争营养、根少苗弱的缺点。

（3）当前小麦生产多数以旋耕地为主，造成土壤耕层浅，表层疏松，容易造成小麦深播苗弱、失墒缺苗等现象。

（4）实行宽幅精播有利于个体健壮，群体合理，边际优势好，成穗率高，后期绿叶面积大，功能时间长，光能利用效率高，不早衰，落黄好，穗粒多，粒重高，产量高。

（5）降低了播量，有利于个体发育健壮，群体生长合理，无效分蘖少。

（6）小麦宽幅精量播种机播种能一次性完成，质量好，省工省时，同时宽幅播种机行距宽，并采取前二后四形楼腿脚安装，解决了因秸秆还田造成的播种不匀等问题。小麦播种后形成波浪形沟垄，有利于集雨蓄水，墒足根多苗壮。

（二）栽培技术

1. 分区轮作：采用分区轮作制度，轮作倒茬，避免重茬。

2. 深耕细耙，早春顶凌耙耱镇压保墒，造足底墒。耕深 23～25cm，打破犁底层，不漏耕，耕透耙透，增加土壤蓄水保墒能力。深耕要和细耙紧密结合，无明暗坷垃，

达到上松下实，做到土面平整，土绵墒足。

3.选用良种。采用选用单株生产力高、抗倒伏、抗逆性强、株型紧凑、光合能力强、经济系数高的品种。选用永良4号、永良15号等优质高产品种。

4.种子处理。选择粒大饱满的种子，并晒种1～2d，每50kg种子用15%的粉锈宁可湿性粉剂75g或12.5%的禾果利75～100g干拌，现拌现种，以防锈病和地下害虫。种衣剂包衣。

5.测土配方施肥。按照小麦创建高产的要求，结合测土配方项目土壤测试结果和目标产量，在每公顷施农肥60 000kg的基础上，每公顷施氮195kg，磷150kg，钾40kg，25%氮肥作追肥外，其余全部作底肥施用，提高肥料的利用率。

6.小麦宽幅精量播种机播种。采用2BJK系列小麦宽幅精量播种机播种。改传统小行距（15～20cm）密集条播为等行距（22～26cm）宽幅播种，播种深度严格控制在3～5cm，播幅6～8cm。改传统密集条播籽粒拥挤一条线为宽播种子分散式粒播，有利于种子分布均匀，无缺苗断垄、无疙瘩苗，克服了传统播种机密集条播，籽粒拥挤，争肥、争水、争营养，根少、苗弱的生长状况。

7.适期适量播种。播期为3月下旬，播量270～330kg/hm^2。

8.加强田间管理，防治病虫草害。灌水。全生育期浇灌3～4次，最好在头水三叶一心、二水拔节期、三水孕穗期、四水灌浆期；若浇三次水，灌水时间分别在三叶一心、孕穗期和灌浆期；追肥。结合浇头水每公顷施纯氮45～60kg，折合尿素105～135kg；播前每公顷用40%野麦畏3000mm加水450～750kg均匀喷施地面，防除燕麦草；头水前后每公顷用2.4-D丁酯750g，兑水450kg，喷雾防除阔叶杂草，抽穗后及时人工拔除田间燕麦草，生育期间如有病虫害发生，及时防治。重视叶面喷肥，延缓植株衰老。

9.适时收获。小麦成熟后及时收获，收获最佳时期为蜡熟末期，蜡熟末期籽粒的千粒重最高，籽粒的营养品质和加工品质也最优。蜡熟末期的长相为植株茎秆全部黄色，叶片枯黄，茎秆尚有弹性，籽粒含水率22%左右，籽粒颜色接近本品种固有光泽、籽粒较为坚硬。提倡用联合收割机收割，麦秸还田。

五、灌溉地春小麦全膜覆土穴播节水栽培技术

小麦是甘肃省的主要粮食作物之一，常年播种面积94.7万hm^2，其中灌溉地春小麦种植面积22.3万hm^2，约占小麦总播种面积的23.5%；平均单产5790kg/hm^2，是旱地小麦的2.2倍。灌溉地春小麦虽占不到全省小麦面积的1/4，但总产量占全省小麦总产的40%，对甘肃粮食安全起到十分重要的作用。但由于灌溉地小麦生产需水量大，生长季需水量达4500～6000m^3/hm^2，且大多以漫灌为主，因而成本高，水资源浪费严重。全膜覆土穴播技术集覆盖抑蒸、膜面播种穴集雨、留膜免耕多茬种植、精量播种等技术于一体，可有效解决灌溉地小麦土壤水分大量蒸发的问题，彻底解决了传统地膜小麦播种穴与幼苗错位、出苗率低、人工放苗劳动强度大的问题。该技术节水、增温、增产效果显著。同时，膜上覆土延长了地膜使用寿命，一次覆膜可以留膜免耕多茬种植，实现节本增效。为在甘肃灌溉农业区推广小麦全膜覆土穴播技术，推动灌区农业节水、小麦高产稳产和确保全省口粮安全，特制定本规程。

（一）范围

本规程规定了灌溉地春小麦全膜覆土穴播栽培技术，适用于沿黄及河西灌溉地区。

（二）术语和定义

下列术语和定义适用于本规程。

1. 全膜覆盖

采用厚度0.008～0.010mm、幅宽120cm的抗老化耐候地膜全地面覆盖。

2. 膜上覆土

在地膜上均匀覆细绵土，厚1.0～1.5cm。

3. 穴播

播种深度3～5cm，行距15cm左右，穴距12cm，每穴播12～15粒。

（三）栽培技术

本条款没有说明的栽培措施仍按常规农艺措施实施。

1. 地块选择

选择土层深厚、土质疏松、土壤肥沃的条田、川地、塬地等平整灌溉土地，以豆类、麦类、油菜、胡麻等茬口较佳，马铃薯、玉米等茬次之。

2. 深耕蓄墒

前茬作物收获后深耕晒垡，熟化土壤，接纳降水，耙糖收墒，做到深、细、平、净，以利于覆膜播种。伏秋深耕即在前茬收获后及时深耕灭茬，深翻晒土，以利保墒，耕深25～30cm；覆膜前采用旋耕机浅耕，耕深18～20cm，然后平整地块，做到"上虚下实无根茬、地面平整无坷垃"。玉米茬口地最好先深耕拣出玉米根茬，再采用旋耕机浅耕后镇压，以打破犁底层及破碎玉米根茬。

3. 施肥

全膜覆土穴播一次覆膜连续多茬种植时应重施有机肥、施足化肥。结合最后一次整地施入优质腐熟农家肥45～75t/hm^2、氮180～240kg/hm^2、磷120～180kg/hm^2，缺钾土壤适当补充钾肥。

4. 土壤处理

对地下害虫为害严重的地块，用50%辛硫磷乳油7.5 kg/hm^2，制成毒土于旋耕前撒施。

5. 地膜选择

选择厚度为0.008～0.010mm、幅宽为120cm的抗老化地膜，用量90kg/hm^{2}左右。

6. 覆膜覆土

覆膜与膜上覆土一次性完成，覆膜时间依据土壤墒情而定。如土壤湿度大，应在翻耕后晾晒1～2d，然后耙糖整平覆膜，以免播种时播种孔（鸭嘴）堵塞。覆膜后要防止人畜践踏，以延长地膜使用寿命，提高保墒效果。

（1）人工覆膜覆土：全地面平铺地膜，不开沟压膜，下一幅膜与前一幅膜要紧靠对接，膜与膜之间不留空隙、不重叠。膜上覆土厚度1.0～1.5cm。覆膜用土必须是细绵土，不能将土块或土疙瘩覆在膜上，以免影响播种质量，膜上覆土要均匀，薄厚要一致，覆土不留空白，地膜不能外露。

（2）机械覆膜：覆土机引覆膜覆土一体机以小四轮拖拉机作牵引动力，实行旋耕、镇压、覆膜、覆土一体化作业，具有作业速度快、覆土均匀、覆膜平整、镇压提墒、苗床平实、减轻劳动强度、有效防止地膜风化损伤和苗孔错位等优点，每台每天可完成2.7 hm^2。作业量，作业效率较人工作业提高20倍以上。

7. 品种选择

选择抗倒伏、抗条锈病、抗逆性强的高产优质中矮秆春小麦品种。如陇春26号、陇辐2号、宁春4号、宁春15号、武春5号、陇春26号、银春8号、甘春24号等。

8. 种子处理

小麦条锈病、白粉病易发地区，可用15%三唑酮可湿性粉剂按100 kg种子用药量100 g均匀拌种，随拌随播。

9. 播种

（1）播种机调试：不同机型和型号的播种机控制下籽的方式方法不同，下籽的最大量和最小量范围也不同。种子装在穴播机外靠外槽轮控制排放量的穴播机，需调整齿轮大小；种子装在穴播机葫芦头内的穴播机，需打开葫芦头逐穴调整排放量。播种机调试应由技术人员指导，以免播种过稀或过密。

（2）播种时期：春小麦一般不推迟播期，但必须在土壤解冻10cm后进行。为了避免覆土板结给出苗造成困难，各地应关注天气预报，尽量避开雨天，在天气晴朗的条件下播种，要尽量掌握播种后小麦能在降水前出苗，以防板结，争取保全苗，为高产稳产奠定基础。

（3）播种规格：播种深度3~5cm，行距15cm左右，穴距12cm，采用幅宽为120cm的膜时，每幅膜播8行。同一幅膜上同方向播种，以避免苗孔错位。播种时步速要均匀，步速快下籽太少，步速慢下籽太多。同一幅膜先播两边，由外向里播种，既可以控制地膜不移动，又便于控制每幅膜的行数。当土壤较湿时，为避免播种过浅，应在穴播机上加一个土袋施加压力。

（4）播种密度：春小麦以主茎成穗为主，应适当加大播种量，根据品种的特征特性、海拔高度等确定播种量。一般行距15cm，穴距12cm，每穴13~15粒，播种量675万~825万粒/hm^2。大穗品种（千粒重50~55g）播种量360~450kg/hm^2，常规品种（千粒重42~48g）播种量300~405kg/hm^{2}为宜。

10. 田间管理

（1）前期管理：播种后如遇雨，要及时破除板结。一般采用人力耙糖器或专用破除板结器，乘地表湿润破除板结，地表土干裂时则影响破除效果。若发现苗孔错位膜下压苗，应及时放苗封口。遇少量杂草则进行人工除草。

（2）灌水：在灌好冬水的基础上，分别于小麦拔节期、抽雄至扬花期、灌浆期各灌水1次，每次灌水量均为1125 m^3/hm^2。对于免冬灌的地块，于2月下旬进行播前浅灌，灌水量450～750 m^3/hm^2；出苗后分别于拔节期、抽雄－扬花期、灌浆期各灌水1次，每次灌水量均为1125 m^3/hm^2。

（3）预防倒伏：全膜覆土穴播春小麦易出现旺长造成倒伏。为了有效控制旺长，首先要选择抗倒伏的中矮秆品种，一般株高不超过85 cm；其次，采取喷施矮壮素、多效唑的办法控制小麦株高。对群体大、长势旺的麦田，在返青至拔节初期喷施1000～2000 mg/kg矮壮素溶液，或用10%多效唑可湿性粉剂750～900 g/hm^2兑水750 kg喷雾，可有效地抑制节间伸长，使植株矮化，茎基部粗硬，防止倒伏。另外，合理控制密度是预防倒伏的重要措施，一般灌溉地种植密度不能超过750万株/hm^2。

（4）追肥：春小麦进入分蘖期后，结合灌水追施尿素112.5～150.0kg，以促壮、增蘖。进入扬花灌浆期，应结合灌水少量追肥，或用磷酸二氢钾、多元微肥及尿素等进行叶面追肥，以补充养分，促进灌浆，增加粒重，提高产量。

11. 病虫草害防治

（1）病虫害防治：条锈病、白粉病用20%三唑酮乳油675～900 mL/hm^2兑水750 kg进行喷雾防治，或用15%粉锈宁可湿性粉剂750～1125 g/hm^2兑水750 kg喷雾防治，间隔7～10 d喷1次，连喷2～3次。麦蚜用50%抗蚜威可湿性粉剂4000倍液，或10%吡虫啉可湿性粉剂1000倍液，或3%蚜克星乳油1500倍液喷雾防治。麦红蜘蛛用20%哒螨灵可湿性粉剂1000～1500倍液，或40%螨克净悬浮剂2000倍液喷雾防治。

（2）杂草防治：膜上覆土可有效预防杂草，但若播种孔和膜间有杂草生长，如野燕麦等禾科杂草，可在3叶期前用6.9%精恶禾草灵水剂1050～1200 mL/hm^2兑水450 kg喷雾防除；对阔叶类杂草，可用2.4-D丁酯300～375 mL/hm^2加75%苯磺隆水分散粒剂15.0～22.5 g，兑水450kg喷雾防除。

12. 适时收获

春小麦进入蜡熟期末期籽粒变硬即可收获。全膜覆土穴播小麦收获后，要实行留膜免耕多茬种植，收获时一定要保护好地膜。一般采取人工收获，或采用小型收割机收获。若采用大型收割机收获，小麦留茬高度要达到10cm左右，以免损坏地膜。

六、春小麦无公害生产技术标准

（一）范围

本标准规定了无公害优质春小麦生产的术语和定义、产地环境、生产技术和收获及后续管理。

本标准适合用于古浪县海拔2000m以下的灌溉农业区，主要包括井水灌区、沿祁连山冷凉灌区、提黄灌溉区及沙漠沿线灌溉区。

（二）规范性引用文件

下列文件中的条款通过本标准的引用而成为本标准的条款，凡是注日期的引用文件，其随后所有的修改单（不包括勘误的内容）或修订版均不能用于本标准，然而，鼓励根据本标准达成协议的各方研究是否可使用这些文件的最新版本。凡是不注日期的引用文件，其最新版本适用于本标准。

GB 4404·1—1996　　《粮食作物种子 禾谷类》

GB/T 17320—1998　　《专用小麦品种品质》

GB/T 17982—1999　　《强筋小麦品种品质》

DB 62/797—2002　　《无公害农产品质量》

DB 62/T 798—2002　　《无公害农产品产地环境质量》

DB 62/T 799—2002　　《无公害农产品生产技术规范》

（三）术语和定义

下列术语定义适用于本标准。

1. 种子处理

播前对种子用物理方法进行消毒处理，以及用化学药剂进行拌种或包衣处理。

2. 产量指标及构成因素

产量指标：6000kg/hm^2 ~ 7500kg/hm^2。

产量构成因素：每公顷小麦成穗数525万 ~ 600万穗，每穗22 ~ 27粒，千粒重41 ~ 48g。

（四）产地环境

选择土层深厚、保水保肥性强，耕层土壤理化性状良好的土地，且符合 DB 62/T 798-2002 的规定。

（五）农药、肥料及植物生长调节剂使用要求严格执行 DB/T 799-2002《甘肃省无公害农产品生产技术规范》

（六）生产技术

1. 品种选择：应选用不同用途品质要求的、抗病、丰产的品种。如永良 4 号、永良 15 号、武春 2 号、武春 3 号等，力争做到不同品种分区域集中连片种植。

2. 茬口选择：春小麦不宜连作，轮作年限应在 3 年以上。

3. 整地施肥：前作物收获后，深翻，晒垡蓄水，封冻前耙糖保墒，翌年播前结合浅耕每公顷基施经无害化处理的优质有机肥 45 000 ～ 75 000kg，氮 120kg，磷 120kg。

4. 种子处理：播前每 50 kg 小麦种子用 15% 三唑酮 WP75 克拌种，现拌现种，以防根病和黑穗病；地下害虫发生严重的地块可采用 40% 甲基异硫磷 EC100g 加水 2 kg 拌 50kg 种子防治。

5. 适期早播：三月中下旬当气温稳定通过 0℃，土壤表层日消夜冻时即可播种。

6. 合理密植：春小麦的适宜播量为每公顷用种子 300 ～ 375kg（600 万 ～ 750 万粒，成穗数 375 万 ～ 600 万穗）。

7. 及时灌水追肥：春小麦在 3 ～ 4 叶期结合灌头水，每公顷追施氮 60kg，头水后 20 ～ 25d 灌二水，抽穗至扬花期、灌浆期各灌水一次。

8. 病、虫、草害防治

（1）防治原则：预防为主，综合防治。优先采用农业防治，物理防治及生物防治，合理使用化学防治。

（2）农业防治

①因地制宜选用抗（耐）病优质良种。

②实行轮作倒茬，前茬作物收获后及时深耕灭茬，暴晒土壤，消灭或减少病虫基数。

③人工拔除杂草。

（3）化学防治

①阔叶杂草发生严重的地块，每公顷用 72% 的 2,4-D 丁酯 EC 750g ～ 1125g 兑水 375kg ～ 450 kg 喷雾，或用 48% 的百草敌 AS300mL 兑水 375 ～ 450 kg 喷雾防除。

②蚜虫防治：当百株小麦蚜虫达到 500 头以上时，每公顷用 50% 抗蚜威

WP60g~150g 兑水 450kg 喷雾防治。

③小麦条锈病防治：采用 15% 三唑酮 WP1000 倍液喷雾防治。赤霉病发生的田块可用 50% 多菌灵 WP800 倍液喷雾防治。

（七）收获及后续管理

1. 收获：小麦蜡熟期及时收获，晴天打碾脱粒，以防雨淋发芽，影响质量。

2. 质量及包装、贮存、运输：按不同用途执行 GB/T 17320—1998、GB/T 17982—1999 或 GB/T 17983—1999 的质量标准；执行 DB 62/797—2002 的规定。

第二节 小麦主要病虫害防治技术

一、小麦主要病害防治技术

（一）小麦条锈病防治技术

小麦条锈病俗称"黄疸病"，是一种气流传播的病害，是小麦生产上的主要病害。小麦感染条锈病后，因光合作用受阻，从而影响产量，产量损失高达在 15%~50%。

1. 危害症状

条锈病主要发生在叶片上，其次是叶鞘和茎秆及穗部。苗期到收获期都可染病。小麦感染条锈病后，叶片、叶鞘、茎秆可出现黄色圆形或椭圆形病斑，排列成行，呈虚线状，后期表皮破裂，出现黄色粉状物，用手触摸病斑，黄粉可散落。穗部感病后，麦穗表面发红，剥开颖壳，内部充满黄色病菌孢子，籽粒不能灌浆。

2. 防治方法

（1）选用抗病品种。选择抗病性强的品种，同时注意品种合理布局。避免品种单一化，并定期轮换。

（2）适期播种、合理施肥。适当晚播，可减轻秋苗期条锈病发生。施用腐熟有机肥，增施磷钾肥，搞好氮磷钾合理搭配，增强小麦抗病力。

（3）消除自生麦。小麦收获后的 8 月下旬至冬小麦播种前，对田间、田埂、麦场等有自生麦的地方，用灭生性除草剂 17% 百草枯水剂每公顷 0.75L 兑水 750kg 喷雾消除，或对休闲麦田进行深翻并耙糖，消除自生苗。

（4）药剂拌种。用15%三唑酮可湿性粉剂0.1kg拌种50kg，或，20%三唑酮乳油75mL拌种50kg，或2%戊唑醇干拌剂或湿拌剂0.05-0.75kg拌种50kg，拌种一定要均匀，且药剂不能过量，避免发生药害。

（5）药剂喷雾。当条锈病田间发生率1%～2%时，开始喷洒防治，每公顷用20%三唑酮乳油675～900mL，或12.5%烯唑醇可湿性粉剂0.45～0.6kg，或25%丙环唑乳油450mL，以上药剂匀兑水750kg，选择上午9～11点或下午4点以后喷雾防治。每隔7～10d喷一次，连喷2～3次。

（二）小麦黑穗病防治技术

小麦黑穗病包括散黑穗病、腥黑穗病，秆黑粉病，是小麦生产上的重要病害。

1. 危害症状

（1）散黑穗病。俗称黑疸、灰包等，是典型的种子传播病害。该病主要危害穗部，病株在孕穗前不表现症状。但抽穗比健株早，穗小，且比健株矮小。抽穗初期，小穗外包裹一层灰色薄膜，里面充满黑粉。薄膜破裂后黑粉随风吹散，只残留裸露的穗轴。而在穗轴的节部还可以见到残余的黑粉。在大多数情况下，病株主杆、分蘖都出现病穗，但有时部分分蘖未受到病菌的为害而生长正常。

（2）腥黑穗病。俗称"乌麦""黑疤"。小麦感染腥黑穗病后，病株较健株稍矮，分蘖增多，病穗较短、直立，颜色较健株深，最初表现灰绿色，后期变为灰白色。颖片略向外张开，露出部分病粒。病粒短而圆，外包一层灰褐色薄膜，里面充满黑褐色粉。

（3）秆黑粉病。俗称乌麦、黑枪、黑疸、锁口疸。主要发生在小麦的秆、叶和叶鞘上。发病时期较早，在小麦幼苗期即可发病，茎秆、叶片和叶鞘上产生初为黄白色后为银灰色与叶脉平行的条斑，以后条斑逐渐隆起，呈灰黑色，最后表皮破裂，散出黑粉。病株较健株矮，分蘖增多，叶片畸形或卷缩，重病株大部分不能抽穗而枯死，有些病株虽能抽穗，穗卷缩于叶鞘内，大多不能结实，少数结实的也是籽粒秕瘦。

2. 防治方法

（1）加强栽培措施及田间管理。合理轮作倒茬、深翻耕土壤；选用大粒种子播种。加强田间管理，发现病穗要及时拔除，带出田间烧毁或深埋。

（2）土壤处理。播种前，每公顷用50%多菌灵可湿性粉剂30～45kg或70%甲基硫菌灵可湿性粉剂 15～22.5 kg，兑细干 675～750kg，搅拌均匀后制成毒土，在犁地后均匀撒在地面，再耙地，然后播种。

（3）药剂拌种。小麦播种时，用 0.06 kg/L 的戊唑醇悬浮种衣剂 0.06～0.08 kg 拌种 100 kg，或 15% 三唑酮可湿性粉剂 0.2kg 拌种 100kg，或用 2% 戊唑醇湿拌剂 0.1kg 拌种 100 kg，或 50% 多菌灵可湿性粉剂 0.2～0.25 kg，或 70% 甲基硫菌灵可湿性粉剂 0.2 kg 拌种 100 kg，以上任选一种药剂均先兑 2～3 kg 水稀释，然后拌种。拌过药的种子堆闷 6h 后播种。

（4）温汤浸种。先将麦种 50℃～55℃温水中搅拌，使水温迅速稳定至 45℃浸泡 3h 后捞出，移入冷水中冷却，晾干后播种。

（5）喷药防治。在孕穗至抽穗初期，可用 20% 三唑酮乳油每公顷 0.75～1.05L，或 50% 多菌灵可湿性粉剂每公顷 1.5kg，或 70% 甲基硫菌灵可湿性粉剂 1.05～1.5kg，兑水 750kg 喷雾，控制再浸染。

（二）小麦全蚀病防治技术

小麦全蚀病又称死穗病、白穗病、根腐病等。小麦全蚀病是一种典型的根部病害，全蚀病是小麦上的毁灭性病害，引起植株成簇或大片枯死，降低有效穗数、穗粒数及千粒重，造成严重的产量损失。

1. 危害症状

病菌侵染的部位只限于小麦根部和茎基 15cm 以内，染病后根系及茎基部变黑，俗称"黑脚"变黑，分蘖期地上部无明显症状，仅重病植株表现稍矮化，基部黄叶多、分蘖减少。冲洗麦根可见种子根与地下茎变灰黑色。拔节期病株反青迟缓，黄叶多，拔节后期重病株矮化、稀疏，叶片自下向上变黄，似干旱、缺肥。在茎基部表面和叶鞘内侧，生有较明显的灰黑菌丝层。抽穗灌浆期，病株成簇或点片出现早枯白穗，干枯致死的病株与绿色的健株形成鲜明的对照。在潮湿麦田中，茎基部表面布满条点状黑斑，俗称"黑膏药"。

2. 防治方法

（1）合理轮作。发病重的田块要实行轮作倒茬，2～3 年以上，可改种玉米、马铃薯等作物。

（2）合理施肥。增施有机肥、磷钾肥、微肥，调整氮磷比例。

（3）土壤处理。播种前，用70%甲基硫菌灵可湿性粉剂每公顷30～45kg加细土300～450kg，均匀施入播种沟内，或15%三唑酮可湿性粉剂每公顷15kg加细土150kg施入小麦播种沟内。

（4）药剂拌种。播种时，用15%三唑酮可湿性粉剂0.08～0.1kg，拌麦种50kg，或用2%戊唑醇湿拌种剂0.05kg拌麦种50kg，或25%丙环唑乳油25mL拌麦种50kg。此类药有抑制发芽的作用，播种时要加大播种量10%～15%。

（5）喷药防治。在苗期，每公顷用20%三唑酮乳油1.2～1.5L，兑水750kg，或用50%氯溴异氰尿酸可溶性粉剂1500倍液，每公顷用量0.52kg喷洒麦苗。

（6）药剂灌根。小麦返青期，每公顷用消蚀灵可湿性粉剂1.5～2.25kg，兑水2.25kg灌根。

二、小麦主要虫害防治技术

（一）小麦吸浆虫防治技术

小麦吸浆虫有两种，一种叫麦红吸浆虫，另一种叫麦黄吸浆虫，古浪县川水灌区一般发生的是麦红吸浆虫，以幼虫潜伏在小麦穗子颖壳内吸食正在发育灌浆的麦粒汁液，造成小麦籽粒秕瘦，出粉率降低，品质变劣，受害严重时颗粒无收，几乎绝产，是一种毁灭性害虫。

1. 形态及危害特征

小麦吸浆虫虫体相当小，成虫可以飞，体长只有1.5～3mm，形状可形容为"黑头红身白膀子"，虽然很小，但繁殖力强，每头雌虫一生能产卵40～60粒，最高的在90～100粒。麦粒受害程度除与侵入的虫量多少有关外，还与幼虫侵入为害的早迟有关。一般侵入愈早，麦粒受害也愈重。

该虫一年发生一代，以老熟幼虫在土层内休眠过冬，到来年5月中上旬，小麦拔节期幼虫开始破茧上升；5月中下旬，小麦开始孕穗时，幼虫逐渐上升到土表化蛹，经8～10d羽化成为成虫，此时正值小麦抽穗期，羽化后的成虫开始在麦穗上产卵，卵经历5～6d孵化为幼虫，从麦颖缝隙中潜入，刺吸浆液，15～20d后老熟，老熟幼虫遇雨水从颖壳中爬出，弹落到地表，从土壤缝隙潜入土中，结茧休眠。如环境不适，可多年潜伏土中，遇条件适宜，即能出土危害。

2. 防治办法

（1）生态防治

①调整作物种植结构。在有灌溉条件的田块，要建立粮经和夏秋比例适宜、高产优质高效的种植制度。目前宜大力发展地膜玉米种植和优质啤酒大麦，适当减少小麦种植面积，尽量实行轮作倒茬，避免小麦重茬，切断吸浆虫食物链。

②实行茬后深翻。小麦收获后尽可能及早深耕晒垡，利用吸浆虫怕高温、干燥的习性，杀死吸浆虫越夏幼虫，提高越夏幼虫死亡率。

③推广抗（避）虫丰产优质品种，优化栽培技术。在川区一般选用早熟品种，抽穗扬花早，正好避过小麦吸浆虫产卵期，如2014、永良4号、永良15号等，避过产卵高峰期，减轻危害。通过适期早播，精量播种，不宜过量施用氮肥，合理灌水等措施，促进小麦早抽穗，保持小麦抽穗整齐一致，避开吸浆虫产卵期。

（2）药剂防治

①蛹期防治。拔节、孕穗期是蛹期防治小麦吸浆虫的适期，施药防治效果最好。小麦抽穗前选择有代表性的麦田2～3块，每块取5个点以上，淘土检查，根据每样方幼虫头数分区，其分区标准是：分布区（4头以下/样方）、轻发生区（4～15头/样方）、重发区（15～35头/样方）、严重区（35～90头/样方）和极严重区（90头以上/样方）。结合灌水每公顷用40%甲基异柳磷乳油危害区3.75kg，重害区5.25kg，严重区7.5 kg兑水30kg，稀释后拌入750kg细砂，充分拌匀后均匀撒于麦田后灌水，并采取有效措施使药沙充分落到地面，可以直接杀死一部分蛹和上升到土表的幼虫，同时也能抑制成虫。当抽穗前3～5d，每样方土样平均蛹达到2～3头时，需防治一次，5头以上需防治两次。

②成虫期防治。在抽穗露脸期，展开双臂拨开麦苞一眼看到2～3头成虫飞翔或10复网捕到10头以上成虫为防治指标，应立即喷药防治，普遍查到成虫的村组应统一防治局部发生成虫的要分户防治，做到小麦扬花不结束，查防工作不间断，不终止；喷药时间在下午7点后，每公顷用80%敌敌畏乳油750mL或80%敌敌畏乳油750mL、4.5%高效氯氰菊酯微乳剂750mL，兑水750 kg于下午天黑前成虫活动旺盛时喷雾。

（二）小麦蚜虫防治技术

蚜虫又叫腻虫、分布极广，小麦产区都有发生，危害小麦的蚜虫主要的有：麦长管蚜、麦二叉蚜、黍缢管蚜、无网长管蚜。

1. 危害特征

小麦苗期，蚜虫主要集中在叶背面、叶鞘及心叶处危害，使小麦叶片发黄；当小麦拔节、抽穗后，蚜虫主要群集危害麦穗、茎和心叶，吸取汁，并排出蜜露，影响植株的呼吸和光合作用。当虫口密集时，造成叶片枯黄，植株生长不良；麦穗部被害后，造成籽粒不饱满，严重时，麦穗枯白，不能结实，甚至整株枯死，造成严重减产。另外，麦蚜还是传播病毒的昆虫媒介，可传播小麦黄矮病。

2. 防治方法

当苗期平均10株有蚜虫1~2头时，孕穗期平均10株有蚜虫50头时及时喷药防治。每公顷可用吡虫啉可湿性粉剂0.3kg，或3%啶虫脒乳油0.3~0.45L，或25%吡虫啉·噻嗪酮可湿性粉剂0.24~0.3kg，或12%甲氰菊酯·吡虫啉乳油0.6~0.9L，或5%高效氯氰菊酯·吡虫啉乳油0.3~0.75 L，以上药剂均兑水750 kg均匀喷雾，为防止害虫产生抗药性，注意农药的交替使用。一般防治1~2次，每隔10d1次。

第三节　小麦主栽品种介绍

一、宁春4号（永良4号）

（一）品种来源

是以墨西哥品种索诺拉64作母本，宁夏品种宏图为父本杂交，经4年北育南繁，穿梭育种，系谱法定向选择育成。

（二）特征特性

宁春4号幼苗直立、旺盛；叶色浓绿，叶片宽厚，茎秆粗壮，株高75~85cm；长芒、白壳、纺锤形穗，穗长10cm，穗粒数28~33粒，经济系数0.457；籽粒卵圆形、红色、硬质、粒大饱满，千粒重42%~37%，容重780~810g/L，蛋白质含量13.58%，赖氨酸0.4%，出粉率84%。春性，生育期100d左右；分蘖力强，备成穗数高；抗倒伏，抗青枯，落黄好；抗秆锈，耐条锈、叶锈、赤霉、白粉病。

（三）产量表现

宁春4号丰产性突出，在区内外生产应用中比各地对照增产7.14%~36.79%，一般每公顷增产小麦750kg以上，最高单产9997.5kg/hm²；适应性广泛，在宁夏、内蒙古、甘肃、新疆、陕西、广西的不同土壤、肥水耕作条件下均有较好长势与产量，适合与多种作物套种。籽粒品质优良，出粉率高，适合加工优质等级粉与多种食品。1981年大面积推广后，迅速使适种区小麦品种更新一次，1988年以后，年种植面积一直保持在26.67万~33.33万hm²，是我国春小麦主要推广良种。宁春4号17年累计推广面积352万hm²，已增收小麦26.2亿kg，创造了重大的经济、社会效益。

二、永良15号

（一）品种来源

春小麦新品种永良15号（原代号2655），以永1975（宁春4号×永良10号）为母本，永1951（宁春4号11中7605/PH88）作父本杂交，经多年北育南繁定向选育而成继宁春4号（永良4号）和宁春13号（永良12号）后又推出的一个高产、优质、高效的春小麦新品种。

（二）特征特性

幼苗直立苗壮，叶色浓绿，叶片短宽上举，株型紧凑，茎秆细韧，株高80~90cm，纺锤穗，长白壳，小穗排列较紧密，穗长9~10cm，每穗小穗数17~19个，小穗着粒3~5粒，穗粒数35~40粒，粒小而贺，白粒，色泽亮，大小均匀，硬质饱满，容重高（821~837kg/L）蛋白质含量13%~16%，湿面筋34.1%，沉降值38.3mL，吸水率63.6%，适合加工面包、馒头、面条等主食。生育期98~100d，属中熟品种，比宁春4号早熟2~3d，抗后期高温，抗条锈、叶锈、白粉赤霉病，轻感黄矮病，抗倒伏力极强，耐高肥，千粒重年际变化小，稳产性突出。

三、武春4号

（一）品种来源

武春4号是古浪县良种场培育的优质高产春小麦新品种（原代号为858-40）。2005年9月通过甘肃省科技厅组织的成果鉴定，该项研究达到国内领先水平。2006

年被评为武威市科技进步奖一等奖，2007年被评为甘肃省农牧渔业丰收二等奖、甘肃省科技进步三等奖。

（二）特征特性

武春4号属春性，幼苗生长势强，叶片上举，大小适中，叶色深绿；株形紧凑，茎秆粗、硬，第一、二节间短，本质化程度高；根系发达、须根多、抗倒伏。株高73~80cm，平均75cm；穗长8.5~11.8cm，平均9.4cm，纺锤形穗，成熟后穗呈银灰色；小穗数16.8个，结实小穗16.2个，不孕小穗0.6个，穗粒数45~58个，平均51.4粒，小穗粒数2~5个，平均3.2个，穗粒重1.8~3.1g，平均2.4g，千粒重50~56g，平均53g，容重781~896g/L，平均843g/L；籽粒卵形，粒较短，颜色为浅红，腹沟较浅，角质，经济系数较高，达到51.8%；生育期98d，比宁春4号早3d，属中早熟品种，品质优、产量高。

（三）产量表现

历年省区域试验结果：2001—2002年武春4号连续两年参加省西片春小麦区域试验，两年六个点平均折合产量7044.3kg/hm^2，比宁春4号平均产量6942kg/hm^{2}高102.3kg，增产1.47%，位居10个品种的第五位，其中张掖、武威、民乐、白银等基点增产，增幅4.8%~20.4%，平均达到10.01%，张掖增幅最大，达到20.8%，排在第一位。一般产量7500kg/hm^{2}以上，最高产量11 700kg/hm^{2}以上。

（四）品质及抗病性

该品种经省农科院测试：粗蛋白含量18.62%，比国家一级标准（15%）高3.62个百分点，湿面筋达到35.2%，基本上达到国家一级标准；沉降值达到56.7mL，超过国家一级标准（45mL）11.7%，赖氨酸含量0.55%，容重843g/L。该品种经省农科院植保所鉴定：对洛13-Ⅲ、条中31号抗病，可在条锈病偶发轻发的地区推广种植。

（五）栽培要点

1.精细整地，重施有机肥，配方施用化肥，有针对性地施用微肥。

2.精量播种，合理密植。保证基本苗数，争取分蘖多成穗，发挥群体增产优势，要求基本苗达到540万~600万/hm^2，成穗达到630万~690万/hm^2。

3.适时早播，早灌头水。两叶一心灌头水，同时追施追肥量的75%化肥，二水追施25%化肥，以保证全生育期不脱肥，争取达到穗大、粒重，获得稳定的高产。

（六）适应范围

武春4号参加2001—2002年甘肃省西片水地春小麦区域试验，两年12个点试验证明，适应武威、张掖、酒泉、白银等地区种植，特别适宜带状种植，其它地区也可种植，但需引种试种。

四、武春6号

（一）品种来源

武春6号是古浪县良种场1989—2007年采用六亲本复合杂交、系谱法选育而成的高产、优质春小麦新品种（原代号为8972-14）。2009年8月通过甘肃省科技厅组织的成果鉴定，该项研究达到国内先进水平。2010年3月通过甘肃省品种审定委员会审定。

（二）特征特性

武春6号属春性，苗期生长旺盛，幼苗深绿，叶片大小适中，后期生长较快，抽穗较早，出穗后非常整齐，灌浆较快，丰产性、稳产性较好，株高75cm，株型紧凑，叶向好，叶片上举，穗长约10cm，穗白色，纺锤形，长芒，小穗数17.4个，有效小穗16.2个，不孕小穗数1.2个，小穗密度适中，采光度较好。穗粒数45.8个，多花型，粒卵形，红粒，角质，千粒重55g，经济系数较高，达到67.1%。抗逆性较好，多年大田生产中未发现锈病感染。

（三）产量表现

2007年在甘肃省西片（武威、民勤、白银、民乐、酒泉、张掖6点）春小麦区域试验中，7试点武春6号每公顷产量水平7224.75～9286.8kg，平均产量8259kg/hm^2，较对照宁春4号增产6.03%，居12个参试品系第3位。在7点试验中，较对照宁春4号全部增产，增幅为0.19%～12.94%；2008年在甘肃省西片春小麦区域试验中，7试点武春6号每公顷产量水平6525～9900kg，平均产量8140.8kg/hm^2，较对照宁春4号增产1.60%，居12个参试品系第5位。在7点次试验中，除武威点减产外，其他点较对照宁春4号全部增产，增幅为0.77%～6.97%。2008年在甘肃省西片（武威、白银、酒泉、张掖市农科所和省农科院）春小麦生产试验中，7试点武春6号每公顷产量水平5882.55～9300.45kg，平均产量7992.6kg/hm^2，在5点试验中，较对照宁春

4号全部增产，增幅为1.17%~16.6%，居第4位。

（四）品质及抗病性

2008年经甘肃省农科院农业测试中心分析测定，籽粒含粗蛋白质（干基）15.24%、粗淀粉68.16%、赖氨酸0.51%、湿面筋28.26%，沉降值56.4mL。2007年经甘肃省农科院植保所在兰州温室进行混合菌和甘谷成株期分小种接种鉴定，苗期对条锈病混合菌感病。成株期对YH8、水4及水7表现免疫至高抗，对条中32、水14（条中33）及混合菌表现轻度感病。该品种为一中抗品种，可在条锈病偶发地区推广种植。

（五）栽培要点

播种量以330~375kg/hm²为宜，保苗480万~600万株/hm²。基施农家肥45t/hm²、纯氮180~225kg/hm²磷酸二铵105~150kg/hm²。头水要早浇，以2叶1心时为宜，蜡熟期及时收获、脱粒贮藏。

（六）适应地区

武春6号在武威市区种植，均表现增产，水肥条件越好，增产幅度越大。2006年在张掖、酒泉、景泰等地示范，均表现增产，增幅12%~26%，生育期适中，灌浆速度快，籽粒饱满，产量高，品质好，深受农户欢迎。

五、陇春26号

（一）品种来源

以矮秆丰产品系永3263为母本、高抗条锈病品种高原448为父本，通过杂交和有限回交隔代异地穿梭鉴定选育而成，原代号9913-17。

（二）特征特性

春性，生养期92~99d，株高66~90cm，幼苗竖立，株型紧凑，抗倒伏能力强，长芒白穗，穗纺锤形，白粒角质。穗粒数35~51粒，大粒型品种，千粒重41.7~54g，容重771~836g/L。籽粒粗蛋白含量（干基）13.1%，湿面筋26.4%，沉降值35.0mL，面团吸水量63.5%，面团形成时间4.7分，稳定时间7.9分，弱化度73F.U。2009年抗性鉴定成株期对条中29号、32号、33（F~H）表现免疫至中抗，对条中33号、混合菌表现感病。2007—2009年连续田间鉴定，高抗叶枯病、黑穗病、根腐病、全蚀病、黄矮病和丛矮病，轻感白粉病。

（三）产量表现

2008—2009年参加省水地春小麦西片区试,两年14点次中11点次较对照宁春4号增产,平均产量8256 kg/hm²,比对照增产4.1%。2009年出产试验产量8218.5kg/hm²,较对照宁春4号均匀增产14.1%。

（四）栽培要点

夏收后深耕晒垡,熟化泥土。冬前灌足冬水,播前平整土地,施农家肥45 000kg/hm²,磷酸二铵325kg/hm²,尿素225kg/hm²。沿黄灌区3月上旬播种,河西灌区3月中旬播种。播量450kg/hm²。生长期间及时注水,适时防治蚜虫和吸浆虫。

（五）相宜范围

相宜在甘肃省河西灌区的酒泉、张掖、民乐、武威和沿黄灌区的白银等地推广种植。

六、陇春28号

（一）品种来源

陇春28号,以8858-2为母本、陇春8号为父本杂交选育而成,原代号陇春27-4。

（二）特征特性

幼苗直立,春性,苗绿色,叶片窄长披垂,茸毛多。平均株高75cm。穗纺锤形,长芒、白壳,红粒,半角质。分蘖力强,耐瘠薄。生育期105.4d。黑胚率0.8%。穗粒数27.59~35.64,千粒重39.02g。基本苗359.85万株/hm²,有效穗数333.45万株/hm²,熟相好,口紧,不易落粒。中抗至中感条锈病,慢叶锈。含粗蛋白17.07%,湿面筋33.5%,沉降值38.0mL,形成时间3.0m,稳定时间1.9m。

（三）产量表现

2006—2007两年参加国家旱地小麦西北组区试,两年平均产量2870.25kg/hm²,较对照定西35增产14.14%。2008年参加国家旱地小麦西北组生产试验,平均产量3415.05kg/hm²,较对照定西35增产12.71%。

（四）栽培要点

（1）一般在3月中旬播种,当气温稳定通过0℃,表土日消夜冻时抢墒播种。在川旱地和梯田地亩保苗20万~30万株。山坡地亩保苗15万~20万株。

（2）为防止后期脱肥，同时改善籽粒品质可进行叶面喷肥。

（3）生育期要注意防治蚜虫和白粉病。

（4）蜡熟末期及时收获，以防后期雨水多出现穗发芽。

（五）相宜范围

适宜在甘肃的定西、榆中、临夏、会宁，青海的互助、大通和宁夏的固原、西吉及河北的坝上等生态条件类似的区域种植。

七、麦后复种饲用油菜技术规程

麦收后复种油菜，适宜古浪县"一季有余，两季不足"的井黄灌区推广。以鲜草作饲料，亩产鲜草 3600kg 以上，且成本低、效益好、技术简便，深受广大养殖户欢迎。现将栽培和饲用技术要点介绍如下：

（一）栽培技术要点

1. 品种选择：选择低芥酸、低硫苷"双低"甘蓝型油菜华协 11 号优质饲用油菜品种。

2. 抢时早播：为提高鲜草产量，在小麦收获后要抢时早播，7月25日至8月5日是最佳播期，不能迟于 8 月 10 日。

3. 播量：每亩播种 0.75kg。将种子与 2～3kg 尿素混合，均匀撒播后耙耱灌水。

4. 灌水追肥：苗高 15cm 左右时灌水，每亩追施尿素 7～8kg。一般灌水 1～2 次。

5. 防虫、除草：苗期要及时拔除田间自生麦苗和其他杂草；在菜青虫发生危害的田块及时用 16% 菜虫一次净乳油 2000 倍液喷雾防治一次。

（二）饲用技术要点

将收割的油菜按 1 米的高度顺墙堆放，不让太阳光直射，进行青冻，饲喂时直接切成 5cm 左右长的秸秆解冻饲喂牛羊。种植面积较大，又具备青贮条件的养殖大户，可推广青贮技术。即将收割的油菜晾晒 1～2d，切成 5cm 左右的秸秆，与等长的玉米秸秆按 7：3 比例混合装入青贮，压实、封严待 25d 后，青贮饲料出现芳香、酒酸味，即可开始饲喂。也可应用塑料袋密封保鲜技术进行贮存。

第四章 向日葵

第一节 向日葵主要栽培技术

一、向日葵双垄沟播节水栽培技术

（一）播前准备

1. 轮作倒茬：向日葵是较为抗旱、耐瘠薄、耐盐碱的作物，除沼泽土、重砂质土和石灰质土外，均可种植。必须坚持四年以上轮作，不应和深根作物连作，忌重茬和迎茬，禾谷类作物（小麦、大麦等）是较好的前茬。

2. 精细整地：平整土地，机械深翻20～25cm，结合深翻每公顷施用农家肥30 000～45 000kg。

3. 施足底肥：结合整地每公顷施磷酸二铵300～375kg或过磷酸钙1500 kg，尿素300～450kg，硫酸钾300kg，基肥在起垄时集中施入垄底效果较好。

4. 选用良种：选用适应当地环境、抗病性强、产量高的优质高产品种。目前古浪县主要种植的葵花品种有：LD5009、先瑞9号、先瑞696等。播前应晒种2～3d，以增强种子内部酶的活性，提高发芽势和发芽率。同时用40%辛硫磷150mL，兑水5～7kg，拌种25～30kg；用种衣剂进行拌种包衣，以防地下害虫。用多菌灵500倍液浸种6h，或用菌核净、甲基托布津等拌种，用药量为种子量的0.5%～0.6%，以防治菌核病。

5. 土壤处理：地下害虫危害严重的地块应在整地起垄时每公顷用40%辛硫磷乳油7.5kg加细沙土450kg制成毒土撒施，杂草严重的地块在整地起垄后覆膜前用48%

的仲丁灵乳油每公顷2250~1875mL兑水450~750kg喷洒垄面。

6.起垄覆膜：向日葵双垄沟灌节水栽培采用双垄、宽窄行栽培，宽行70~80cm，窄行40cm，垄高10~12cm。一般4月上旬土壤耕层解冻10~15cm时及时起垄，以利保墒。起垄时用起垄全铺膜联合作业机一次完成起垄覆膜作业。选用厚度0.008 mm，宽120 cm的聚乙烯农用地膜，每亩用量5kg。

7.压膜打孔。机械起垄覆膜后，检查覆膜质量及宽垄上两幅膜相接处的压土情况，加以人工整理加固。两幅膜相接处必须用土压紧压实，每隔2~3m横压土腰带。在垄沟内及时打渗水孔，以便降水、灌水渗入土壤。

（二）播种

1.播种时间：当地温稳定通过10℃时，一般在四月中旬播种。播期根据生长特性调整，使开花灌浆期避开28℃以上高温天气。LD5009在4月20日左右播种产量最高，5月10日后播种出现成熟不足，造成产量、质量下降，秕粒增加，空壳率高。

2.播种密度：向日葵全膜双垄沟灌节水技术，种子播于大小垄阳面垄侧，株距30~35 cm（35~40 cm），每公顷保苗52 500~60 000株。

3.播种方式：采用先覆膜后播种方式，播种时将二行的播种穴错开位置播种，破膜播种，然后用细沙或草木灰封孔，沙土地和不易板结的地块，可点播于沟底，每公顷播量根据品种而定，一般9.75~10.5kg。

（三）田间管理

1.防虫保苗：幼苗期主要有地老虎、黑绒金龟子、金针虫等害虫，一经发现虫情，立即用辛硫磷800~1000倍液灌根。用符合无公害农药杀灭田鼠，及时进行地面锄草杀卵。盐碱地适时早浇亦可起到降低地下害虫危害的作用。

2.间苗定苗：在出苗1~2对真叶时间苗。在2~3对真叶时定苗。

3.中耕除草：在苗期要结合中耕除净垄间和苗眼的杂草。

4.灌水追肥：苗期一般不追肥。现蕾到开花期是向日葵需要营养物质的主要时期。在现蕾期结合浇头水每公顷追施尿素150~300kg。在开花期结合浇二水追施尿素150kg。根据苗情在灌浆期浇第三水。全生育期灌3~5次水（现蕾期、初花期、盛花期、灌浆期灌水），灌水采用沟内灌水。每次灌水750~900m³/hm²。

5.辅助授粉：引蜂传粉。在开花季节把蜂箱均匀分布在向日葵田附近，距离

100m 左右，进行引蜂授粉。人工辅助授粉。当田间开花株数到 70% 以上，进行第一次授粉，每隔 3d 进行一次，共授粉 2～3 次。授粉方法是：用直径 10cm 左右的圆形硬纸板，上面铺一层棉花后再包上一层干净的纱布，做成"粉扑子"。授粉时，一手握住花盘背面脖颈处，另一手用"粉扑子"在花盘开花部位轻扑几下。

6. 病虫害防治：向日葵生长中后期如有锈病发生，用 70% 代森锰锌 600 倍液或 25% 粉锈宁每公顷 600 克兑水 450kg 喷雾。为防治菌核病，用 50% 速克灵可湿性粉剂 1000 倍液或菌核净 800 倍液在初花期将药喷在花盘的正反两面，隔 10d 喷药一次；为防治锈病，一般可在 7 月中旬，每亩用 15% 三唑酮可湿性粉剂 800～1200 倍液进行喷施，时间要选择在阴天或下午 6 时以后进行。

（四）适时收获

当葵花秆变黄，上部叶片变成黄绿色，下部叶片枯黄下垂，花盘背面变成褐色时，舌状花朵干枯脱落，苞叶黄枯中变成本品种特有颜色，黑中透亮，带有小白条纹，种仁里没有过多水分时收获。收获后及时晾晒，防止籽粒损伤和霉变，影响品质。

二、全膜宽窄双垄沟播沟灌葵花栽培技术

全膜双垄沟播沟灌技术就是在田间起大小双垄，用地膜全覆盖，在沟内、垄侧播种作物的种植技术，主要技术要点如下：

（一）冬前工作

1. 整地：上年前茬作物收获后，及时深耕耙糖，拾净旧膜和根茬，尤其是玉米和葵花茬，必须将根茬拾净，否则在起垄覆膜时会直接影响机子操作和起垄覆膜质量，进而影响作物出苗和产量。

2. 灌水：泡地可以是冬水或春水，但要灌足灌好，一般用水 120m³，冬灌地及时做好镇压保墒工作。有条件的话，每公顷施农家肥 60 000kg 左右。

（二）起垄前工作

1. 土壤处理：如果金针虫等地下害虫严重可用 40% 辛硫磷乳油在旋地时喷洒，如野燕麦草严重，可用燕麦畏毒土在旋地前撒入地面。

2. 施肥：施肥方法、数量同大田玉米和葵花。

3. 除草剂使用：除草剂种类和施肥方法同大田玉米和葵花。

4.起垄机具及物资准备：用专用起垄覆膜机，配套动力为18马力以上的带有后动力输出轴的四轮拖拉机。用宽1.2m的地膜，每公顷一般用地膜90kg左右。

（三）起垄覆膜工作

1.选用能熟练操作四轮拖拉机的机手，顺着地块的长边开始起垄覆膜，最好是顺着灌水水流方向起垄，一般需要辅助人员2人，一人及时排除起垄机上土槽内堵塞的前茬根系、废地膜、杂物及土块，一人及时补压机子未压土部分地膜，以防大风扯膜。

2.每一作业面幅宽1.1m，其中双窄垄宽60cm，两边压膜垄各宽25cm，下一幅起垄时，四轮拖拉机的后轮要刚压到前一幅膜的边缘，膜与膜刚好接住。这样就形成了双垄沟宽60cm、宽垄50cm。特别要注意接膜的垄距不能宽于50cm。

3.地块两头不能横着起垄，只能在机子作业时，留5~6m地膜，人工开沟起垄压膜。这样就能更好地起到节水和增产的效果（通风条件好）。

4.一块地作业完后，要仔细检查地膜压土情况，若有未压实压好地方，人工要压好，防止大风揭膜。

5.起垄后要及时打渗水孔，方法是用铁叉在沟内每隔1m左右扎一下，这是为了将降水及时地渗入地膜内，充分利用自然降水，增加地膜内湿度，保证苗全。

（四）播种工作

1.播种位置：在每条沟的阳面，距沟底5cm处点播种子，在沙性较大的地块，可以直接播到沟内（利于机播）。严禁种在垄上（因为一是墒情差，二是播种后失墒严重，影响出苗）。

2.播种密度：根据不同品种密度要求进行调整株距（在包装袋上都有密度要求）。具体调整公式为：株距=1468/密度，比如当密度为6000株时，则株距为1468/6000=0.25，株距为25cm，当葵花密度为4500株时，株距为1468/4500=0.33，株距为33cm。

3.播种时要随时用土封住播种孔，防止钻风后揭膜和失墒。

4.在灌水条件好的地方可以在接膜的垄上套种两行黄豆、豌豆等矮秆作物。

（五）田间管理工作

1.灌水：根据各地配水时间进行灌溉，每次灌水时，水刚灌满沟即可。

2.其他管理同大田玉米和葵花。

三、向日葵露地栽培技术

（一）播前准备

1.选地与整地：向日葵对土壤适应范围广、耐瘠能力强，可在粮食作物与经济作物生长差、产量低的地块种植。向日葵也是新垦荒地的先锋作物，较好的前茬作物是麦类、油菜、草木樨、黍类等。在有菌核病、蒙古灰象甲为害地区，不宜与豆科作物连作。向日葵需肥多，特别是钾肥的需要量大，不宜连作，要求土壤耕作层为30～35cm。

2.选用良种、做好种子处理：选择适合本地区的高产优良品种，大力推广胞质雄性不育杂交种，目前推广的优良品种为新葵杂4、5、6号及G101。种子播种之前进行筛选或人工粒选，去掉杂粒、小粒、秕粒、虫蛀粒及其他杂质提高纯度。播种前应晒种1～2d，以提高发芽率。霜霉病、黑斑病重和地下害虫严重的地区，要作好药剂拌种。

（二）播种

1.播种时期：适时早播出苗早、产量高，可避免和减轻病虫危害。向日葵对短时间的早霜和晚霜均有耐受力，幼苗可耐短期 −3℃～−5℃的低温，植株可耐 −7℃短时的低温。早春可抢雪墒播种，当5cm地温连续4～5d稳定在8℃～10℃时即可播种，播种期一般在4月上中旬。

向日葵可采用临冬播种，但须掌握好播种适期，防止冬前出苗冻死。

向日葵复播，应选择生育较短的油葵品种，播种期越早越好，大部分地区可在6月下旬复播。应在7月5日前播完种，浇上水。

2.播种质量：向日葵属双子叶植物，顶土力弱，播种不宜过深，一般为4～5cm，但过浅因墒情不足，不易发芽，甚至发芽时幼苗带壳出土，影响光合作用，影响全苗、壮苗。在盐碱较重地区，向日葵能否丰收，关键在于保全苗。播种方法为机械条播、点播，也可人工穴播。每穴种子2～3粒，播量7.5～10 kg/hm^2。

（三）查苗补种，适时间苗和定苗

向日葵为双子叶作物，幼苗出土较困难。春播向日葵一般种在瘠薄地上，特别是播在盐碱地上，播后遇雨使表层结成硬壳，出苗更加困难。受鸟、鼠、虫等为害，都可造成严重缺苗。因此，出苗后应及时查苗补种或小苗移栽。

1~2对真叶时间苗，2~3对真叶时定苗，但间、定苗应视当年病虫预报情况而决定。定苗密度随品种、土壤盐碱轻重不同而定，一般油用种植株矮小，种植密度可在45 000株/hm²左右，重盐碱地瘦地密度，宜在52 500~60 000株/hm²；新开垦盐碱荒地92 000株/hm²；复播地60 000~75 000株/hm²。食用种植株高大，密度30 000~45 000株/hm²。

（四）中耕除草

生育期间一般中耕2~3次，第一次在现行时进行，深度8~10cm；第二次在定苗前进行，中耕后再定苗；第三次在封垄前结合追肥开沟进行，沟深14~16cm。

（五）施肥

向日葵枝繁叶茂，需要养分比一般作物多，其肥料的丰缺，直接影响它的生长发育和产量的形成，与油分的形成也有密切关系。生产上往往将向日葵在薄地上，因此，合理施肥显得更为重要。苗期是向日葵需磷的"临界期"，种肥应以磷肥为主，配合部分氮肥。追肥以氮素化肥为主，配合一定量的钾肥。向日葵从现蕾到开花正是营养生长和生殖生长同时并进的旺盛阶段，需要养分多而集中。追肥可结合中耕开沟一起进行。

（六）灌水

向日葵从出苗到现蕾前，在底墒好的情况下可不灌水，主要进行蹲苗。向日葵生育期灌水要掌握三个关键时期，即现蕾、开花、灌浆期。一般在现蕾时浇头水，此后12~15d即初花期浇第二水，再隔10d浇第三水，灌浆期浇第四水。浇水中要注意浇水质量，盐碱较重的地块必须采用大水浇灌，一是为了满足向日葵需水，二是为了淋盐洗盐，减少盐碱危害。

（七）打杈和打老叶

向日葵除对多头品种留3~5个分枝外，其余杈均要及时打掉，确保主茎花盘养分充足，籽粒饱满。打杈要及时，当中、上部叶腋中分枝一冒头即打掉，打杈时要避免伤茎皮。

（八）人工辅助授粉

向日葵是虫媒异花授粉作物，往往授粉不良，空壳率较高。为了提高结实率，可采用养蜂和人工辅助授粉两种方法。每0.33~0.47hm²向日葵放养一群蜜蜂，可是提高结实率10%～20%，增产效果显著，并能兼收蜂蜜15kg左右，应予大力推广。

人工辅助授粉方法有：①软扑授粉法。②花盘接触法等。

人工辅助授粉应在盛花期进行，每隔1～2d进行一次，连续进行2～3次。授粉时间在上午露水消失后9：00～11：00。这时花粉较多，生命力强，授粉效果较好。

（九）防治病、虫、草害

向日葵的病、虫、草害种类很多，其中以苗期害虫和为害葵盘籽实害虫以及寄生性杂草列当的发生较为普遍而严重，如向日葵锈病、向日葵霜霉病和向日葵螟虫等，应加强防治。

（十）收获及贮藏

生理成熟期前25d，是油分旺盛形成期，可形成籽实含油量的80%，则不宜过早收获。过晚收获，种子过干，遇风易落粒，遇雨易烂头，鸟害严重，产量损失大。

适宜收获最好的时机，从植株外形上看，大部分花盘背面变色，从花盘背面边缘向里有2～3cm变成褐色，茎秆变黄或黄绿，中上部叶黄化或脱落，种子皮壳硬化呈本品种固有的颜色。收获方法除用人工收获外，大面积则将谷物联合收割机（康拜因）加以改装，加大滚筒间隙，降低转速，直接在田间收割脱粒。

向日葵的安全贮藏，主要决定于种子含水量，其次是杂质，食用种的安全含水量要求达到10%～12%，高油种子含水量要低于7%，并且在干燥低温下贮藏。

第二节　向日葵主要病虫害防治技术

一、向日葵主要病害防治

（一）向日葵菌核病的防治技术

向日葵菌核病，又叫白腐病，俗称烂盘病。是一种土传病害，整个生育期均可发病，造成茎秆、叶、花盘及种仁腐烂。常见的有根腐型、茎腐型、叶腐型、花腐型（也叫盘腐型）4种症状，其中根腐型、盘腐型受害最重。近几年来，随着古浪县向日葵种植面积的不断扩大，向日葵菌核病在每年都有程度不同的发生，对向日葵的产量和品质都有很大影响。

1. 危害症状

（1）根腐型。从苗期至收获期均可发生，苗期染病时幼芽和胚根生水浸状褐色斑，扩展后腐烂，幼苗不能出土或虽能出土，但随病斑扩展萎蔫而死。成株期染病，根或茎基部产生褐色病斑，逐渐扩展到根的其他部位和茎，后向上或左右扩展，长可达1m，有同心轮纹，潮湿时病部长出白色菌丝和鼠粪状菌核，重病株萎蔫枯死，组织腐朽易断，内部有黑色菌核。

（2）茎腐型。主要发生在茎的中上部，初呈椭圆形褐色斑，后扩展，病斑中央浅褐色具同心轮纹，病部以上叶片萎蔫，病斑表面很少形成菌核。

（3）叶腐型。病斑褐色椭圆形，稍有同心轮纹，湿度大时迅速蔓延至全叶，天气干燥时病斑从中间裂开穿孔或脱落。

（4）花腐型。花腐型病害表现为花盘受害后，盘背面出现水浸状病斑，后期变褐腐烂，长出白色菌丝，在瘦果和果座之间蔓延，形成黑色菌核，花盘腐烂后脱落，瘦果不能成熟。受害较轻的花盘，结出的种子粒小、无光泽、味苦、表皮脱落，多数种子不能发芽。

2. 防治方法

（1）种植耐病品种：目前无抗病品种。

（2）加强栽培管理。实行轮作，与禾本科作物实行5～6年轮作。菌核在土壤中可存活数年，一般3年后活力大部丧失，所以采取向日葵与禾本科作物轮作换茬，能大大减轻发病。轮作时间越长效果越好，但不能与豆科、十字花科等作物轮作；深翻耕，将地面上菌核翻入深土中10cm以下，使其不能萌发；适当晚播，使花期和多雨季节错开。强调开花期是因为：雨季是孢子弹射的盛期，且弹射到葵盘上对向日葵产量损失最大，且葵盘的海绵组织为菌核的易浸染部位，孢子萌发所须湿度在90%以上。

（3）清除田间病残体，发现病株拔除并烧毁。搞好田园卫生 将病株、残枝败叶、病花盘、籽粒彻底清除出田间深埋，或烧掉以减少病原。同时增施磷钾肥。

（4）药剂防治。用40%纹枯利800～1000倍液，在向日葵现蕾前或在盛花期，喷洒植物的下部和花盘背面1～2次。用50%托布津可湿性粉剂1000倍液，在向日葵现蕾前或在盛花期喷洒1～2次。用50%速克灵500～1000倍液，在苗期或开花期喷洒，防治效果可在80%以上。当气温达18℃~20℃、0~5cm深表土含水量在11%以上、子囊盘开始出土时，是地面撒药的最佳时期，每公顷可用70%五氯硝基苯30~45kg，加湿润的细土150~225kg，掺拌均匀后撒在田间，可抑制菌核的萌发和杀死刚萌发的幼嫩芽管，抑菌率可达91.3%，防治效果在78.5%以上。

（5）滴灌防治。利用滴灌控制水量。利用膜下滴灌调节供水量，避免了低洼积水现象，控制田间湿度，从而降低向日葵菌核病的发生。也可以利用滴灌进行随水施肥，膜下滴灌提高了作物抗病的能力，亦可做到适时适量，可省肥20%左右。膜下滴灌节水50%，减少深层渗漏，能较好地防止土壤次生盐碱化。滴灌随水施肥、施药，既节约了化肥和农药，又减少了对土壤和环境的污染。

（二）向日葵黄萎病的防治技术

向日葵黄萎病是向日葵生产的一种重要病害，可大幅度降低向日葵籽粒的产量和品质。近年来，随着向日葵播种面积的不断增加，黄萎病的发生日趋严重。

1. 危害症状

主要在成株期发生，开花前后叶尖叶肉部分开始褪绿，后整个叶片的叶肉组织褪绿，叶缘和侧脉之间发黄，后转褐坏死；后期病情逐渐向上位叶扩展，横剖病茎维管束褐变。发病重的植株下部叶片全部干枯死亡，中位叶呈斑驳状，严重的花前即枯死，湿度大时叶两面或茎部均可出现白霉。

2. 防治方法

（1）农业防治。种植抗病品种；与禾本科作物实行3年以上轮作；加强田间管理，发现病株要及时把病株及残体清除田间烧毁。

（2）药剂防治。播种前用2.5%适乐时种衣剂，用量按药种重量比1∶200进行包衣。晾干后播种。必要时用30%土菌消剂1000倍稀释液、3.2%恶甲水剂300倍液或20%萎锈灵乳油400倍液灌根，每株灌兑好的药液400~500mL。

（三）向日葵霜霉病的防治技术

向日葵霜霉病是向日葵的主要病害，造成向日葵植株矮化，不能结盘或幼苗死亡，严重影响产量和品质。

1. 危害症状

向日葵霜霉病在苗期、成株期均可发病。苗期染病2~3片真叶时开始显症，叶片受害后叶面沿叶脉开始出现褪绿斑块,叶背可见白色绒状霉层,病株生长缓慢或朽株不长。成株染病初期近叶柄处生淡绿色褪色斑,沿叶脉向两侧扩展,后变黄色并向叶尖蔓延,出现褪绿黄斑,湿度大时叶背面沿叶脉间或整个叶背出现白色绒层,厚密。后期叶片变褐焦枯,茎顶端叶簇生状。病株较健株矮,节间缩短,茎变粗,叶柄缩短,随病情扩展,花盘畸形,失去向阳性能,开花时间较健株延长,结实失常或空秆。

2. 防治方法

(1) 农业防治。与禾本科作物实行3~5年轮作;选用抗病品种,适期播种,合理密植。田间发现病株要及时拔除。

(2) 药剂防治。发病重的地区用种子重量0.5%的25%甲霜灵拌种,或用350mL精甲霜灵种子处理乳剂包衣,拌种比例为(0.035~0.105)kg/100 kg种子,晾干后播种。苗期或成株发病后,喷洒58%甲霜灵锰锌可湿性粉剂1000倍液,或40%增效瑞毒霉可湿性粉剂600~800倍液、72%杜邦克露或72%克霜氰或72%霜脲·锰锌或72%霜霸可湿性粉剂700~800倍液。

(四) 向日葵列当的防治技术

向日葵列当又称毒根草、兔子拐棍,是1年生草本植物,属双子叶植物,是一种危害性极强的检疫性杂草,主要寄生在向日葵、烟草、番茄、瓜类等双叶植物的根上,用吸盘深入向日葵根部组织吸收养分。向日葵被列当寄生后,植株细弱,花盘较小,秕粒增加,一株向日葵寄生15株列当,便有30%~40%的秕粒。向日葵幼苗被列当寄生后,不能正常生长,甚至干枯死亡。

1. 传播途径和发病条件

向日葵列当以种子在土壤中或混在向日葵种子中越冬,每株列当能产生极小的深褐色种子上万粒。落入土中的列当种子接触寄主植物的根部,列当种子即萌发,形成幼芽,长出幼苗,下部形成吸盘,深入寄主根内吸取养分和水分。当列当种子落土后没有与寄主植物接触,在土中仍然能保持5~10年发芽力。列当发生期不整齐,7月初到9月中旬均有列当出土、开花、结实。从向日葵根部土表上生出的黄色、肉质粗茎,不分枝,开紫花的草本列当,叶片退化,无真正的根,以吸根固着在向日葵根部,吸收向日葵营养物质和水分。向日葵受害后,生长缓慢或停滞,严重时,在开花前枯死。列当适于在中碱性土壤上生长,在pH值低于6.5的酸性土壤上很少见到这类植物。

向日葵开花期列当肉质茎伸出土面,很快开花结实。因而连作地列当种子多,发病重;干旱或施肥不当发病也多;向日葵品种间抗病性有差异。古浪县土壤为碱性土壤,因此发病较重。

2. 防治方法

(1)不同的向日葵品种对列当的寄生程度明显不同,所以选用经过鉴定在当地对列当具有抗性的品种是防除列当的经济有效措施。

(2)对重茬、迎茬地实行一定年限的轮作倒茬。由于列当的种子在无寄主根的分泌物时不能萌芽,且在土壤中休眠期长达10年之久,而且列当不寄生单子叶植物,所以对重发生田块可改种非寄主作物,宜与麦类、甜菜、玉米、谷子、糜子等作物轮作,年限不少于6年。在受列当危害的地区,种植向日葵的间断周期不得少于5~6年。在轮作种植其他作物的田间,必须彻底铲除向日葵自生苗。

(3)及时铲除田间列当苗和向日葵自生苗。在列当出土盛期和结实前中耕锄草2~3次。由于列当从向日葵开始形成花盘到成熟均可寄生出土,药剂防治成本较高,因此,增加中耕次数、及时拔除列当苗及向日葵自生苗是一项经济有效的防治方法。对不分枝列当开花前要连根拔除或人工铲除并将其烧毁或深埋。

(4)严格检疫制度,严禁从病区调运混有列当的向日葵种子。列当靠种子传播,其种子异常小,极易随风、雨、土壤以及人、畜、农具等进行传播,尤其易随换种或调种远距离传播。因此,要禁止从发生列当的区域调运向日葵种子,以杜绝列当蔓延传播。

(5)药剂防治。用0.2%的2,4-D丁酯水溶液,喷洒于列当植株和土壤表面,8~12d后可杀列当80%左右。当向日葵花盘直径普遍超过10cm时,才能田间喷药,否则易发生药害。在向日葵和豆类间作地不能施药,因豆类易受药害死亡。另外,在播种前至出苗前喷氟乐灵10 000倍液于表土,或在列当盛花期之前,用10%硝氨水灌根,每株150mL左右,9d后即死亡。

(6)诱发列当出苗后铲除。根据列当发芽离不开向日葵根系分泌物刺激的特点,可采用诱发列当萌发的办法进行防治。此法可与轮作相结合防治列当。在列当危害严重的春播玉米田内,将另一块地高密度播种的向日葵在列当正常萌发出土时期将向日葵苗连根拔起,趁鲜嫩时切段捣碎,施入玉米行间的垄沟里,覆土掩埋,诱使列当种子萌发，结果列当种子萌发后由于没有寄主而后全部枯死，如此连续进行2年则可将田间积蓄的列当种子全部消灭。

二、向日葵主要虫害防治技术

（一）向日葵螟的防治技术

向日葵螟又称葵螟，是以幼虫为害向日葵花盘、花萼片和籽粒的一种主要害虫。幼虫蛀入花盘后，由外向中心逐渐延伸，将种仁部分或全部吃掉，形成空壳或深蛀花盘，将花盘内蛀成很多隧道，并将咬下的碎屑和排出的粪便填充其中，污染花盘，遇雨后可造成花盘和籽粒发霉腐烂。一头幼虫可蛀食7~12粒种子，严重影响了向日葵的产量和品质。

1. 形态特征

向日葵螟成虫是一种灰色灰褐色小蛾，体长8~12 mm，翅展20~27 mm，前翅狭长，近中央处有4个黑斑，灰褐色，后翅浅灰褐色，具有暗色脉纹和边缘，成虫静止时，前后翅紧贴体两侧，与向日葵种子很相似；卵，乳白色，椭圆形，长0.8 mm，卵壳有光泽，具有不规则的浅网纹；幼虫体长约9mm，呈淡灰色，腹部色泽更浅一些。背部有3条暗色或淡棕色纵带，头部黄褐色，前胸盾板淡黄色，气门黑色，体被稀疏的淡棕毛。蛹体长9~12mm，为浅棕色，羽化成虫之前为深棕色。

2. 防治方法

（1）农业防治。选用抗虫品种，硬壳品种受害轻，小粒黑色油用种较食用种受害轻。第一，二代幼虫老熟后从向日葵盘上吐丝落地，潜入15~20cm深土层中越冬。收获后用大型耕作机械进行秋深翻并冬灌，将大量越冬虫茧翻压入土25cm以下。春季在葵螟成虫出土前进行整地镇压，可阻止向日葵螟幼虫出土，减少大量越冬虫源。

（2）物理防治。用频振式杀虫灯诱杀成虫。在通电条件较为方便的田间或村边，每隔120m安置一盏频振式杀虫灯，每盏灯控制面积为3~4hm^2。从成虫羽化始期开始，一般在5月中下旬开灯到8月底结束，开灯3个月。天黑开灯，天亮关灯。定期清理虫袋。

（3）药剂防治。幼虫危害初期，用90%敌百虫晶体或50%巴丹500倍液进行喷雾，也可用20%高效氯氰菊酯乳油2000倍液，或2.5%溴氰菊酯乳油或生物制剂BT乳剂300倍液进行喷雾，每株花盘喷洒40~50mL，每隔5~7d喷一次效果较好。在7

月末8月初成虫盛发期的夜间8～9时，用喷烟机施放烟雾剂1～2次。使用的烟雾药剂有80%敌敌畏乳油，每公顷用药150～225 mL。

第三节　向日葵主栽品种介绍

一、LD5009

（一）特征特性

株高170～180cm，叶片数30～32。茎秆粗壮，抗倒伏能力强，抗旱、耐瘠薄、结实率高。花盘直径20～25cm。单粒长2.0～2.2cm，宽0.9cm，千粒重170g左右，籽粒黑皮兼白色条纹，干籽不脱皮。

（二）产量表现

2006—2007年多点试验平均每公顷产量5258.7kg，比对照增产29.83%。甘肃金昌葵花籽光照时间长，事宜提供充足光照，甘肃金昌双湾镇产量在4200～6000kg/hm^2，产量由种植者调整肥力和水分决定。

（三）栽培要点

行距45cm，株距35～40cm，每公顷保苗48 000株。

（四）相宜范围

适宜在甘肃省民勤、金昌及相同生态类型食用向日葵种植区种植。吉林、辽宁、黑龙江及内蒙古地区。

二、先瑞9号

（一）特征特性

植株：株高162cm，茎粗2.6cm，28片叶，花盘倾斜度3～5级。

花盘：平盘，直径20.6cm，舌状花黄色，管状花紫色，花药黄色，单盘粒重103.3g。

籽粒：长卵形，黑白边，长1.99cm，宽0.79cm，百粒重15.1g，籽仁率44.2%。

品质：2009年吉林省向日葵研究所（白城）测定，子实粗蛋白含量15.37%。

田间病害发生情况：2009年吉林省向日葵研究所田间自然抗病性鉴定，盘腐型菌核病0级（0.00）；茎、根腐型菌核病0.00；黄萎病2级（33.13）；黑斑病1级（5.78）；褐斑病1级（5.16）；锈病1级（3.97）。

（二）产量表现

2007年参加内蒙古自治区食用向日葵预备试验，平均产量2794.5kg/hm^2，比对照SH909增产6.0%。平均生育期98d。2008年参加内蒙古自治区食用向日葵普通组区域试验，平均产量2109kg/hm^2，比对照SH909增产11.9%。平均生育期99d，比对照晚3d。2009年参加内蒙古自治区食用向日葵普通组生产试验，平均产量3082.5kg/hm^2，比对照SH909增产10.3%。平均生育期96d，比对照晚1d。

（三）栽培要点

每公顷保苗37 500株左右。

第五章　中药材

第一节　中药材主要栽培技术

一、黄芪栽培技术规程

黄芪为豆科，黄芪属，又名膜荚黄芪，有补气固表、利水消肿、脱毒生肌的功能。

1. 选地整地：黄芪喜凉爽，耐旱、寒怕热、怕水涝、忌高温。其主根向下垂直生长，宜选择排水良好，向阳，土质深厚的壤土为佳。播前结合整地亩施农肥 3000～4000kg，磷肥 25～30kg，耙糖平整后起垄，垄宽 40～45cm，垄高 15～20cm，行距 40～45cm。

2. 种子处理：黄芪种皮坚硬，播后不易发芽，播前应进行种子处理。将种子浸于 50℃温水中搅动，待水温下降后浸泡 24h，捞出洗净摊在湿毛巾上，再盖一块湿布催芽，待裂嘴出芽后播种。也可以种子中播入 2 倍的河沙搓揉，擦伤种皮，也能迅速发芽。用 70%～80% 硫酸浸泡种子 3～5min 后，迅速置流水中冲洗，洗净种子后稍干即播种，发芽率在 90% 以上。

3. 播种：种子发芽适宜温度为 14℃～15℃，一般播种期为 3～4 月份。条播，在垄面上开 1.5～2cm 浅沟 2 条，将种子均匀撒入沟里，覆土将种子盖严。随即在两垄沟的沟田灌水，保持土壤湿润。15d 即出苗。平畦种植也可以，但发病较多，根形不如垄栽的好。

生产上常用育苗移栽，将直播苗在春季，按 20cm×40cm 的株行距边起边栽，沟深 10～15cm，将苗顺放于沟内，播后覆土，亩用苗 1.5 万株左右。

4. 栽培管理：

（1）间苗定苗。直播的苗高 5～7 cm 应及时间苗定苗，株距 10～15 cm。

（2）中耕除草。出苗后及时中耕除草，并注意向土垄培土，使土垄保持原来的宽度，一般除草 2～3 次。

（3）追肥。间苗定苗后即进行追肥，亩施人畜粪水 1500kg 或尿素 5kg，施后浇水 1 次。6 月中下旬中耕除草后施堆肥 1000kg，磷肥 30kg，硫酸铵 5kg，混合于垄上开浅沟施于其中，覆土浇水。

5. 病虫防治：主要病害为白粉病，用 50% 甲基托布津 1000 倍液喷防。紫纹羽病，为害根部，造成烂根，植株自上而下黄萎最后整株死亡。应拔除病株烧毁，病窝用石灰粉消毒。同时应加强其他虫害防治。

6. 采收加工：播后一般 2～3 年收获。秋天 9～11 月或春天越冬萌芽前均可采收。因主根入土深，要仔细深挖，避免挖断主根或碰伤外皮。收后去净泥土，趁鲜切下芦头，晒至半干将根理直捆成把，再晒或烘干即成生黄芪。

二、党参栽培技术规程

党参为桔梗科党参属多年生植物，叶互生在主茎及侧枝上，在小枝上近于对生，叶片卵圆形或狭卵形，端钝，叶基圆形或楔形。花单生于枝端，与叶柄互生或近对生，花冠上位，阔钟状，花期 7～8 月。蒴果，下部半球状，上部圆锥状，萼宿存，种子 22～34 粒，卵形，棕褐色，果期 9～10 月，千粒重 0.25～0.33g。

（一）整地施肥

党参适应性强，喜温和、冷凉湿润气候，耐干旱、较耐寒。移栽地应选择土层深厚、土壤肥沃疏松、排水良好、有机质丰富的地块，前茬作物以豆类、油菜、禾本科作物（小麦）为宜。所选地块在前茬作物收获后，立即灭茬深翻、晒垡、纳雨，秋季结合深耕（耕深 30～45cm）施入基肥，亩施腐熟农家肥 2500～3000kg，尿素 25 kg，过磷酸钙 40 kg，硫酸钾 2.5 kg，或尿素 20kg，磷酸二铵 12kg，氯化钾 3kg，施入底肥时亩用 50% 辛硫磷乳油，兑水 8～10 kg 均匀拌入农家肥一并施入进行土壤消毒，控制地下害虫。耱平保墒，有灌溉条件的地方冬前灌足底水。环境质量应符合 GB3095、GB5084、GB15618 三个标准的要求。

（二）种苗选择

种苗应选择苗龄达到1年，根长10~20cm、根直径1~3mm的中、小苗移植。亩用量为60~80kg。

（三）移栽时间

移栽应在芽萌动前，于3月中下旬至4月上旬移栽，移栽越早越好。

（四）移栽方法

开沟，沟深25~35cm，耙细沟前坡土块，以株距5~7cm将参苗摆入沟前坡，根系自然舒展，参头距地表2~3cm。摆完一行后，以行距20cm再开沟，取土覆盖前沟，依次进行。亩栽苗5万~6万株，栽完3~4行后，及时用木耙耙平地面并拍打镇压。

（五）田间管理

1. 追肥：选择降雨前亩撒施尿素5kg，或喷施0.4%磷酸二氢钾溶液或0.2%尿素溶液，7月上旬开始，每隔20d追一次，连追2~3次。

2. 灌水与排水：以天然降雨为主，若遇持续干旱气候，有灌溉条件的地方可根据具体情况补灌2~3次，以地面不积水为宜。整个生长期内，雨季要经常注意田间排水，确保雨水通畅排出。

3. 中耕除草：5月上、中旬，株高6~9cm时进行第一次中耕除草。不宜深锄，以免损害根部。松土深度5~7cm，破除板结，铲除杂草，离苗太近的杂草，用手拔除，以免带出参苗。以后每隔1月除一次草，当党参地上茎蔓交互占满地表时，只拔出大草即可。

4. 打尖：最适宜打尖期为营养生长旺盛期，即6月下旬至7月中旬，对苗高30~35cm的植株，把尖端15cm的茎打掉，一般打尖2次。

（六）病虫害防治

1. 防治原则

采用预防为主、综合防治，优先采用农业防治、物理防治、生物防治，科学合理地使用化学药剂防治的综合防治方法。不使用国家明令禁止的高毒、高残留、高三致（致畸、致癌、致突变）农药及其混配农药。

2. 病虫害种类及防治技术

（1）根腐病　①深翻改良土壤、增施有机肥。②与禾本科植物实行3年以上轮作。

③建立无病留种地，进行种子、土壤、种苗药剂处理。种子消毒用0.1%多菌灵盐酸盐药液浸种1h或用50%多菌灵可湿性粉剂500倍液浸种30min，晾干后播种；育苗地消毒用50%多菌灵可湿性粉剂3kg/亩，拌细土20~30kg，撒于地面，耙入土中；种苗消毒用50%多菌灵可湿性粉剂500倍液或70%甲基硫菌灵可湿性粉剂1000倍液浸苗5~10min，沥干后栽植。④发现病株及时拔除，用5%石灰乳消毒病穴。⑤病株灌药：发现病株后，用50%多菌灵可湿性粉剂600倍液或3%恶霉·甲霜水剂700倍液、30%苯噻氰乳油1200倍液和3%多抗霉素水剂600倍液灌根。⑥生长期间单次追施尿素不可超过5kg/亩。

（2）地下害虫有蛴螬、地老虎、蝼蛄和金针虫　①作物收获后深翻耙糖。②用毒土或毒饵诱杀。毒土配制：将50%辛硫磷乳油兑水8~10kg均匀拌入较大容量的土粪等有机肥中，结合耕翻施底肥施入耕作层内；毒饵配制：每亩用炒香的饼粉1kg，加90%敌百虫100g，用水拌匀，一堆堆撒在畦面即可。

（3）红蜘蛛　亩用1.8%阿维菌素乳油3000~5000倍液喷雾防治。

（4）鼠害　防治措施主要以弓箭捕杀和人工射杀为主。

（七）采挖

1. 采挖时间　10月下旬至11月上旬，地上部分枯萎后，割掉茎叶，后熟10~15d启挖参根。

2. 采挖方法　铁钎垂直向下插入地块，挖出全根，散置于地面晾晒。

第二节　中药材主要病虫害防治技术

一、黄芪主要病虫害防治技术

（一）黄芪白粉病防治技术

白粉病主要是病原体在土壤后病残体中越冬，待来年气候适宜时开始繁殖侵染，主要危害黄芪的叶片和叶柄部位，有时也会危害荚果。发病时叶片出现白色粉末，随着病情发展，形成圆形粉末状灰白色霉层，在病情严重时叶片色呈黄褐，干枯，造成落叶,还会导致叶柄和茎干同时染病,最后导致植株死亡。

防治方法:清理田间,将病残体及时清除带出田间,减少病原,加强管理,合理密植,在播种时对土壤和种子进行消毒,在发病时,用50%多菌灵WP 500~800倍液喷洒防治,每隔一周喷洒一次,连续两三次即可。

(二)黄芪根腐病防治技术

根腐病的病原细菌是镰刀菌,它可在土壤中长期生存,借水流和耕作后代进行传播,通过根系伤口等部位侵入植株。发病时植株生长点萎蔫,随着病情发展,这种萎蔫逐渐变为全株叶片枯萎、脱落,到了病情后期,植株的根系开始腐烂,最后种植死亡。

防治方法:由于病原是在土壤中生存繁殖,所以在选土种植时要选择通透性好的砂质土壤,合理轮作,种植前对土壤和种子进行消毒处理,发现病株及时拔除带出田间,再用50%多菌灵WP 800~900倍液浇灌病穴防治。

(三)豆荚螟防治技术

豆荚螟在全国范围内皆有分布,是多种作物的害虫,其钻蛀性极强,幼虫常常危害豆荚,往往将种子吃成缺刻,荚内充满粪便,引起霉烂。老虫在土壤中结茧越冬,越冬后破茧而出,在黄芪的豆荚上产卵,幼虫孵化后钻入豆荚,啃食种子。

防治方法:合理轮作,避免与豆科类作物连作或间作,在冬季时在土壤中施白僵菌粉,清除老虫和虫茧,及时除草松土,在幼虫孵化期间用除虫药剂喷洒防治。

二、党参主要病虫害防治技术

(一)蚜虫

属同翅目,蚜科。蚜虫吸取植物汁液,使植株萎缩,生长不良,严重影响开花结果。

1. 形态特征:成虫分有翅和无翅两种。有翅蚜体长1.6~2.1mm,体色因寄主不同而不同,有绿、黄绿、褐或赤褐色,头胸部黑色,额瘤显著,胸、触角、足的端部和腹管均为黑色,腹部暗绿色,背部有黑色斑纹,腹管细长、圆柱形。无翅蚜体长1.4~2mm,绿色或红褐色,触角鞭状,足基部淡褐色,其余部分黑色,尾片粗大,绿色。卵长圆形,初为绿色,后变黑色,长1mm左右。若虫近似无翅胎生雌蚜,体较小,淡绿或淡红色。

2. 生活习性:1年发生10余代,以卵在植物枝梢、芽缝及小枝杈上越冬,次年3

月开始孵化，6、7月危害最严重，10月后产卵越冬。成虫及若虫群集叶片背面及嫩梢吸取汁液危害。被害叶片向背面卷曲、皱缩。一般冬季温暖，春暖早，雨水均匀的年份发生严重，高温高湿不利发生。

3. 防治方法：

（1）消灭越冬虫源，清除附近杂草，进行彻底清园。

（2）蚜虫危害期喷洒40%乐果或氧化乐果1200倍液，或灭蚜松乳剂1500倍液，或2.5%鱼藤精1000～1500倍液。

（二）小地老虎

别名地蚕、乌地蛋。属鳞翅目，夜蛾科。是一种多食性的地下害虫。常从地面咬断幼苗并拖入洞内继续咬食，或咬食未出土的幼芽，造成断苗缺株。当党参植株茎基部硬化或天气潮湿时也能咬食分枝的幼嫩枝叶。

1. 形态特征：成虫体长16～25mm，褐色。翅上有3条不明显的曲折横纹，把翅分成3段，中段有肾状纹、环状和短棒状纹。卵馒头形，表面有纵横隆纹。老熟幼虫体长37～47mm，暗色，背线明显。蛹长18～24mm，赤褐色，有光泽，上有粗大刻点。

2. 生活习性：1年发生4代，以老熟幼虫和蛹形式在土内越冬。成虫白天潜伏在土缝、枯叶下、杂草里，晚上外出活动，有强烈趋光性。卵散产于土缝、落叶、杂草等处。幼虫共6龄，少数有7～8龄，有假死性，在食料不足时能迁移，幼虫3龄后白天潜伏在表土下，夜间活动为害。第1代幼虫4月下旬～5月上中旬发生，苗期党参受害较重。

3. 防治方法：

（1）3～4月间清除参地周围杂草和枯枝落叶，消灭越冬幼虫和蛹。

（2）清晨日出之前，检查参地，发现新被害苗附近土面有小孔，立即挖土捕杀幼虫。

（3）4～5月，小地老虎开始为害时，用50%甲胺磷乳剂1：1000倍液拌成毒土或毒砂撒施300～375kg/hm^2，防效良好。也可用90%敌百虫1000倍液浇穴。

（三）红蜘蛛

属蜘蛛纲，蜱螨目，叶螨科。以成虫、若虫群集于叶背吸食汁液，并拉丝结网，为害叶片和嫩梢，使叶片变黄，最后脱落；花果受害后造成萎缩、干瘪，蔓延迅速，危害严重，以秋季天旱时为甚。

防治方法

（1）冬季清园，拾净枯枝落叶，并集中烧毁。清园后喷波美1~2度石硫合剂。

（2）4月开始喷波美0.2~0.3度石硫合剂，或50％杀螟松1000~2000倍液。每周1次，连续数次。

此外，党参有时还会受到鼢鼠为害以及幼鹿、野羊等咬食党参茎叶，应采取针对性措施进行防治。

（四）根腐病

根腐病是党参种植的主要病害又称烂根病，主要为害地下须根和侧根。根、块根、鳞茎腐烂以后，产量损失严重，质量变劣，有的甚至完全失去药用价值。

根腐病发生的主要原因是选地不宜，排水不良，地块涝洼积水及地下害虫咬食根部，且多发生在2~3年生植株根上。另外根部受伤的党参也更容易发生根腐病，并在土壤湿度增加时传染给邻近的参苗植株。

发病初期下部须根或侧根出现暗紫色病斑，然后变黑腐烂。病害扩展到主根后，就逐渐发生自下而上的腐烂。剩下没烂部分多为半截参，接近腐烂部位的根体呈黑褐色。发病后由于根部失去原有的功能，导致地上部茎叶逐渐变黄，以致枯死。

防治措施：①选地种植。应选择地势高、干燥、土质疏松、排水畅通的地块种植党参；实行轮作，忌重茬。②耕地做畦。栽种前，要深耕细作，并尽量应用高畦进行党参的栽培。③整地时，根据每亩土地使用多菌灵的标准对土壤消毒；保持通风透光。④选种消毒。在播种之前，要认真选种，把一些带有病害的种子全部筛选掉，还要对种子进行消毒，用健壮无病虫害的党参植株作移栽种苗。⑤雨季，挖好排水沟，降低田间湿度，多雨季节作好排水防涝工作。⑥及时拔出病株，用石灰进行穴窝消毒。

第六章 山 药

第一节 山药主要栽培技术

1. 选地整地：山药为深根作物，宜选择地势平坦，土层深厚疏松，土质肥沃，透气性强，排水良好的沙质壤土。低洼积水、土壤黏重的地不宜种植。忌连作，一般间隔3~5年种1次。

选好地后进行深翻，细耙，整平，结合深耕施足底肥。然后起垄或作高畦、平畦，一般垄宽40~50cm，畦宽100~120cm，畦长视地形而定。

2. 选种：一般在收获山药时，选择粗壮而无病害的根茎，于芦头7~15cm处折断，切成长10~15cm段，切口粘上草木灰，以使伤口愈合，置通风处晾4~5d后，储藏于沙中，备作种用。珠芽（零余子）繁殖：于植株枯萎摘收零余子，选择个大饱满，无病虫害，色泽好的作种。冬季贮藏在地窖中，温度以4℃~7℃为宜。

3. 栽植：因各地气候条件而有差异，古浪县在4月中旬左右种植。一般要求地表5cm地温稳定超过9℃~10℃即可种植。有条件的也可使用地膜覆盖。一般的方法是：山药沟浇透水后，将种苗纵向平放在预先准备好的10cm深的深畦中央，株距25cm左右，密度为4000~4500株/亩，然后覆土5cm，在山药的两侧20cm处施肥。一般施土有机肥3000kg/亩以上，硫酸钾40~50kg/亩，过磷酸钙60~75kg/亩，施肥后，上面再覆土5cm，使之成一小高垄。

4. 灌水：山药性喜晴朗的天气、较低的空气湿度和较高的土壤温度，要注意适时、适量浇水，以促进山药根部生长发育，使根茎粗、圆、长，两头匀称，达到优质、高产的目的。干旱会使根部发生畸形或分杈。一般需浇水 5~7 次，在浇足底墒水的情况下，第一水一般于基本齐苗时浇灌，以促进出苗和发根，第二水宁早勿晚，不等头水见干即浇，以后根据降雨情况，每隔 15d 浇水 1 次。伏雨季节，每次大的降雨后，应及时排出积水，防治发病和死苗。可通过滴灌带水肥一体施入，整个生育期灌水 15 次。

5. 中耕除草：山药出苗后，易板结的土壤，每次浇水或雨后杂草滋生很快，要及时中耕除草，一般进行 2~4 次。生长初期松土由浅渐深，生长后期则应浅松，以免损伤地下部分。

6. 搭架：山药是缠绕草本植物，生长期要搭架，以利通风、透光，促使根茎生长和防止蔓延伏地丛生，叶枯黄或感染病虫害。一般苗高 20cm 左右，可用竹条或树枝插于垄面上，使之攀缘；支架要牢固，高 90cm 左右。

7. 间苗：山药栽子或芦头，一般可萌生几个芽，形成一株数蔓，为了提高产量和质量，应进行间苗，要求每株留 1~2 个健壮的芽，其余茎叶全部摘除。

8. 追肥：山药为喜肥植物，除施足底肥外，在生长期还要追肥 2~3 次，追肥时间，第 1 次在苗高 30~45cm 时，第 2 次在 6~8 月初，第 3 次在 8 月下旬。追肥可采用沟施，肥种以腐熟的人粪尿或饼肥。施肥量可视地力、肥源等情况而定。

9. 病虫害防治：

病害：

（1）炭疽病：防治方法：搞好田间清洁，及时清除枯枝残叶并将其烧毁，防止病原菌传1播。栽种前用 1：1：150 倍波尔多液浸种栽 5~10min；发病期可用 5% 退菌特可湿性粉剂 800~1000 倍液喷洒，7d 一次，连续 2~3 次。

（2）褐斑病：防治方法：清除病枝残叶烧毁；用 1：1：120 倍波尔多液喷洒；用 5% 托布津可湿性粉剂 500~800 倍液，7~10d 喷洒 1 次，连续 2~3 次。

（3）白锈病：天气炎热，土壤水分过大，通风不良的情况易发生。防治方法：及时清除枯枝残叶，烧毁或深埋；用 1：500 多菌灵或 1：1：120 波尔多液喷洒，7~10d 一次，连续 3~4 次。

虫害：主要有蛴螬、地老虎、黑肉虫等虫害。防治方法：土壤处理 在山药定植前，可以采用 40% 辛硫磷颗粒剂在定植穴内进行撒施或喷施，施药后立即覆土，药效可持续 1~4 个月。在 6 月上旬至 7 月下旬，发生高峰期间，用 40% 辛硫磷 1000 倍液进行田间喷浇。

10. 采收：通常在山药地上部分枯萎或半枯萎时采挖，用芦头栽种的当年收获，采挖时间一般北方在 10 月下旬左右，采收前拆去支架，割去藤茎，于垄的一端，开始顺行深挖，要注意防止损伤根茎。挖出后，除净泥土，折下芦头储藏作种，其余部分加工成商品。

第二节　山药主要病虫害防治技术

一、山药主要病害防治技术

（一）山药炭疽病防治技术

1. 症状

主要为害叶片，也为害茎蔓。在叶片的叶脉上，初生褐色凹陷的小斑，后变为黑褐色，扩大后病斑中央褐色，斑面散生黑色小粒点（分生孢子盘）。茎蔓发病多在距地面较近部分，为害严重时叶片早落，茎蔓枯死，导致植株死亡。叶片或茎蔓上的病斑，在空气潮湿时常产生淡红色的分生孢子块。

2. 传播途径和发病条件

炭疽病是由刺盘孢菌和薯蓣盘长孢菌侵染引起的病害。病菌主要以菌丝体在病组织内越冬，分生孢子借风雨传播，高温多雨季发病重。

3. 防治方法

（1）农业防治。发病地块实行 2 年以上的轮作；收获后集中烧毁病残体，并深翻土壤，减少越冬菌源；采用高支架管理，改善光照条件；适时中耕除草，松土排渍；合理密植，合理施肥，以腐熟的有机肥为主，适当增施磷钾肥，少施氮肥，培育壮苗，增强植株抗病性。

（2）栽子消毒。播种前用 50% 多菌灵可湿性粉剂 500~600 倍液浸种或把山药栽子蘸生石灰。

（3）药剂防治。出苗后，喷洒1∶1∶50的波尔多液预防，每10 d喷1次，连喷2～3次。发病后用58%甲霜灵·锰锌可湿性粉剂500倍液，25%雷多米尔可湿性粉剂800～1 000倍液喷洒，或用80%炭疽福美可湿性粉剂800倍液，或70%甲基托布津可湿性粉剂1 500倍液。

（二）山药黑斑病防治技术

1. 症状

初期危害种茎、幼芽、根系及地下茎，严重时造成缺苗断垄。后期主要为害块茎，在块茎上形成不规则的黑褐色病斑，深达木质部，降低块茎的商品价值。

2. 传播途径和发病条件

由一种线虫侵染致病。线虫在栽子、病残体及土中越冬，病栽子及病苗是传播的主要媒介，线虫从栽子芽苗的附着点侵入，沿皮下层及髓向上活动，寄生生活。进入块茎形成期，线虫由蔓进入块茎顶端，并向块茎纵深发展，线虫从块茎、根的自然孔口和伤口侵入寄生，多在块茎上形成黑褐色斑块。

3. 防治方法

选用抗病品种和无病种子，建立远病繁殖田；实行3年以上的轮作；及时清除田间病残株；播种前，栽子在阳光下晾晒后用1∶1∶150波尔多液浸种10 min消毒；结合整地或挖土回填，在离地表20～30 cm处，每亩用50%辛硫磷乳油500 g进行土壤消毒。

（三）山药褐斑病防治技术

1. 症状

主要为害叶片。叶斑出现在叶片两面，近圆形至不规则形，大小因寄主不同而异，一般2～21 mm，叶斑中心灰白色至褐色，常有1～2个黑褐色细线轮纹圈，有的四周具有黄色至暗褐色水浸状晕圈，湿度大时病斑上生有灰黑色霉层。叶背色较浅，危害重。

2. 传播途径和发病条件

山药褐斑病的病原菌是半知菌亚门的薯蓣叶点霉真菌。病菌以菌丝体和分生孢子在病残体上越冬，温湿度适宜时，分生孢子借气流传播，进行初侵染，后病部又产生分生孢子，进行再侵染，侵染时主要借助风和雨水传播。发病条件是温暖多湿，特别是在生长期间遇风雨频繁或山药架内封闭，通风、透光条件差，空气湿度大时，易发病。

3. 防治方法

秋收后及时清洁田园，把病残体集中毁掉；雨季到来时喷洒 75% 百菌清可湿性粉剂 600 倍液或 50% 多菌灵可湿性粉剂 600 倍液。

（四）山药根茎腐病防治技术

1. 症状

山药根茎腐病发病初期是在藤蔓基部形成褐色不规则的斑点，继而斑点扩大形成深褐色的长形病斑，病斑中部凹陷，严重时藤蔓的基部干缩，导致茎蔓枯死。病斑的表面常有不明显的淡褐色丝状霉。块茎发病常在顶芽附近形成褐色不规则形的病斑，若是根系发病，可造成根系死亡。

2. 传播途径和发病条件

山药根腐病的病菌是以菌丝体或菌核在土壤中或病残体上越冬，可以在土壤中存活 2～3 年，通过土壤、雨水和施用带病菌的肥料传播。高温高湿条件下容易发病，干旱时发病轻，重茬地、田间积水时发病重。

3. 防治方法

收获时彻底收集病残物及早烧毁；实行轮作，避免连作；发病初期用 75% 百菌清可湿性粉剂 600 倍液、53.8% 可杀得干悬浮剂 1 000 倍液。隔 7～20 d 喷 1 次，连续防治 2～3 次。

（五）山药叶斑病防治技术

1. 症状

山药叶斑病常见有的煤斑病（赤斑病）、褐缘白斑病（斑点病）、灰褐斑病和褐轮斑病 4 种，其中以煤斑病发生较多。

煤斑病是在叶面初生赤褐色小斑，后扩展成近圆形或不规则形、无明显界限的病斑，大小 1～2 cm，有时汇合成大斑。

褐缘白斑病的病斑穿透叶的表面，斑点较小，圆形或不规则形，周缘赤褐色，微凸，中部褐色，后转为灰褐色至灰白色。

灰褐斑病和褐轮斑病的病斑与褐缘白斑病有明显的同心轮纹。

以上 4 种叶斑病的病斑背面均生有灰黑色的霉状物，其中以煤斑病产生的霉状物较多，其他的叶斑病产生的霉状物则较少。

2. 传播途径和发病条件

山药4种叶斑病均是由鼠尾孢属的真菌侵染所致。病菌以菌丝块（霉层）附着在植株的病残体上在田间越冬。第2年春季条件适宜即可产生分生孢子，随气流、雨水传播进行初侵染，引起发病。以后在田间可多次侵染，引起不断发病。当温度在25℃~30℃、相对湿度在85%以上时，易引起发病。

3. 防治方法

（1）农业防治

合理密植，多施腐熟的有机肥，增施磷、钾肥，提高植株的抗病性；保持田间清洁，发病初期及时摘除病叶，拉秧时彻底清除病残体，集中烧毁，减少病原。

（2）药剂防治

突出"早"字，发病初期可用1:1:200波尔多液，或50%的多菌灵可湿性粉剂500倍液，或50%的甲基托布津可湿性粉剂500倍液，或58%的甲霜灵·锰锌可湿性粉剂600倍液交替喷雾，每隔5~6 d喷1次，连喷3次。

（六）山药褐腐病（腐败病）防治技术

1. 症状

主要为害根状块茎，造成块茎腐烂。其症状早期并不明显，收获时才发现有病。块茎染病时表现为腐烂状的不规则形褐色斑，稍凹陷，病块常畸形，稍有腐烂，病部变软，切开后可见病部变色，受害部分比外部病斑大而深，严重时病部周围全部腐烂。

2. 传播途径和发病条件

山药褐腐病是由半知菌类真菌腐皮镰孢菌引起的。病菌以菌丝体、厚垣孢子或分生孢子在土壤、病残体和栽子上越冬，可借助雨水、流水、农具及田间操作传播。远距离传播主要是带病的栽子。该病菌在土壤中可长期存活，一旦染病难以根除。病菌的生长发育温度为13℃~35℃，最适温度为29℃~32℃，高温高湿有利于发病，连作田、低洼田、田间积水、排水不良、土壤黏重时利于发病。

3. 防治方法

（1）收获时彻底清除病残物，集中烧毁，并深翻晒土和薄膜密封进行土壤高温消毒，或实行轮作，可减轻病害发生。

（2）选用无病栽子作种，必要时把栽子切面阴干 20 ~ 25 d。

（3）药剂防治：发病初期喷洒 70% 甲基硫菌灵可湿性粉剂 1 000 倍液加 75% 百菌清可湿性粉剂 1 000 倍液，或 50% 甲基硫菌灵·硫磺悬浮剂 800 倍液，隔 10 d 喷 1 次，连续防治 2 ~ 3 次。

（七）山药斑枯病防治技术

1. 症状

山药斑枯病主要为害叶片，轻者使叶片干枯，重者可使全株枯死，发病越早，减产越重。山药斑枯病发病初期是先在叶面上产生褐色小点，继而病斑扩大，呈多角形或不规则形病斑，大小 6 ~ 10 mm。中央为褐色，边缘为暗褐色，上生黑色小点，这是病菌的分生孢子器。病情继续发展，严重时全叶干枯，继而可使全株枯死。

2. 传播途径和发病条件

山药斑枯病是由半知菌类真菌薯蓣针孢菌引起的。该病菌以分生孢子器在病叶上越冬，第 2 年春当温度条件适宜时，分生孢子器释放出分生孢子，借助风雨传播，进行初浸染和多次再浸染。该病苗期可以发生，其菌丝生长和分生孢子形成的适宜温度为 25 ℃左右，在适宜的温度和湿度条件下，48 h 内病菌就可侵入山药叶片组织内。所以，温暖潮湿和阴天、大雾有利于斑枯病发生。但若空气干燥，就会抑制菌丝生长和孢子形成。所以，高温干旱天气发病较轻。当气温 15 ℃以上，遇阴雨天气、土壤缺肥、植株生长衰弱时，此病害也容易流行。

3. 防治方法

发病后用 58% 甲霜灵·锰锌可湿性粉剂 500 倍液或 25% 雷多米尔可湿性粉剂 800 ~ 1 000 倍液进行喷雾防治；或用 80% 炭疽福美可湿性粉剂 800 倍液、70% 甲基托布津可湿性粉剂 1 500 倍液、50% 扑海因可湿性粉剂 1 000 ~ 1 500 倍液、77% 可杀得微粒剂 500 ~ 600 倍液，7 d 喷 1 次，连喷 2 ~ 3 次，喷后遇雨及时补喷。

二、山药主要虫害防治技术

山药的虫害非常严重，主要是地下害虫，如金针虫、蝼蛄、蛴螬，把山药地下块茎钻很多洞，有时还藏在块茎内休眠。金针虫本身有一层膜质，药剂不易渗透其体内触杀，以胃毒药剂较好。最好是采取综合措施预防，其方法如下。

1. 深翻土地

冬前深翻土地 25 ~ 30 cm 深，把越冬的成、幼虫翻至地表，使其冻死、晒死或被天敌捕食。

2. 施用腐熟的有机肥

充分腐熟的有机肥能改变土壤的通气、透水性能，使作物生长健壮，增强抗病、抗虫性。轮作换茬也是防病、防虫的有力措施，一般 3 ~ 4 年轮作 1 次较好。

3. 毒谷

用 90% 敌百虫 30 倍液拌秕谷制成，每亩施 1.5 ~ 2.5 kg。撒到土表面，再用锄头把表土松一松，这样有些药在土内，有些在土表。

4. 毒饵

90% 敌百虫 30 倍液，拌炒香的麦麸或豆饼（或棉籽饼）5 kg 制成毒饵，在无风闷热的傍晚施用效果好，拌时应加饵料重量 1 ~ 1.5 倍的水。或用 40% ~ 50% 乐果乳油 100 g 兑水 5 kg 拌 50 kg 炒至糊香的饵料（麦麸、豆饼、玉米碎粒等），每隔 2 m 左右刨一趟，每 3 ~ 4 m 刨一个碗口大的坑，放一撮毒饵后再覆土，每亩用毒饵 1.5 ~ 2.0 kg。此法防治蝼蛄、蛴螬很好。

5. 灌根

用 40% 甲基异柳磷乳油 1 500 倍液，每株灌药液 0.15 ~ 0.2 kg。或用 2% 甲基异柳磷粉剂，每亩用 3 ~ 4 kg，撒于近株表土，再用锄头把土和药粉掺匀。此法对于防治蛴螬和金针虫有特效。或用 90% 敌百虫 800 倍液，每株灌药液 0.15 ~ 0.2 kg。

第七章　胡麻（亚麻）

第一节　胡麻（亚麻）主要栽培技术

一、胡麻标准化栽培技术

（一）选地及整地

胡麻立枯病、萎蔫病是胡麻的毁灭性病害，其病原菌可在土壤中存活 5~6 年，故胡麻切不可连作或迎茬种植。

胡麻种子小，幼芽顶土力弱，不论在何种土壤上种植，都必须细整地，使土壤保持疏松和适墒状态，多利用旱地种植胡麻，春播期间土壤水分往往不足，土壤耕作的中心任务是蓄水保墒。来年种胡麻的地，应采用秋深翻 25cm 以上，露垡越冬，使之接纳更多的雪水和改变土壤理化性状，如有条件应秋灌蓄墒。翌年春季融雪时顶凌耙耱、镇压，保墒待播或立即播种。

（二）种子准备及播种

选用优良品种，播前精选种子，清除菟丝子等杂草种子，并做好发芽试验。种子播前需晒种 2~3d。

胡麻于春季 5cm 地温达 4℃时即可播种，沿山以北地区的适宜播种期以 3 月下旬至 4 月上旬为宜。

胡麻植株和叶片都较小，是靠群体增产的作物。山旱地一般播种量为 70~80kg/hm^2，保苗 400 万~600 万株；灌溉区播量为 75~90kg/hm^2，保苗 525 万~750 万株。胡麻为密植作物，一般采用窄行条播，行距 15~20cm，播深 3cm 左右。如采用宽幅条播，行距以 20～25cm 为宜。

（三）田间管理

1. 苗前管理。播种后遇雨，土壤表面板结，幼芽便不能顶出地面，必须及时耙地破除板结。

2. 中耕除草。胡麻幼苗生长比较缓慢，而杂草却生长很快，必须早中耕细除草，疏松土壤提高地温，保墒防碱，以促进幼苗健壮生长和根系发育。中耕时要做到"头遍既早又认真，二遍要深不伤根"。一般在苗高 3～6cm 时进行第一次中耕，在苗高 15～18cm 时进行第二次中耕除草。

3. 科学施肥

（1）胡麻生育期短，施肥应以基肥为主：以秋季深翻时施入有机肥 30～45t/hm^2，配合施磷肥 60～75kg 及一定量的氮肥。

（2）提苗肥：胡麻苗期吸收营养以氮为主。提苗肥一般追施尿素 120～150kg/hm^2，结合灌第一次水施入。

（3）攻蕾肥：到苗高 15～20cm，麻苗顶端低头时即进入营养生长和生殖生长并进时期，这时胡麻茎秆生长很快，顶端膨大形成花蕾，需要吸收大量的营养物质，因此早施攻蕾肥（又称旺长肥）是保蕾增果的一项重要措施。一般宜追尿素 150～180 kg/hm^2。

（4）胡麻从现蕾到开花期间，不仅需氮较多，也是需磷、钾最多的时期，此时叶面喷施磷酸二氢钾有一定增产效果。一般施用量为 3750 g/hm^2，兑水 750 kg/hm^2。

4. 合理灌溉。胡麻苗期生长量小，比较耐旱，在苗高 6～10 cm 时灌第一次水，灌水量宜小；现蕾至开花期，生长十分旺盛，灌水量要大，以满足植株迅速生长和开花结实对水分的需要；终花至成熟期，酌情灌水，以提高种子产量和含油量。

5. 化学除草。胡麻苗期容易发生草荒，用化学除草剂除草，省工、省钱，简便易行，除草速度快、效果好。化学除草可采取播前土壤处理，也可用叶面施药。

6. 防治病虫。胡麻病害主要有胡麻炭疽病、胡麻立枯病、胡麻枯萎病和亚麻锈病等。除合理轮作，选用抗病品种外，应及时用药防治主要虫害有草地蛾、甘蓝夜蛾、棉铃虫、地老虎和胡麻象甲等，应注意防治。

（四）收获

适时收获的标准是：胡麻在黄熟期，下部叶片脱落，上部叶片变黄，茎秆和 75%

的蒴果发黄,种子变硬时即可收获。收获过晚,植株干枯,蒴果易爆裂落粒,影响产量和品质。胡麻种子一定要晒干扬净,切忌种子带潮入库,防止霉烂变质。

第二节 胡麻(亚麻)主要病虫害防治技术

一、亚麻(胡麻)主要病害防治技术

(一)亚麻(胡麻)枯萎病防治技术

亚麻(胡麻)枯萎病又称亚麻萎蔫病,是亚麻(胡麻)种植区普遍发生的重要病害,已成为亚麻(胡麻)生产的严重阻碍。

1. 危害症状

苗期至成株期均可发病。幼苗感病后地上部表现萎蔫猝死,呈黄褐色。幼株发病多从顶部开始,叶下垂发黄,植株生长迟缓,最后植株干枯死亡。有时茎基部以下腐烂缢缩,倒伏而死。成株发病自上部叶片开始。叶片初呈黄绿色,后变成黄褐色,植株长势衰弱,最后叶片黄化枯萎,全株枯死,直立田间。在田间比较潮湿的情况下,茎基部产生淡经色的粉状霉层。

2. 防治方法

(1)农业防治。选用抗病品种,与小麦、玉米、豆类、马铃薯等实行5年以上的轮作倒茬。

(2)药剂防治。播前用种子重量0.2%的15%三唑酮可湿性粉剂,即用0.1kg药剂拌50kg种子,或种子重量0.3%~0.4%的50%多菌灵可湿性粉剂,即用0.15~0.2kg的药剂拌种50kg,或种子重量0.2%的40%福美双粉剂,即0.1kg药剂拌50kg种子,均能起到很好的预防作用。发病初期,可用65%的恶霜灵可湿性粉剂800~1000倍液,每公顷用量0.75~0.975kg,喷雾防治。

(二)亚麻(胡麻)炭疽病防治技术

亚麻(胡麻)炭疽病是亚麻种植区普遍发生的病害,此病常与亚麻(胡麻)立枯病混合发生。病原菌为真菌,不断浸染胡麻的根、茎、叶及蒴果,造成严重减产。

1. 危害症状

在亚麻（胡麻）整个生育期都有发生，导致幼苗死亡，茎秆枯死和烂果。幼苗受到侵染后，子叶出现褐色病斑，逐渐扩大呈圆形或半圆形，有同心轮纹；病势发展导致子叶全部腐烂，使幼芽枯死。近地面茎部染病，病斑黄褐色，长条形，稍凹陷，病苗倒伏死亡。成株期叶片病斑圆形，上生粉红色子实体，病斑布满全叶，导致叶片枯死。茎上病斑初为褐色小点，后为椭圆形褐色溃疡斑，稍凹陷，有裂痕，边缘模糊，病茎早枯。

2. 防治方法

（1）选用高产抗病品种。因地制宜，选用适合本地的抗病品种。

（2）合理轮作。以小麦、大麦、马铃薯、豆类作物为前茬，最好实行5年的轮作倒茬。

（3）药剂防治。播前用种子重量0.2%的15%三唑酮可湿性粉剂，即用0.1kg药剂拌50 kg种子，或种子重量0.3%～0.4%的50%多菌灵可湿性粉剂，即用0.15～0.2kg的药剂拌种50kg，均能起到很好的预防作用。发病初期，用40%多福混剂800倍液，或80%炭疽福美1000倍液，或70%代森锰锌800倍液，或50%多菌灵、70%甲基托布津1000倍液喷雾，每隔7～10d，共喷2～3次。

（三）亚麻（胡麻）锈病防治技术

亚麻（胡麻）锈病在亚麻（胡麻）产区普遍发生，常与枯萎病重复感染。由于病害能引起植株同化作用降低，使种子减产，给亚麻（胡麻）生产带来较大的损失。

1. 危害症状

该病主要为害亚麻（胡麻）的叶片、茎、花及蒴果，多发生在开花期前后。植株上部叶片呈现鲜黄色至橙黄色凸起的夏孢子堆，圆形；后期在下部叶片上产生不规则形黑褐色冬孢子堆。茎、花、蒴果染病也可形成夏孢子堆和冬孢子堆。

2. 防治方法

（1）选用早熟丰产抗病品种，并注意小种的变化。

（2）合理轮作。收获后及时清除病残体。适当早播。不要偏施、过施氮肥，适当增施磷钾肥，提高抗病力。

（3）药剂防治。播种前用种子重量0.3%的20%萎锈灵可湿性粉剂拌种。发病初期喷洒20%三唑酮(粉锈宁)乳油2000倍液或20%萎锈灵乳油或可湿性粉剂500倍液、

12.5%三唑醇（羟锈宁）可湿性粉剂1500～2000倍液。隔10d一次，连防2～3次。

二、亚麻（胡麻）的主要虫害防治技术

常见的亚麻（胡麻）害虫主要有胡麻漏油虫、蚜虫、黑绒金龟甲、胡麻象鼻虫等。

1. 为害及习性

亚麻（胡麻）漏油虫每年发生1代，以老熟幼虫越冬，成虫白天在亚麻（胡麻）植株下部或地面静伏不动，傍晚、清晨、阴天活动，飞翔力弱，6～7月化蛹羽化，幼虫孵化后爬到植株上，从刚谢花朔果中部或萼片基部蛀小孔钻进为害，取食种子。蚜虫每年多代发生，以春季为害为主，吸食茎叶汁液。黑绒金龟甲每年发生1代，老熟幼虫在地下筑土室内越冬翌春4月中旬出土活动，具"雨后出土"习性，4月末至6月上旬为活动盛期，成虫飞翔力强，主要咬食发芽至刚出土期的亚麻（胡麻）幼苗，造成缺苗断垄。亚麻（胡麻）象鼻虫幼虫成虫均可为害，造成缺刻。盲蝽主苜蓿盲蝽和牧草盲蝽两种，若虫或成虫一般十几头聚在一株植物上取食，喜食幼苗、花蕾、花器等幼嫩组织，活动高峰在每天的早晨和傍晚，中午气温高时多在植物叶片背面、土块或枯枝落叶下潜伏，以卵在枯枝落叶内越冬。

2. 防治方法

（1）农业防治。前茬收获后及时深耕晒垡，整地时仔细耙耱镇压，减少虫源；根据成虫趋光性，安置黑灯光或在无风闷热的傍晚用火堆诱杀成虫；合理轮作倒茬，适期早播；人工捕杀黑绒金龟甲；施用充分腐熟的农家肥，严禁生粪直接施入地块；彻底铲除田间杂草，带出田间集中处理。

（2）农药防治。每公顷用2.5%敌百虫粉剂22.5kg与细土450kg混匀，于播前处理土壤。也可每公顷撒施3%辛硫磷颗粒剂进行土壤处理。也可在亚麻现蕾开花期，选用4.5%高效氯氰菊酯乳油2000～2500倍液，每公顷用药300～375mL，或10%吡虫啉可湿性粉剂1500～2000倍液每公顷用量0.375～0.45kg，或3%啶虫脒乳油1500～2000倍液，每公顷用量0.375～0.45kg，或90%晶体敌百虫800倍液每公顷用量0.975 kg，或20%氰戊菊酯乳油2000倍液，每公顷用药375 mL，或1.8%阿维菌素乳油1000倍液，每公顷用药750 mL，喷雾防治亚麻各种害虫。

第八章 油 菜

第一节 油菜主要栽培技术

一、无公害"双低"油菜栽培技术规程

(一)"双低"油菜主要特征

"双低"油菜株型中等,长势旺盛,根系发达,枝叶繁茂,叶色灰蓝、蓝绿或浓绿,叶片较厚,有蜡粉,薹上部的叶片无柄,叶基半抱茎;花大,角果较多,千粒重一般3~3.4g,油菜籽芥酸含量≤5%,硫甙含量≤45μmol/g。

(二)生产技术

1. 品种:选用优质、丰产、双低的杂交油菜品种,如华协1号、互丰010、清油303、垦油3号等。

2. 整地:前茬作物收后应及时进行深耕,晒垡,以利熟化土壤,增强土壤蓄水保肥能力及通透性。

3. 施肥:底肥结合播前整地施入,亩施农肥4000~5000kg,尿素10kg,磷酸二铵13kg。或者亩施50kg过磷酸钙,13kg尿素。油菜蕾期结合灌水亩追施尿素6kg。结合施底肥每亩施1kg硼砂或在油菜抽薹期至花期用200g硼砂兑水30kg叶面喷施。

4. 播种:当土壤温度稳定在7℃~8℃时(大约在四月上旬)为适宜播种期。油菜播前选择晴天晒种3d,并用杀虫剂拌种。油菜播种深度2~3cm为宜,甘蓝型油菜播种量为每亩0.4~0.5kg,条播行距25cm。

5. 灌水:始花期和盛花期各浇一次水,结角后灌浆中期再浇水一次。

6. 田间管理：三叶期间苗，五叶期定苗，亩保苗2.53万~3万株，并结合间苗浅锄松土，五叶期结合定苗中耕锄草。

7. 病虫防治：油菜蚜虫用抗蚜威、吡虫啉等药剂防治；小菜蛾用阿维菌素、BT乳剂等药剂防治；潜叶蝇用灭蝇胺、斑潜净、阿维菌素等药剂防治。

8. 收获：当油菜全田80%的角果呈黄绿色为收获适期。

二、麦后复种饲用油菜技术规程

麦收后复种油菜，适宜古浪县"一季有余，两季不足"的井黄灌区推广。以鲜草作饲料，亩产鲜草3600kg以上，且成本低、效益好、技术简便，深受广大养殖户欢迎。现将栽培和饲用技术要点介绍如下：

（一）栽培技术要点

1. 品种选择：选择低芥酸、低硫苷"双低"甘蓝型油菜华协11号优质饲用油菜品种。

2. 抢时早播：为提高鲜草产量，在小麦收获后要抢时早播，7月25日至8月5日是最佳播期，不能迟于8月10日。

3. 播量：每亩播种0.75kg。将种子与2~3kg尿素混合，均匀撒播后耙耱灌水。

4. 灌水追肥：苗高15cm左右时灌水，每亩追施尿素7~8kg。一般灌水1~2次。

5. 防虫、除草：苗期要及时拔除田间自生麦苗和其他杂草；在菜青虫发生危害的田块及时用16%菜虫一次净乳油2000倍液喷雾防治一次。

（二）饲用技术要点

将收割的油菜按1m的高度顺墙堆放，不让太阳光直射，进行青冻，饲喂时直接切成5cm左右长的秸秆解冻饲喂牛羊。种植面积较大，又具备青贮条件的养殖大户，可推广青贮技术。即将收割的油菜晾晒1~2d，切成5cm左右的秸秆，与等长的玉米秸秆按7:3比例混合装入青贮，压实、封严待25d后，青贮饲料出现芳香、酒酸味，即可开始饲喂。也可应用塑料袋密封保鲜技术进行贮存。

三、双低油菜高产栽培技术规程

油菜是古浪县二阴山区的主要经济作物，常年播种面积3万亩左右，随着农村改革开放的不断深入和市场经济的发展，以"双低"为代表的优质油菜生产已经成为必然趋势。因此，提高"双低"油菜的栽培技术水平，对发展和加快油菜生产具有重要的现实意义。在今年"双低"油菜品种的引进试验、示范和推广中，总结出了如下高产栽培技术规程，供海拔 2000～2800m 的油菜种植区参考。

（一）选好茬口，精细整地

油菜是直根系作物，种子小，幼苗顶土能力弱，须根多，分布广。因此要求深厚疏松的土壤方能满足其生长发育的需要。选择小麦、马铃薯、豌豆等为前茬为好。前茬作物收获后及时耕翻灭茬，接纳雨水，土壤冻封前耙糖镇压保墒，做到秋雨春用，春旱秋抗，达到地表平整，土层疏松，底墒充足的土壤环境。

（二）增施农肥，科学施用化肥

油菜是需肥多、耐肥性强的作物。为了保证油菜全生育期对养分的需求，满足"双低"油菜需磷钾较多是特性，应亩施优质农家肥 2500～3000kg，亩施纯氮 7～8kg，五氧化二磷 6～7kg，使氮磷比达到 1∶0.9～1 为宜，其中农肥结合耕翻秋施或作基肥，全部磷肥和三分之二氮肥做底肥和种肥，三分之一氮肥结合灌水在花期追施。

（三）选用良种，推行良法

主要选择华协 1 号、华杂 3 号、互丰 010、青杂 2 号等优质、高产、双低杂交油菜品种，也可选用陇油号、杂油 59 等常规双低油菜品种。在种植上，以村组为单位，实行合理布局、统一供种，集中连片种植，对地下害虫严重的地块在播种前用甲基异硫磷进行拌种。

（四）土壤处理，防虫除草

亩用 250mL 甲基异硫磷或辛硫磷制成 40～60kg 毒土在播前均匀撒施，耙糖均匀，防治油菜茎象甲、黄条跳甲等苗期害虫，亩用 48% 氟乐灵乳油 150mL 在油菜播前 5～7d 制成毒土，均匀撒施后耙糖于 10cm 土层中，防除野燕麦和阔叶杂草。

（五）适期早播，合理稀植

根据"双低"油菜生育期相对较长，分枝能力强，稀植高产的特性，改变以往的叉草种植密度较大的习惯，在 4 月中下旬播种，播深 2～3cm，行距 25～30cm，株距 10～15cm，亩播量以 0.3～0.4kg 为宜。

（六）加强管理，防治病虫

1. 除草间苗

在油菜长出 2~3 片真叶时进行人工除草，减轻草害。根据田间出苗情况，适期间苗，留大苗、壮苗，间去小苗、弱苗。油菜 4~5 叶时进行定苗。对地下害虫严重的地块应适当推迟定苗，亩保苗 2 万~2.5 万株。

2. 防治病虫

油菜出苗后，若天气干旱时，油菜茎象甲、黄条跳甲将较重发生。亩用甲基异硫磷 250mL 制成 40~60kg 毒土均匀撒施。若有蚜虫、小菜蛾、油菜潜叶蝇为害，用敌杀死、杀灭菊酯、功夫乳油等 1500~2000 倍液喷雾。如 1 次不能控制，应隔 10d 再喷 1 次。

3. 因苗、看天、巧施肥

根据高海拔地区早霜来临早的实际，必须根据苗情、天气灵活追肥，防止贪青晚熟。若天气干旱、苗情差，结合灌水和降雨追施尿素 5kg 或硝铵 7kg。若苗情好，降雨多，在油菜抽薹至开花期亩用磷酸二氢钾 0.2kg 喷洒 1~2 次，促进早熟，减少空角，增加粒重。

4. 喷施硼肥

根据高海拔地区土壤缺硼，"双低"油菜对硼素反应敏感，缺硼易引起花而不实的现象。在油菜抽薹开花期，用硼砂 70g 兑水 30kg 喷洒 1~2 次。

（七）适期收获

在油菜黄熟期，即油菜 80% 的角果呈现黄绿色，分枝上部有部分绿色角果，分枝中下部角果内种子呈红褐色时收获。收获后及时拉运、打碾、晾晒、收藏或出售。

四、冷凉灌区杂交春油菜制种高产关键技术

祁连山冷凉灌区由于特殊的地理特征和独特的气候资源特点，生产的油菜和油子脂肪含量高、千粒重大、出油率高、经济效益好。它不仅逐步发展成为甘肃省优质油料生产基地，而且也逐步发展成为北方春油菜高产、高效、优质生产的理想区域。特别在海拔 2100~2300m 的区域，已成为南方优质油菜夏繁制种基地和北方麦后复种饲用油菜高产制种的理想区域。每年制种面积稳定在 1300 万 hm^2 左右，产量

在 3000kg/hm² 以上，纯收益 30 000 元左右。祁连山冷凉灌区春油菜制种业的发展不仅提高了甘肃省优质油料种子的质量，而且也为我国优质油料生产的可持续发展奠定了基础。

（一）基地选择

选择土层深厚、土质疏松、耕性良好、土壤肥沃、基础灌溉条件优越、气候适宜的基地，周边 1500m 范围内不得有任何十字花科植物。最好选择两山夹一川的自然隔离区域种植，海拔 2200m 的区域为最佳制种区。

（二）整地施肥

选择 2 年内未种过十字花科作物和前茬未施用过甲（绿）磺隆的小麦、马铃薯等茬口为好，地块平整、地力中上。播前结合整地，按测土配方施肥，每公顷基施优质农家肥 45 000kg、尿素 450kg（50% 用于苗后和抽薹中期追施）、五氧化二磷 750kg、硫酸钾 375kg、硼砂 7.5kg。杂草危害严重的地块，结合整地每公顷施 1500g 氟乐灵或燕麦畏作土壤处理，地下害虫多的地块，结合整地施药剂进行土壤处理，施药后最好镇压 1 次。

（三）适期播种

当 10cm 表土层温度稳定在 5℃ 以上时，要及时播种，祁连山冷凉灌区播种适期一般为 4 月中下旬。制种亲本种子比较昂贵，为了降低亲本成本，播量根据亲本性状和土壤墒情酌情而定，尽量做到精量播种。每公顷一般播父本 1125g、母本 3000g，以 2∶6 为宜，株距 10cm，行距 25~30cm，播深 2~3cm，密度控制在 33 万~37.5 万株/hm²。油菜制种父母本不宜同机播种，父母本花期相近（少于 7d）的可同期播种，否则应错期播种或采取人工打顶措施逼近花期。播后若遇雨雪天气引起土壤板结应及时耙耱镇压，破除板结，以利出苗。

（四）田间管理

1. 生育期管理。当油菜长到 3~4 叶时要及时间苗、定苗，一般母本保苗 15 万株/hm² 左右。如果油菜长势弱，可在抽薹初期追肥，以免早衰；长势强，可在抽薹后期、薹高 30~50cm 时追肥，以免疯长。花期应根据油菜长势决定是否追肥，如果需追肥可在开花结荚期叶面喷施 1% 尿素或磷酸二氢钾溶液 900kg/hm²，有较好的效果。

2. 花期去杂。为保证制种质量，去杂要彻底且分 3 个生育阶段进行。第 1 次在苗期，主要是拔去异苗、弱苗和自生苗（野生苗）；第 2 次在花期，拔除大花株、特异株（高大株、杂色变异株）及野生株；收获前进行第 3 次去杂，彻底拔除杂株和特异株。从初花期开始，每隔 5～7d 进行 1 次，至少 3 次。结合花期去杂，可根据情况进行人工辅助授粉。

3. 病虫害防治。苗期根腐病和立枯病采用种子包衣和拌杀菌剂防治；霜霉病用 40% 三乙膦酸铝可湿性粉剂 150～200 倍液或 72.2% 霜霉威水剂 600～800 倍液喷雾；白粉病用 25% 瑞毒霉可湿性粉剂 600～800 倍液喷雾防治；菌核病采用 40% 的菌核净 1.5kg/hm² 初花期喷雾防治。均每隔 7d 喷 1 次，连喷 2～3 次。小菜蛾采用 20% 的灭虫星乳油 300～450mL/hm² 兑水喷雾防治；菜青虫卵孵化盛期选用苏云金杆菌（Bt）可湿性粉剂 1000 倍液或 5% 定虫乳油 1500～2500 倍液喷雾。

（五）砍除父本

为提高制种的产量和质量，当父本花 80%～90% 败谢后及时将其砍除，以利母本通风透光，改善其水肥供应条件，增加千粒重，提高产量和质量。同时可以节省收获时的劳力和防止收获及脱粒中的机械混杂。但在砍父本时切记做到"净"，否则会大大降低制种的纯度。

（六）适时收获

全田植株叶片基本脱落，主花序 70% 变黄，角果黄熟，子粒深褐色即可收获。收割后应及时拉运、堆放，以便后熟。堆放期间注意防雨，以防发热霉变。双低品种应人工轻打，不可重碾，以防种子破裂，影响种子质量。当子粒水分降到 10% 以下时，要及时装袋入库。

第二节　油菜主栽品种介绍

一、华协 1 号

（一）特征特性

华协 1 号是甘蓝型杂交春油菜品种，生育期 117d。平均株高 133.9cm，一次分枝 5.9 个，分枝部位 35.1cm，主花序长度为 50.7cm，结角密度 0.84 个/cm，单株角数 210.7 个，每角粒数 20.6 个。千粒重 3.5~4.0g。芥酸含量 2.88%，硫苷含量 26.93umol/g，油分含量 47.98%。

（二）产量表现

1998—2000 年三年参加甘肃省区试，平均亩产 210.54kg/亩，比对照陇油 2 号增产 21.08%。1998—1999 年两年参加新疆区域试验，平均亩产 184.25kg/亩，较对照新油杂 5 号增产 16.03%。

（三）栽培要点

施足底肥，除有机肥、氮肥外，要增施磷肥和硼肥（每亩 1kg）。行距 20~25cm，株距 10~15cm，每亩条播种子 0.3~0.4kg，根据春油菜地区特点，每亩留苗 2 万~4 万株。要注意防治地下害虫及茎象甲、跳甲、蚜虫。

（四）适宜范围

适宜在新疆、甘肃春油菜区种植。

二、互丰 010

（一）特征特性

互丰 010 是油菜品种。子叶呈肾脏形，幼茎紫红色，心叶淡紫色，尖紫红色，有刺毛，缩茎叶和伸长茎叶为椭圆形，深绿色；叶脉淡绿，蜡粉少。苔茎叶披针形，无柄，苔茎淡绿色。株高 181cm，一次有效枝数 7~10 个，主花序长度 70cm 左右。花淡黄色，冠正方形，花瓣形状球拍形，脉纹浅黄色，花瓣皱缩，复瓦状着生，角果长 7.4cm，成熟角果淡黄色。种子黑褐色、近椭圆形、种皮光滑。

（二）产量表现

大面积种植一般每公顷产量 4509kg，最高产量可达 4890kg。

（三）栽培要点

施足底肥，除有机肥、氮肥外，要增施磷肥和硼肥（每亩 1kg）。行距 20~25cm，株距 10~15cm，每亩条播种子 0.3~0.4kg，根据春油菜地区特点，每亩留苗 2 万~4 万株。要注意防治地下害虫及茎象甲、跳甲、蚜虫。

（四）适宜范围

适宜在青海、甘肃海拔 2780m 以下地区的水地和中低位旱地种植。

三、垦油3号

（一）特征特性

该品种生育期86d，株高118cm，分枝部位47.3cm，主花序果36.1个，单株果数95.5个，每果粒数23.8粒，千粒重3.4g，品质双低，芥酸<1%，硫甙<30μmol/g，含油量43%以上。平均每公顷产量1908.5kg。

（二）产量表现

大面积种植一般每公顷产量4500kg，最高产量可达4700kg。

（三）栽培要点

在黑龙江省第一、二、三积温带适宜播期为4月15日~5月1日，在第四五六积温带适宜播期为4月20日~5月5日，栽培密度为45万~90万株/公顷，平作垄作均可，一般气候冷凉地区垄作更有利于高产，垄作宜稀，平作稍密，该品种较喜肥水，施肥二铵、尿素为1∶1混合，每亩12~15kg，2/3深施，深度为7~8cm，1/3作种肥。另外，要增施硼肥，一般每亩施硼砂0.5~0.75kg做底肥，或用高效速溶硼肥100g叶面喷施。

（四）适宜范围

适宜在黑龙江和甘肃地区的水地和中低位旱地种植。

四、华杂3号

（一）特征特性

特征特性株高160~170cm。一次有效分枝数7~8个，分枝部位10.4cm。单株有效角果400个左右，平均每角果含种子17.4粒，种子千粒重3.55g左右，芥酸含量1.59%，含硫苷31.07μmol/g，含油量40%以上。生育期比中油821早熟两天左右，比华杂2号早熟3~4d。恢复率在95%以上。

（二）产量表现

在古浪县大面积种植一般每公顷产量4000kg以上。

（三）栽培要点

施足底肥，除有机肥、氮肥外，要增施磷肥和硼肥（每亩1kg）。行距20~25cm，株距10~15cm，每亩条播种子0.3~0.4kg，根据春油菜地区特点，每亩留苗 20 000 ~ 40 000 株。要注意防治地下害虫及茎蟓甲、跳甲、蚜虫。

（四）适宜范围

经引种试验适宜在古浪县海拔二阴山区旱地种植。

四、青杂 2 号

（一）特征特性

杂交种。甘蓝型。子叶心脏形，幼茎微紫色。抽薹前植株生长半直立。有效分枝部位 49.3cm，一次有效分枝数 8.2 个，二次有效分枝数 8.4 个，主花序长 68.4cm，植株呈帚形，匀生分枝型，株高 174.2cm。花黄色，花冠椭圆形，成熟角果黄绿色，角果斜生，长 7.4cm，籽粒节较明显。角果密度 0.94 个 /cm。单株有效角果数 390.7 个，单株产量 24.5g，每角果粒数 25.3 粒，千粒重 4.2g。种子黑褐色，圆球形，种皮光滑。芥酸 0.65%，硫苷 27.8μmol/g，含油量 45.2%。中抗菌核病，抗病毒病。抗旱性中等，耐寒性较强，抗倒伏中等。第 1 生长周期亩产 219.9kg，比对照青杂 1 号增产 3.9%；第 2 生长周期亩产 210.7kg，比对照青杂 1 号增产 13.2%。

（二）产量表现

在古浪县大面积种植一般每公顷产量 4000kg 以上。

（三）栽培要点

要求土壤疏松，肥力中上，在浅山旱地适时多用磷肥，在水地氮肥用量比一般品种稍大些，氮：磷 =1：0.93；水地适宜播期为 3 月下旬至 4 月中旬，旱地为 4 月中旬至 4 月下旬，条播，播种量 0.35 ~ 0.40kg/ 亩，播种深度 3 ~ 4cm，株距 29cm，每亩保苗 1.30 万 ~ 3.00 万株，成株数 1.00 万 ~ 2.00 万株 / 亩；田管要求出苗期注意防治跳甲和茎象甲，及时间苗，4 ~ 5 叶期至花期要及时浇水、追肥，种肥每亩施纯氮 4.6kg，五氧化二磷每亩 2.65kg，追肥每亩施纯氮 4.6kg，角果期注意防治蚜虫。

（四）适宜范围

适宜在甘肃、内蒙古、新疆、青海等地无霜期较长的油菜产区种植。春季播种，秋季收获。

第三节　油菜主要病虫害防治技术

一、油菜主要病虫害危害症状及防治方法

（一）油菜根腐病

油菜根腐病，又称立枯病、纹枯病，一般在遭受连阴雨时容易出现的烂根烂种现象。该病严重影响了油菜的生长，给农户们造成了极大的损失。以下内容介绍了油菜根腐病的主要症状、发病规律及防治措施，供大家参考。

1. 主要症状

油菜病株初是靠近地面的茎叶出现黑色凹陷病斑。湿度大时，病斑上长出淡褐色蛛丝状菌丝，病叶萎垂发黄，易脱落。菜苗根茎部受害，在茎基部或靠近地面处出现褐色病斑，略凹陷，以后渐干缩，根茎部细缢，病苗折倒。成株期受害后，根茎部膨大，根上均有灰黑色凹陷斑，稍软，主根易拔断，断截上部常生有少量次生须根。严重时菜苗全株枯萎，越冬期不耐严寒，易受冻害死苗。

2. 发病规律

油菜根腐病是一种性病害，病害主要以菌丝体或菌核在土中或病残株中越冬越夏，在土中营腐生生活，生活力可维持2年以上，带病土壤是主要传染来源。病菌发育适温度为25℃左右。阴雨气候条件下易浸染寄主，该病在古浪县常伴随着渍害同时发生。一般在植播期遭受连阴雨天气，造成烂耕烂种现象，苗床油菜苗和早栽大田油菜苗会发病早，为害重。其次是土质黏重，苗龄过长，田间排水不畅也是加重病害发生的主要原因。据田间发病情况调查，不同品种对油菜根腐病的抗病性无明显差异，但没有完全抗病的品种。古浪县10月上中旬。油菜苗3～5叶期，是该病的主要发生期，以后随着气温的下降，病情扩展速度也相应减缓。

3. 防治措施

实行轮作。油菜植播地尽量做到不连续两年重播，避开与十字花科作物重茬。

苗床处理按每亩施石灰粉50kg或70%敌磺钠可湿性粉剂1kg加细土30kg拌匀撒

施在苗床上，拌匀成药土，播种前撒施畦内，进行土壤处理。确定合理的播种量，苗床要在3叶期后及时间苗，除去病、弱苗，并注意通风透光，降低植株间湿度，压低幼苗发病率，培育健壮移栽苗。苗床期是预防油菜根腐病发生浸染的关键时期。

加强管理。精细整地，做到阴雨天水不上畦，沟无积水。对于低洼易积水的田，应采用高畦深沟，及时降低土壤湿度，促进菜苗根系发育，增强植株抗病能力。田间病残体集中烧毁。

药剂防治。油菜苗刚进入发病初期，应抢晴天及时采用药剂防治，抑制病情扩展。可选用75%百菌清可湿性粉剂600～700倍液，或50%多菌灵可湿性粉剂800～1000倍液、70%敌磺钠可湿性粉剂1000倍液、20%甲基立枯磷乳油1200倍液等喷雾防治。每亩喷洒药液60kg。重病田间隔7d喷洒1次，连续2～3次，有较好的预防作用。

（二）油菜白粉病

油菜白粉病主要为害叶片、茎、花器和种荚，产生近圆形放射状白色粉斑，菌丝体生于叶的两面，后白粉常铺满叶、花梗和荚的整个表面，即白粉菌的分生孢子梗和分生孢子，发病轻者病变不明显，植株生长、开花受阻，仅荚果稍变形；发病重白粉状霉覆盖整个叶面，到后期叶片变黄，枯死，植株畸形，花器异常，直至植株死亡。

1. 发生规律

油菜白粉病在南方全年种植十字花科蔬菜的地区，主要以菌丝体或分生孢子在十字花科蔬菜上辗转传播为害；北方主要以闭囊壳在病残体上越冬，成为翌年该病初浸染源。条件适宜时子囊孢子释放出来，借风雨传播，发病后，病部又产生分生孢子进行多次再浸染，致病害流行。雨量少的干旱年份易发病，时晴时雨，高温、高湿交替有利该病浸染和病情扩展，发病重。

2. 防治方法

选用抗病品种：采用配方施肥技术，适当增施磷钾肥，增强寄主抗病力。发病初期喷洒下列药剂：2%武夷菌素水剂200倍液；40%多菌灵·硫悬浮剂600倍液；40%氟硅唑乳油8000～10000倍液；12%松脂酸铜乳油500倍液；25%三唑酮可湿性粉剂1000～1500倍液；60%多菌灵盐酸盐水溶性粉剂800～1000倍液；50%硫磺悬浮剂300倍液；2%嘧啶核苷类水剂150～200倍液，视病情隔10～15d 1次，共防 2~3 次。有些油菜品种对铜制剂敏感，应严格控制药量，以免发生药害。

（三）油菜茎象甲

油菜茎象甲又称为油菜象鼻虫，幼虫和卵主要潜伏在茎秆中为害，很难及时发现，再加上该种虫害受气候影响严重，地区间害虫发生呈现较大的差异性。本文主要就油菜茎象甲的发生和防治进行了分析，希望能够对农户们有所帮助。

1. 发生规律

油菜茎象甲一年只发生一代，成虫在寄主田 5cm 深的土壤中越冬，第二年 2 月下旬到 3 月上旬成虫陆续出土活动，早春成虫寿命一般在 25d 左右，一开始在油菜或者十字花科植物的心叶附近啃食，不久后开始大规模交配，每天 9~11 点和 16~18 点是交配的高峰期，交配一周内雌虫将虫卵产于油菜主茎上，有少数产于叶柄之间。油菜抽薹期所产生虫卵孵化后进入油菜茎秆内，导致叶柄受到刺激开裂。油菜茎象甲产卵危害期主要和油菜返青抽薹期一致。幼虫期一般为 25~35d，分为三个龄期，每年的 3 月中旬到 4 月中旬为幼虫危害关键期。4 月中旬到五月中下旬成熟幼虫从茎秆中钻出，进入地表 3~6cm 深的位置化蛹，化蛹期为 20d 左右，5 下旬到 6 月初成虫。油菜茎象甲成虫之后可以继续危害十字花科作物，当气温升高到 28℃ 左右成虫入土越夏，部分成虫到秋季油菜幼苗期出土危害油菜幼苗，11 月上旬气温下降以后入土越冬。还有一部分成虫越夏后到第二年春天才会出土。

2. 生活习性

油菜茎象甲昼夜都可以在田间危害油菜，并且具有假死性，遇到大风、触动缩成一团，滚落下地装死不动。在无风气温为 15℃~20℃ 的 11~16 点活动最为活跃。气温超过 24℃ 以上，成虫就会潜入地下或者阴凉处越夏。成虫具有很好的飞翔能力，飞程可在 10m 以上。幼虫主要啃食油菜，成虫主要为害油菜的叶片、花序和幼嫩茎秆。

3. 危害特点

油菜茎象甲主要以幼虫侵入到油菜茎秆中啃食油菜茎髓造成油菜茎秆空洞。越冬成虫出土活动时间不一致，持续时间较长。成虫在油菜上产卵以及卵在孵化过程中都会产生大量有害物质刺激油菜植株，使得受危害组织膨胀，颈部肿大，扭曲变形，最后导致茎秆崩裂，被危害的油菜遇到大风和雨水侵袭后很容易出现倒伏。受危害植株生长缓慢，植株高度明显受到影响。被严重危害的地块油菜分枝短小，正常开花授粉受到影响，植株结荚少，严重的地上部分停止生长，被危害的以下部分产生大量丛生分枝。受危害油菜植株常常出现早衰，籽粒生长发育停止，瘪粒数量增加，油菜产量和含油量严重下降。最近几年的实际防治经验发现，甘蓝型油菜比白菜型油菜受危害更为严重，芥菜型油菜受危害较轻，制种田母本油菜受危害程度比父本油菜危害程度更为严重。田间水分和养分供给充足，油菜抽薹期较早，生长旺盛，春季进行灌溉的油菜田危害较轻，干旱地块常常危害较为严重。油菜田间十字花科类作物如野生油菜、播娘蒿、芥菜等寄生场所较多油菜田危害较为严重，同一个地区播种时间不同、抗旱防冻能力不同受危害程度也存在明显的差异性。

4. 防治方法

首先，加强监测，防控预警到点。根据职责落实各级负责人员，采取划片管理模式，实行镇干部包村、村干部包组、组干部包户的责任制，责任明确到人，层层抓好落实。根据"政府主导，属地负责，联防联控"原则，做好监控预警，将测报预警制度落实到点，确保虫害消灭在萌芽状态。要因地制宜，准确把握当前病虫害发生规律，及时组织种植户开展药物防治；其次，做好农业防治工作。培育冬前壮苗，做好春季管理工作，促进油菜春季快速生长，缩短成虫在幼嫩茎秆产卵的时间。春油菜进入抽薹期之后要结合田间墒情及时灌溉，让部门在土壤中越冬的成虫在泥浆中被淹死，降低田间虫口基数。同时还要制定科学的轮作制度，尽量避免油菜连续在同一个地块种植，采用油菜和禾本科作物连作模式，减少田间害虫危害频率，同时在日常管理过程中还要强化中耕除草，彻底清除田间的十字花科杂草，减少害虫寄生场所，杜绝和控制虫源，从而促进油菜健康生长。

防治油菜茎象甲必须抓住成虫未产卵前，做好茎象甲成虫的防治。首先，播前土壤药剂处理。茎象甲成虫大多在地面 5~15cm 耕层越冬越夏，油菜播前，拌干细土 2000~2500g 混匀，结合播前整地深耕耙耱施入，既能有效毒杀茎象甲成虫，也能兼治其他地下害虫；其次，冬前和早春苗期可选用 20% 丁硫克百威 1500 倍、48% 乐斯本 2000 倍液喷雾防治，必要时喷洒 90% 晶体敌百虫 1000 倍液或 80% 敌敌畏乳油 1000 倍液、40% 乐果乳油 1200 倍液、25% 爱卡士乳油 1500 倍液进行防治；再次，药剂涂茎。春季抽薹后，见到茎秆上出现初期被害状时，可用 1∶3 吡虫啉与鸡蛋清缓释涂茎剂，涂于被害处下方，效果较好；最后，冬前和早春苗期，利用其成虫假死性，仔细检查菜心、叶腋处和土面，人工捕捉成虫。

（四）油菜黄条跳甲

1. 发生特点

黄条跳甲在古浪县一年发生3~5代，以成虫在残株落叶或杂草丛中越冬，来年春暖后活动，早晚和阴雨潜伏叶背面根部或土块下，大风时停止活动，成虫有趋光性，对黑光性特别敏感，食量大小与温度有关，10℃左右开始取食，15℃食量渐增，20℃时急增，32℃~34℃时食用最大，而34℃以上食量则急减，对低温抵抗力较强，零下10℃处理5d，死亡率不超过30%，成虫寿命平均2~3个月，最长可达1年，形成时代重叠现象，卵产于根据周围的湿润土内或须根上，多在1cm处，卵期3~9d，幼虫3龄，幼虫期11~16d，11℃时开始发育，发育适温为24℃~28℃，蛹期14d左右。在古浪县脑山、浅山、半浅山和川水地区都有跳甲害虫的发生为害，尤其以浅山地区更为严重，此虫大部分在苗期干旱的情况下为害，为害最盛期是从油菜出苗到第二片真叶前，当油菜芽刚出土时，越冬成虫便出土或迁移到油菜地中，从叶的正反两面啃食油菜的叶片，一旦顶部被咬断，幼苗便因失去了生长点而死亡，常能造成大片缺苗，甚至是全田毁种，此外，幼虫可在土壤内取食根部皮层，造成弯弯曲曲的细沟，影响对土壤养分的吸收，且咬断须根，使光合作用及生长发育受阻，严重枯死，造成油菜减产20%~40%，严重者达70%。

2. 综防措施

采取农业防治和化学防治相结合的综防措施，农业防治的目标是改变油菜虫害发生的环境条件，使害虫处于不利于下生存，同时提高油菜植株的抗害补偿能力，减轻为害，降低损失。化学防治则重于直接消灭害虫，降低为害损失。

（1）农业防治

一是合理轮作倒茬油菜与小麦、豌豆、马铃薯等轮作。二是合理施肥增施磷肥，忌施过多的氮肥，防止徒长，增强植株抗性。三是清洁田园播种前收获后立即清除田园杂草、落叶、残株，予以深埋后烧毁；生长期间及时铲除杂草，消除枯枝落叶，改变它越夏生存条件。

（2）药剂防治

一是春播前，选用5%辛硫磷每公顷毒土600~750kg，结合深耕施入，可有效地毒杀黄条跳甲，也能兼治其他地下害虫，防治效果在 80% 以上。二是油菜出苗后，选用 1.5% 敌杀死乳油 2000 倍液、80% 敌敌畏乳油 1000 倍液、40% 乐斯本乳油 1500 倍液喷雾防治。

二、油菜主要病虫害绿色防控技术

根据古浪县油菜主要病虫害的发生与各物候期之间的关系，采取以农业防控为基础、辅以物理防治和生物防治技术措施、科学实施化学防治的综合措施，围绕防治重点，选用先进施药器械，科学合理地减少用药次数，减少环境污染。

（一）农业防控

1. 选择抗病品种可减少部分病虫害发生，且抗病性高的品种产量较一般品种有所提升。

2. 合理轮作土地轮作 2 年以上可有效减少菌源，可实行稻油轮作或油菜和禾本科作物进行轮作。

3. 种子处理在播种前可用 10% 的盐水选种，如种子漂浮则说明是病种或带有小核菌，应予以淘汰。

4. 适期播种先选择好苗床，对矮健壮苗进行培育，之后在移栽过程中可选择机械直播或人工移植。

5. 窄厢深沟栽培油菜栽种时必须保证土壤的通透性好，良好的通透性有助于油菜扎根。因此在湿田中需实行窄厢深沟栽培，开好"三沟"，实现明水能排，暗水能降，及时沥水防渍。

6. 加强田间管理适时摘除基部老黄病叶并集中处理，减少病源，防止病菌蔓延，增强通风透光能力，减轻发病。

（二）物理防治

1. 黄板诱杀将黄板悬挂于秋季播种的油菜地，可起到诱杀有翅蚜的效果。在潜叶蝇成虫始盛期，放置黄色粘板、诱蝇纸等，具有较好的诱杀效果。

2. 覆膜驱避利用银灰色薄膜覆盖油菜的行间，可一定程度上起到驱避蚜虫的效果。

（三）生物防治

利用蚜虫的天敌昆虫如七星瓢虫、草蛉、食蚜蝇等对蚜虫进行有效防治。同时，在油菜地中养殖蜜蜂也能减少虫害发生,该方法不仅能够提高蜂蜜的产量,还能使油菜增产,并节省农药、人工成本,同时达到环保的效果。

(四)化学防治

1. 油菜菌核病在始花期至盛花期田间油菜菌核病叶病株率8%~10%或茎病株率1%时,选用25%异菌脲悬浮剂120 mL/亩,或25%咪鲜胺乳油40 mL/亩,或50%多菌灵可湿性粉剂150 g/亩,或50%腐霉·福美双可湿性粉剂150 g/亩进行喷雾防治。如遇病害发生重的年份或花期雨水较多,需在盛花期补施第二次药。

2. 油菜霜霉病一般在早春始病期和抽薹开花期病株率在10%以上时,选用50%嘧菌酯水分散粒剂20 g/亩,或50%烯酰吗啉可湿性粉剂80 g/亩进行喷雾防治。

3. 蚜虫当蚜虫达10头/株以上时,选用25%吡蚜酮可湿性粉剂20 g/亩,或25%噻虫嗪水分散粒剂10g/亩,或20%吡虫啉可湿性粉剂10g/亩进行喷雾防治。

第九章　甜高粱

第一节　甜高粱主要栽培技术

一、高粱丰产栽培技术

（一）播前准备

1. 轮作倒茬

高粱对土壤的适应能力较强，黏土、沙土、盐碱土、旱和低洼地等都可种植。但要夺取高产、稳产，土壤条件必须良好。

高粱对前作要求不严格，但以豆类、牧草、大豆、棉花、玉米和蔬菜等为良好茬口。高粱不宜连作，连作一般减产6%~22%。因高粱吸肥力较强，消耗养分多，连作后土壤较紧实板结，保水能力差，容易受旱，病虫害严重。

高粱茬地种小麦，会使小麦生育期延长，成穗数减少，千粒重下降。高粱根浸液能抑制小麦发芽和根系生长。高粱茬以种大麦或豌豆为好。

2. 土壤耕作

种植高粱的地须伏耕或秋耕，耕深25cm左右。伏耕晒垡，结合翻地施入有机肥。秋末冬初进行冬灌，精细平整；若须补施化肥作基肥，土地平整后用机具深施8~10cm。晚秋作物茬地可先灌水后秋翻。播种前整地保墒。

3. 播前灌溉

未冬灌的地，应做好春灌工作。壤土和黏土灌水量为1200~1350m³/hm²，盐碱地灌水量1500 m³/hm²左右。要灌足、灌透、灌匀，保证质量。

4. 施足基肥

高粱是高产作物,每生产 100kg 籽粒,需氮 2～4kg,磷 1.5～2.0kg,钾 3～4kg。在一定范围内,施基肥量增加,产量相应增加,但若基肥超过适宜数量,增产率即下降。除有机肥外,须施用一定数量氮、磷化肥作基肥,一般占到化肥总量的 60% 左右,如保肥力差的沙性土壤应占 50% 左右。土壤含磷较少,施磷肥能大幅度提高产量。

(二) 播种

1. 选种及种子处理

高粱杂交种增产显著,各地区应因地制宜大力推广。选用优良品种,应保证良种的质量标准,播前应作好种子清选工作,选用大粒种子。播前将种子晾晒 3～5d,以提高发芽率和出苗率。为防止高粱黑穗病等,应做好药剂拌种。

2. 播种

(1) 播种时期。适宜播种期是在地表 5cm 地温稳定在 12℃ 以上。适宜播期为 4 月下旬至 5 月上旬,地膜覆盖栽培可适当提前 5d 左右。播种过早,地温低,容易"粉种"或霉烂,特别是白粒种;播种过晚,产量减少,有些地区籽粒不能充分成熟,易遭霜害。

(2) 提高播种质量。高粱播量为 15～22.5kg/hm^2,地膜覆盖栽培为 12～15kg/hm^2。高粱根颈短,顶土能力弱。播种深度因品种、土质、墒情等情况而定,一般为 3～5cm。合理密植受品种特性、土壤肥力和栽培管理水平等因素影响,应灵活掌握,一般株型紧凑、叶片较窄租、中矮秆的早熟品种适于密植,而叶片着生角度和叶片面积较大,对水肥要求高的高秆晚熟品种宜稀;土壤肥沃、水肥充足宜密,土壤瘠薄、施肥水平低宜稀。一般适宜密度 8 万～12 万株/hm^2,常规品种 7.5 万～9 万株/hm^2,高秆甜高粱,寻用高粱为 6.5 万～7.5 万株/hm^2。一般采用机械条播,有宽窄行(60cm+30cm)播种和等行距(60cm 或 45cm)播种两种方式,种肥应以氮肥为主,氮、磷结合,如用磷酸二铵,施用量为 30～45kg/hm^2,若能施入 120～150kg/hm^2 腐熟的羊粪或油渣,则效果更好。

(三) 田间管理

1. 苗期管理

从出苗至拔节前为幼苗期,一般为 40～50d。苗期是生根、长叶和分化茎节的阶段,是形成营养器官,积累有机物质的营养生长时期。此期要求根系发达,叶片宽厚,叶色深绿，茎基部扁宽。

植株现行后应及时检查苗情，如发现有断行漏播现象，应及时补种。

高粱出苗前后如遇雨，会造成地面板结，应及时用轻型钉耙耙地，疏松表土，提高地温，减少水分蒸发，促使出苗和生长。

3片叶时间苗，4～5片叶时定苗。间苗后于3～4片叶时进行第一次中耕，5～6片叶时进行第二次中耕。

高粱苗期需水较少，耐旱能力较强，应采用蹲苗的方法，控制茎叶生长，促进根系生长，培育壮苗。蹲苗时应加强中耕或使其地下茎节局部暴露进行晒根。蹲苗时间一般为45d左右，应在拔节前结束。

对弱苗、晚发苗、补栽苗应酌情施氮肥，促其快长。土壤肥沃、施基肥和种肥充足的地，一般不施苗肥。

高粱苗期主要虫害的地考虑、蝼蛄和蚜虫等，应及时防治。

2. 拔节至抽穗期管理

一般春播中晚熟品种拔节至抽穗历时30d左右。这个阶段根、茎、叶营养器官旺盛生长，幼穗急剧分化形成，是营养生长和生殖生长并进阶段，是高粱一生中生长最旺盛、发育最快、需肥水最多的关键时期，是决定穗大、粒多的时期。此期的管理要达到秆壮茎粗节短，叶宽色浓，叶挺有力，根系发达，穗大、粒多。主要的田间管理措施是：

（1）重施拔节肥，轻施孕穗肥。高粱不同生育时期对氮、磷、钾元素的吸收量和速度是各不相同的。苗期吸收的氮占全生育期总量的12.4%，磷为6.5%，钾为7.5%，拔节至抽穗开花，吸收氮占全生育期总量的62.5%，磷52.9%，钾为65.4%。开花至成熟，吸收氮占全生育期总量的25.1%，磷为40.6%，钾为27.1%，高粱对氮、磷、钾的大量吸收在拔节以后。高粱追肥的最大效应时期是在拔节期（穗分化始期），其次是孕穗期。一般在第一次灌水前结合开沟培土重施拔节肥，施肥量约占追肥总量的2/3，主要起到增花、增粒的作用。第二次轻施孕穗肥，其作用是保花、增粒，延长叶片寿命，防止植株早衰。

拔节期体内硝态氮含量与产量呈正相关，硝态氮含量为900～1300mg/kg，且无机磷在60mg/kg以上的，单产可超过7.5t/hm^2。若拔节前植株地上部全氮量低于1.5%，氮、钾比例大于1∶2.5，应追施氮肥。

（2）灌水。高粱在整个生育过程中，总的需水趋势是："两头少、中间多"。高粱在拔节至抽穗期间，对水分要求迫切，日耗水量最大，此时干旱，会使营养器官生长不良，而且严重影响结实器官的分化形成，造成穗小、粒少。据沈阳农学院（1977）试验，高粱在拔节至开花期需水量占总需水量的60%左右，尤其是挑旗、孕穗时对水分最敏感，这时干旱会造成"卡脖旱"，减产严重。

（3）中耕培土。拔节至抽穗期，气温升高，土壤板结，失水严重，应中耕松土，保蓄水分、消灭杂草，为根系生长创造条件。对徒长的高粱，拔节后应通过深中耕切断其部分根系，抑制地上部分生长，促进新根发生，扩大对水分的吸收面，使之壮秆并形成大穗，提高经济产量。拔节后结合中耕开沟培土，促进节根发生，防止倒伏。

（4）喷施矮壮素。高粱拔节前，若生长过旺，可喷施矮壮素，促进茎秆粗壮，防止倒伏，增加根重，延长叶片功能期，促进成熟，提高产量。

（5）防治病虫害。拔节至孕穗期蚜虫往往连续危害。当田间有10%的植株有蚜虫时，应立即防治。

3. 开花至结实期管理

高粱开花至成熟期，生长中心转移到籽粒成熟过程，是决定粒重的关键时期。要注意养根护叶，防止植株早衰或贪青，力争粒大饱满，早熟高产。

在开花期和灌浆期，当土壤水分低于田间持水量70%时，应及时灌水，灌量为750～900m³/hm²。

抽穗后植株若有脱肥现象，可用磷酸二氢钾溶液等进行叶面喷施，以促进成熟、增加粒重。

多数杂交高粱成熟时，叶片往往保持绿色，对贪青晚熟的植株，在蜡熟中、后期应打去底叶，保持植株通风透光，促进早熟，但打去底叶的数量不宜过多，以植株保持5～6片绿叶为宜。

田间若发现黑穗病，应及时拔除病株，随即埋掉。

（四）收获与贮藏

蜡熟末期，籽粒干物质积累量达最高值，水分含量在20%左右，穗下部背阴面籽粒呈蜡质状，应立即收获。

收获后的高粱穗,一般不宜马上脱粒,应充分晾干后熟,否则不易脱净,工效低,破碎率高,品质降低,影响产量。

高粱籽粒的安全贮藏水分含量在北方为13%,在南方为12%左右。贮藏期间要按贮粮规程定时检查贮粮水分、温度变化,并及时通风,以防霉烂变质。

二、饲用型甜高粱栽培技术

(一)选地与整地

甜高粱根系非常发达,耐旱、耐盐碱、耐瘠薄,适应性强,对土壤要求不严。但由于甜高粱籽粒较小,顶土能力弱,整地要精耕细耙。播种时墒情要好,以利出苗。

(二)施底肥

播种前施足底肥,每公顷施农家肥 60 000kg 左右,化肥纯氮 105~135kg(尿素 225~300kg),磷 90~120kg(普通过磷酸钙 600~750kg)。

(三)播种期

甜高粱播种期基本与玉米相近,4月中下旬播种较为适宜。播种过早幼苗易遭晚霜冻害,过晚影响产量。

(四)播种

不论是覆膜栽培还是露地平作,均采用单行人工穴播机或点播器精量播种。每穴 2~3粒种子,播种深度 2.5~3cm,播量 7.5~12kg/hm²(1.5万~2.5万粒)。

(五)种植模式

饲用型甜高粱适应性广,抗旱、耐盐碱、耐瘠薄,在古浪县 ≥10℃ 有效积温 2600℃ 的灌溉农业区和旱作区均可种植,栽培方式依据当地自然条件和生产水平,可采用以下三种模式:

1. 全膜双垄沟灌栽培。选用幅宽 120cm、厚度 0.008mm 地膜,大垄宽 80cm,小垄宽 40cm,垄高 10cm,穴距 15cm,亩穴数 7400 穴左右。

2. 全膜平作栽培。选用幅宽 140cm、厚度 0.008mm 地膜,采用 40cm 等行距种植,每幅地膜种植 4 行,穴距 22cm,亩穴数 7500 穴左右。

3. 露地平作栽培。采用 50cm 等行距种植,穴距 18cm,亩穴数 7400 穴左右。

（六）田间管理

1.破板结。甜高粱播后出苗前如遇降水形成板结,不利于幼苗出土,应及时破除板结。

2.间苗、定苗、除蘖。早间苗可以避免幼苗互相争夺养分与水分,减少地力消耗,有利于培养壮苗。甜高粱间苗在2~3叶时期进行,拔除弱苗,保留壮苗,4~5叶期定苗。甜高粱分蘖能力强,分蘖过多影响主茎生长,在苗期至拔节期应多次扳除分蘖。

3.除草、培土。全膜覆盖种植后有少量杂草长出顶起地膜,应及时人工拔除；露底栽培甜高粱幼苗期生长势弱,又是杂草出苗季节,应通过中耕松土进行除草。同时,结合中耕进行培土。4~6叶期结合定苗进行第一次培土；当植株长到70cm高时结合追肥进行大培土,培土植株茎基部。

4.灌水。甜高粱耐旱性强,但为了获得高产,须依当地气候条件和植株发育阶段适时灌水。苗期一般无须灌溉,拔节以后,应根据降水情况和植株长势浇水3~4次水。

5.追肥。在拔节期根据田间长势,追施1~2次肥料,每亩每次施纯氮5~7kg(尿素10~15kg)。

（七）病虫害防治

蚜虫。甜高粱糖度高,易受蚜虫危害。发生蚜虫,应及早防治。甜高粱对有机磷农药过敏,可用溴氰菊酯、氯氰菊酯或苦参碱等农药防治。

螟虫。发现有螟虫危害心叶时,选用溴氰菊酯、氰戊菊酯进行防治；甜高粱抽穗后,螟虫上升到穗部为害,可用上述农药对穗部进行重点喷雾。

（八）收获

饲用型甜高粱在孕穗至抽穗茎秆含糖量和植株营养积累达到最大值,是适宜的收获期。

三、黏性土壤甜高粱栽培技术

（一）播前准备

1.深耕细作

前茬作物收获后,及时灭茬深耕,耕翻深度30~35cm。整地时用旋耕机对地块分别沿纵、横两个方向疏松土壤两次,耙耱整平,使0~20cm土层无坷垃、草根,做到细、平、净、绵,为播种出苗创造良好条件。如果土壤墒情较差,须用镇压器镇压,播种时种子与土壤能紧密结合,减少土壤大孔隙,防止透风跑墒,利于发芽出苗。顶凌覆膜地块在翌年早春土壤解冻后,及早平整耙耱耕作层土壤,施肥覆膜。结合整地施足底肥,亩施农家肥4000kg,亩施磷酸二铵30kg、尿素15kg、硫酸钾15kg,锌肥1kg。

2. 土壤处理

草害是影响甜高粱正常出苗和生长的重要因素。人工除草用工量大、周期长、效果差,使用除草剂是有效防除田间杂草的首选措施。覆膜前用38%莠去津悬浮剂进行土壤处理,亩用药量190g,兑水30kg地面喷雾。

3. 覆膜保墒

由于冬春季刮风天气较多,春季气温回升快,土壤失墒严重,宜在上年10月上旬至11月中旬土壤封冻前进行秋覆膜,能够有效减少冬春季节土壤水分的无效蒸发,最大限度地保蓄土壤水分,做到秋雨春用,提高土壤墒情。尚未进行秋覆膜的地块,应在早春进行顶凌覆膜或播种前当天整地当天覆膜,减少早春土壤水分蒸发。同时早覆膜可提高土壤温度,为甜高粱按期播种和保全苗奠定良好的基础。

(二)种植模式

1. 全膜垄作沟灌栽培

选用幅宽120cm、厚度0.01mm地膜,大垄宽80cm,小垄宽40cm,垄高10～15cm。膜与膜在大垄中间接膜。

2. 全膜平作栽培

选用幅宽120～140cm、厚度0.01mm地膜,下一幅与前一幅膜要紧靠对接,不留空隙,不重叠。

(三)播种

1. 适时播种

土壤表层10cm处温度稳定在15℃左右时为最佳播期。如果播种过早,由于土壤低温高湿,种子吸水后不能萌发,易发生粉种现象,造成缺苗;播种过迟,生育期缩短,产量降低。应在4月中下旬播种。

2. 精量点播

使用甜高粱专用穴播机播种,播种方便,穴距均匀,播种深度一致。穴播量2～3

粒种子，亩播量 0.8~1.0kg。

3. 播种密度

（1）醇用型

全膜垄作沟灌栽培　垄侧播种，穴距 15cm，亩穴数 7400 穴左右。

全膜平作栽培　采用 40cm 等行距种植，1.4m 膜每幅地膜种植 4 行，1.2m 膜每幅地膜种植 3 行，穴距 22cm，亩穴数 7500 穴左右。

（2）饲用型

全膜垄作沟灌栽培　垄侧播种，穴距 12 cm，亩穴数 9000 穴左右。

全膜平作栽培　采用 40 cm 等行距种植，1.4m 膜每幅膜种植 4 行，1.2mm 膜每幅膜种植 3 行，穴距 18 cm，亩穴数 9000 穴左右。

4. 适墒播种

甜高粱适宜播种的最低土壤含水量为壤土 12%~13%，黏质土 14%~15%，沙质土 10%~11%。播种时如果墒情不好，0~10cm 土壤含水量低于 10% 时，最好采用"干播湿出"法，即先播种随后浇水，这种方式尤其适宜于土壤质地为沙质土的地块。

5. 播种深度

甜高粱播种深度较玉米浅，一般控制在 3~4cm。在具体应用中，要结合土壤墒情灵活掌握。当 0~10cm 土壤含水量超过 15% 时，播种深度 3cm 左右；当 0~10cm 土壤含水量低于 12% 而底墒较好时，播种深度可适当加深。

6. 覆土镇压

若 0~10cm 土壤含水量超过 20% 时，机械播种后播种孔形成"洞穴"无土覆盖，造成种子外露，应人工用细土封严播种穴。若土壤墒情不足，0~10cm 土壤含水量低于 15% 时，播后须进行镇压，使种子与土壤紧接，提墒保墒。特别对干旱多风的沙质土型地区，播后镇压尤其重要。

（四）田间管理

1. 及时放苗

出苗后应尽早放出压在膜下的幼苗，放苗口不宜开得过大，并用细土封严播种孔，减少土壤水分蒸发和热量散失，同时使膜下形成高温高湿的小环境，既有利于幼苗健壮生长，又能起到闷杀膜下杂草的作用。

2. 间苗、定苗、除蘖

（1）醇用甜高粱

醇用甜高粱在2～3叶时期进行间苗，4～5叶期定苗，每穴留一株。甜高粱具有分蘖的习性，分蘖过多消耗大量的养分，影响醇用甜高粱主茎生长和糖分积累，应在苗期—拔节期多次掰除分蘖，促进主茎生长。

（2）饲用甜高粱

饲用甜高粱在栽培管理中无需间苗、定苗，并保留植株分蘖。

3. 除草

对没有进行土壤药剂处理的地块或处理后尚未杀死的杂草，需人工拔除。一是对播种孔长出的杂草，要除早，除小，除彻底；对膜下杂草数量大、生长势强顶起地膜时，揭开一段地膜，拔除杂草后重新拉紧地膜并用土封严揭膜口；膜下杂草较少时，可在膜上覆盖1～2cm的一层细土，闷杀杂草。

4. 水肥管理

植株生长开始进入拔节期，结合浇水亩追施尿素（氮46%）10kg左右。当株高达到1.5m左右时，结合浇水追施第二次肥料，亩追施尿素（氮46%）10～15kg。全生育期浇水4～5次，每次灌水量80 m^{3}左右。

5. 防倒伏

甜高粱茎秆充实坚韧，机械组织发达，抗倒伏能力强。但由于植株较高，生长后期浇水时要避开大风天气，防止倒伏而影响产量和饲草品质。

6. 病虫害防治

（1）蚜虫

甜高粱含糖量高，易受蚜虫为害。7月中下旬是防治蚜虫的关键期，此时如遇高温干旱、降水偏少天气，极易造成蚜虫偏重发生，应及早防治。在苗期—成株期每亩分别用10%吡虫啉可湿性粉剂30～90g，3%阿维高氯乳油20～60mL，根据植株大小任选一种药剂兑水30～90kg进行叶面喷雾防治。

（2）红蜘蛛

甜高粱红蜘蛛主要分布在叶片背面，发生危害程度较玉米轻，苗期、成株期每亩分别用1.8%阿维菌素乳油15～30mL，73%克螨特乳油15～45mL，10.5%阿维·哒螨灵 12～36mL，根据植株大小任选一种药剂兑水 30～90kg 进行叶面喷雾防治。

（五）收获

1. 醇用甜高粱

醇用甜高粱在 9 月下旬至 10 月上旬早霜来临之前，根据用途适时收获。

2. 饲用甜高粱

（1）青绿饲料

饲用甜高粱若用作青绿饲料直接饲喂，宜两次收割，头茬在 7 月中旬或下旬株高 150cm 左右时收割，二茬在 9 月下旬至 10 月上旬早霜来临之前收获。两茬收割时，头茬收割后 1～3d 内及时施肥、浇水，亩追施尿素（氮 46%）5kg。

（2）青贮饲料

饲用甜高粱若用作青贮饲料，宜一次收割，收获时间在 9 月下旬至 10 月上旬早霜来临前，此时茎秆含糖量和植株营养积累达到最大值，采用联合收割机收获，收割、切碎、打捆一次完成。单茬收割时，若人工收获，须在收割后 5d 内及时青贮，以免糖分流失。

四、沙性土壤甜高粱栽培技术

古浪县沙性土壤以风沙土、灰棕漠土为主，沙性大，土体疏松，土壤养分极度贫乏，漏水漏肥，作物易发生早衰现象。针对沙性土壤特点，现提出该区域甜高粱栽培技术要点。

（一）播前准备

1. 精细整地

甜高粱种子较小，胚芽顶土能力弱，对耕作层土壤墒情及整地质量要求较高，应精细整地，做到土绵墒足，为播种出苗创造良好条件。整地时用旋耕机对地块分别沿纵、横两个方向疏松土壤两次，耙糖整平，使 0～20cm 土层无坷垃、草根，做到细、平、净、绵，为播种出苗创造良好条件。如果土壤墒情较差，须用镇压器镇压，使种子与土壤紧密结合，减少土壤大孔隙，防止透风跑墒，利于发芽出苗。

2. 施足底肥

结合整地施足底肥，亩施农家肥 4000kg 左右。亩施过磷酸钙 30kg、磷酸二铵

20kg、尿素 15kg、硫酸钾 10kg，锌肥 1kg。

3. 杂草防除

草害是影响甜高粱正常出苗和生长的重要因素。人工除草用工量大、周期长、效果差，使用除草剂是有效防除田间杂草的首选措施。覆膜前用莠去津（38% 悬浮剂）亩用药量 190 克，兑水 30kg，进行地面喷雾。

4. 覆膜保墒

由于冬春季刮风天气较多，春季气温回升快，土壤失墒严重，宜在上年 10 月上旬至 11 月中旬土壤封冻前进行秋覆膜，能够有效减少冬春季节土壤水分的无效蒸发，最大限度地保蓄土壤水分，做到秋雨春用，提高土壤墒情。尚未进行秋覆膜的地块，应在早春进行顶凌覆膜或播种前当天整地当天覆膜，减少早春土壤水分蒸发。同时早覆膜可提高土壤温度，为甜高粱按期播种和保全苗奠定良好的基础。

（二）种植模式

实行全膜平作栽培，机械覆膜。选用幅宽 120～140cm、厚度 0.01mm 地膜，下一幅与前一幅膜要紧靠对接，不留空隙，不重叠。

（三）干播湿出

1. 适时播种

土壤表层 10cm 处温度稳定在 15℃左右时为最佳播期。如果播种过早，由于土壤低温高湿，种子吸水后不能萌发，易发生粉种现象，造成缺苗；播种过迟，生育期缩短，产量降低。一般应在 4 月中下旬播种。

2. 精量点播

使用甜高粱专用穴播机播种，播种方便，穴距均匀，播种深度一致。穴播量 2～3 粒种子，亩播量 0.8～1.0kg。

3. 播种密度

（1）醇用型

采用 40cm 等行距种植，1.4m 膜每幅地膜种植 4 行，1.2m 膜每幅地膜种植 3 行，穴距 22cm，亩穴数 7500 穴左右。

（2）饲用型

采用 40cm 等行距种植，1.4m 膜每幅膜种植 4 行，1.2m 膜每幅地膜种植 3 行，穴距18cm，亩穴数9000穴左右。

4. 播种深度

甜高粱种子千粒重只有玉米的1/10左右，且顶土力弱，播种深度较玉米浅，控制在3～4cm左右。

5. 播后灌水

覆膜5～7d、当地膜紧贴地面后进行播种，播后1～2d浇出苗水。

（四）田间管理

1. 及时放苗

出苗后适时放苗是保证甜高粱苗全苗壮的关键。出苗后应尽早放出压在膜下的幼苗，放苗口不宜开得过大，并用细土封严播种孔，减少土壤水分蒸发和热量散失，同时使膜下形成高温高湿的小环境，既有利于幼苗健壮生长，又能起到焖杀膜下杂草的作用。

2. 间苗、定苗、除蘖

（1）醇用型

醇用甜高粱在2～3叶期进行间苗，4～5叶期定苗，每穴留一株。甜高粱具有分蘖的习性，分蘖过多消耗大量的养分，影响醇用甜高粱主茎生长和糖分积累，应在苗期—拔节期多次掰除分蘖，以促进主茎生长。

（2）饲用型

饲用甜高粱在栽培管理中无需间苗、定苗，并保留植株分蘖。

3. 除草

对没有进行土壤药剂处理的地块或处理后尚未杀死的杂草，需人工拔除。对播种孔长出的杂草，要除早，除小，除彻底；对膜下杂草数量大、生长势强顶起地膜时，揭开一段地膜，拔除杂草后重新拉紧地膜并用土封严揭膜口；膜下杂草较少时，可在膜上覆盖1～2cm的一层细土，闷杀杂草。

4. 水肥管理

水肥管理应掌握"少量多次、以促为主"的原则。播后若墒情好可不灌水，若墒情差在1～2d浇"闷头水"。在苗期，应根据降水情况、土壤墒情和植株长势，适时浇头水。当植株长到30cm左右时，结合浇水亩追施尿素（氮46%）10kg左右；当株高达到1m左右时，结合浇水追施第二次肥料，亩追施尿素（氮46%）10kg；当株高达到 1.5m 左右时，结合浇水追施第三次肥料，亩追施尿素（氮 46%）10kg。全生育期浇水 5～6 次，每次灌水量 60～70m³。

5. 防倒伏

甜高粱茎秆充实坚韧，机械组织发达，抗倒伏能力强。但由于植株较高，生长后期浇水时要避开大风天气，防止倒伏而影响产量和饲草品质。

6. 病虫害防治

（1）蚜虫

甜高粱含糖量高，易受蚜虫为害。7 月中下旬是防治蚜虫的关键期，此时如遇高温干旱、降水偏少天气，极易造成蚜虫偏重发生，应及早防治。在苗期~成株期每亩分别用 10% 吡虫啉可湿性粉剂 30～90 克，3% 阿维高氯乳油 20～60mL，根据植株大小任选一种药剂兑水 30～90kg 进行叶面喷雾防治。

（2）红蜘蛛

甜高粱红蜘蛛主要分布在叶片背面，发生危害程度较玉米轻，苗期、成株期每亩分别用 1.8% 阿维菌素乳油 15～30mL，73% 克螨特乳油 15～45mL，10.5% 阿维·哒螨灵 12～36mL，根据植株大小任选一种药剂兑水 30～90kg 进行叶面喷雾防治。

（五）收获

1. 醇用甜高粱

醇用甜高粱在 9 月下旬至 10 月上旬早霜来临之前，根据用途适时收获。

2. 饲用甜高粱

（1）青绿饲料

饲用甜高粱若用作青绿饲料直接饲喂，宜两次收割，头茬在 7 月中旬或下旬株高 150cm 左右时收割，留茬高度 10cm 左右；第二茬在 9 月下旬至 10 月上旬早霜来临之前收获。两茬收割时，头茬收割后 1～3d 内及时施肥、浇水，亩追施尿素（氮 46%）8～10kg。

（2）青贮饲料

饲用甜高粱若用作青贮饲料，宜一次收割，收获时间在 9 月下旬至 10 月上旬早霜来临前，此时茎秆含糖量和植株营养积累达到最大值，采用联合收割机收获。单茬收割时，若人工收获，须在收割后 5d 内及时青贮，以免糖分流失。

五、沙漠开发区甜高粱栽培技术

古浪县沙漠开发区气候干燥,风多风大,土壤以风沙土、灰棕漠土为主,沙性大,土体疏松,土壤养分极度贫乏,漏水漏肥,作物易发生早衰现象。针对沙漠开发区气候条件和土壤特点,现提出该区域甜高粱栽培技术要点。

(一)播前准备

1. 土壤改良

根据土壤沙化严重、有机质含量低、养分贫瘠、盐碱危害较重、保水保肥能力差的特点,应以客土改良、有机培肥为重点。通过增施有机肥料、砂黏互掺、应用土壤改良剂等措施,改良土壤结构,改善理化性状,促进土壤团粒形成,提高肥力和固定表土,增强土壤生物活性,培育耕作层。

2. 精细整地

甜高粱种子较小,胚芽顶土能力弱,对耕作层土壤墒情及整地质量要求较高,应精细整地,做到土绵墒足,为播种出苗创造良好条件。整地时用旋耕机对地块分别沿纵、横两个方向疏松土壤两次,耙耱整平,使 0~20cm 土层无坷垃、草根,做到细、平、净、绵,为播种出苗创造良好条件。如果土壤墒情较差,须用镇压器镇压,使种子与土壤紧密结合,减少土壤大孔隙,防止透风跑墒,利于发芽出苗。

3. 施足底肥

结合整地施足底肥,亩施农家肥 4000kg 左右。亩施过磷酸钙 50kg、磷酸二铵 20kg、尿素 15kg、硫酸钾 10kg,锌肥 1kg。

4. 杂草防除

草害是影响甜高粱正常出苗和生长的重要因素。人工除草用工量大、周期长、效果差,使用除草剂是有效防除田间杂草的首选措施。覆膜前用莠去津(38% 悬浮剂)亩用药量 190g,兑水 30kg,进行地面喷雾。

5. 覆膜保墒

由于冬春季刮风天气较多,春季气温回升快,土壤失墒严重,宜在上年 10 月上旬至 11 月中旬土壤封冻前进行秋覆膜,能够有效减少冬春季节土壤水分的无效蒸发,最大限度地保蓄土壤水分,做到秋雨春用,提高土壤墒情。尚未进行秋覆膜的地块,应在早春进行顶凌覆膜或播种前当天整地当天覆膜,减少早春土壤水分蒸发。同时早覆膜可提高土壤温度,为甜高粱按期播种和保全苗奠定良好的基础。

(二)种植模式

实行全膜平作栽培,机械覆膜。选用幅宽 120～140cm、厚度 0.01mm 地膜,下一幅与前一幅膜要紧靠对接,不留空隙,不重叠。

(三)干播湿出

1. 适时播种

土壤表层 10cm 处温度稳定在 15℃左右时为最佳播期。如果播种过早,由于土壤低温高湿,种子吸水后不能萌发,易发生粉种现象,造成缺苗;播种过迟,生育期缩短,产量降低。一般应在 4 月中下旬播种。

2. 精量点播

使用甜高粱专用穴播机播种,播种方便,穴距均匀,播种深度一致。穴播量 2～3 粒种子,亩播量 0.8～1.0kg。

3. 播种密度

(1)醇用型

采用 40cm 等行距种植,1.4m 膜每幅地膜种植 4 行,1.2m 膜每幅地膜种植 3 行,穴距 22cm,亩穴数 7500 穴左右。

(2)饲用型

采用 40cm 等行距种植,1.4m 膜每幅膜种植 4 行,1.2m 膜每幅地膜种植 3 行,穴距 18cm,亩穴数 9000 穴左右。

4. 播种深度

甜高粱种子千粒重只有玉米的 1/10 左右,且顶土力弱,播种深度较玉米浅,控制在 3～4cm 左右。

5. 播后灌水

覆膜 5～7d、当地膜紧贴地面后进行播种,播后 1～2d 浇出苗水。

(四)田间管理

1. 及时放苗

出苗后适时放苗是保证甜高粱苗全苗壮的关键。出苗后应尽早放出压在膜下的幼苗,放苗口不宜开得过大,并用细土封严播种孔,减少土壤水分蒸发和热量散失,同时使膜下形成高温高湿的小环境，既有利于幼苗健壮生长，又能起到焖杀膜下杂草的作用。

2. 间苗、定苗、除蘖

（1）醇用型

醇用甜高粱在2～3叶期进行间苗，4～5叶期定苗，每穴留一株。甜高粱具有分蘖的习性，分蘖过多消耗大量的养分，影响醇用甜高粱主茎生长和糖分积累，应在苗期—拔节期多次掰除分蘖，以促进主茎生长。

（2）饲用型

饲用甜高粱在栽培管理中无需间苗、定苗，并保留植株分蘖。

3. 除草

对没有进行土壤药剂处理的地块或处理后尚未杀死的杂草，需人工拔除。对播种孔长出的杂草，要除早，除小，除彻底；对膜下杂草数量大、生长势强顶起地膜时，揭开一段地膜，拔除杂草后重新拉紧地膜并用土封严揭膜口；膜下杂草较少时，可在膜上覆盖1～2cm的一层细土，焖杀杂草。

4. 水肥管理

水肥管理应掌握"少量多次、以促为主"的原则。在苗期，应根据降水情况、土壤墒情和植株长势，适时浇头水。当植株长到30cm左右时，结合浇水亩追施尿素（氮46%）10kg左右；当株高达到1m左右时，结合浇水追施第二次肥料，亩追施尿素（氮46%）10kg；当株高达到1.5m左右时，结合浇水追施第三次肥料，亩追施尿素（氮46%）10kg。全生育期浇水5～6次，每次灌水量60～70m^3。

5. 防倒伏

甜高粱茎秆充实坚韧，机械组织发达，抗倒伏能力强。但由于植株较高，生长后期浇水时要避开大风天气，防止倒伏而影响产量和饲草品质。

6. 病虫害防治

（1）蚜虫

甜高粱含糖量高，易受蚜虫为害。7月中下旬是防治蚜虫的关键期，此时如遇高温干旱、降水偏少天气，极易造成蚜虫偏重发生，应及早防治。在苗期—成株期每亩分别用10%吡虫啉可湿性粉剂30～90g，3%阿维高氯乳油20～60mL，根据植株大小任选一种药剂兑水 30～90kg 进行叶面喷雾防治。

（2）红蜘蛛

甜高粱红蜘蛛主要分布在叶片背面，发生危害程度较玉米轻，苗期、成株期每亩分别用 1.8% 阿维菌素乳油 15～30mL，73% 克螨特乳油 15～45mL，10.5% 阿维·哒螨灵 12～36mL，根据植株大小任选一种药剂兑水 30～90kg 进行叶面喷雾防治。

（五）收获

1. 醇用甜高粱

醇用甜高粱在 9 月下旬至 10 月上旬早霜来临之前，根据用途适时收获。

2. 饲用甜高粱

（1）青绿饲料

饲用甜高粱若用作青绿饲料直接饲喂，宜两次收割，头茬在 7 月中旬或下旬株高 150cm 左右时收割，留茬高度 10cm 左右；第二茬在 9 月下旬至 10 月上旬早霜来临之前收获。两茬收割时，头茬收割后 1～3d 内及时施肥、浇水，亩追施尿素（氮 46%）8～10kg。

（2）青贮饲料

饲用甜高粱若用作青贮饲料，宜一次收割，收获时间在 9 月下旬至 10 月上旬早霜来临前，此时茎秆含糖量和植株营养积累达到最大值，采用联合收割机收获。单茬收割时，若人工收获，需在收割后 5d 内及时青贮，以免糖分流失。

第十章 绿色瓜果菜

第一节 瓜类绿色栽培技术

一、日光温室香瓜绿色生产技术规程

（一）种子和种苗选择

1. 应选择有机香瓜种子和种苗。当从市场上无法获得有机种子和种苗时，可选用未经禁用物质处理过的常规种子或种苗，应制定获得有机种子和种苗的后续计划。

2. 应选择适应古浪戈壁农业地区的土壤和气候特点，对病虫害具有抗性和耐性、优质、高产、耐贮运、商品性好、适合市场需求的香瓜品种。

3. 不得使用转基因种子、种苗和砧木。

（二）栽培茬口的划分

7月下旬育苗，9月上旬定植，12月上旬上市，翌年元月中旬结束。

12月上旬育苗，翌年元月中旬定植，3月下旬上市，5月上旬结束。

（三）育苗

1. 播种前准备

根据不同季节选用温室、大棚、温床等育苗设施，应配有防虫遮阳设施，宜采用工厂化育苗，应对育苗设施进行消毒处理；因地制宜选用无病虫源的田土、腐熟农家肥、草炭、草木灰、有机肥（或蚯蚓粪）等，按一定比例和矿质肥料，要求疏松、保肥、保水、营养全面。

3d，看秧苗已缓过来，砧木和接穗完全成活。白天小拱棚上可不盖纸被，四周也可以揭开，进入正常管理，此时可以断根。为了保证断根后的成活率，在断根前1d先用手在接穗断根处掐一下，第二天再用刀片断根。断根后由于接穗根部受伤，不能受到强阳光照射，这时的管理应和第二个3d管理相同，直到秧苗完全恢复长出新叶，进入正常管理。苗期基本上不用施肥和灌水。可结合苗情追施提苗肥。定植前一周进行炼苗，冬春季炼苗时白天温室控制在20℃~30℃，夜间温度控制在10℃~12℃，夏秋季炼苗时逐渐撤去遮阳物，适当控制水分。

（四）定植

定植前进行温室消毒，消毒时不得使用禁用物质和方法。定植方法采用高畦栽培，即畦高20~25cm、宽110cm、长8m，畦面上覆盖地膜。定植株行距为每畦两垄，株距25cm，行距约40cm。在做畦前每座温室（长60m/宽7m）施入充分腐熟优质农家肥4000kg，油渣300kg，不得使用人粪尿和含有转基因产品的肥料，矿质肥料和微量元素肥料应选用长效肥料；应在施用前对其重金属含量或其它污染因子进行检测。

（五）田间管理

1. 温度管理

定植后要以提高室内温度为主，结瓜前这段时间白天温度要保持在28℃~30℃，不超过40℃不放风，夜温不低于17℃~18℃。结瓜后仍然保持较高温度，白天在25℃~28℃，夜间15℃~18℃，如夜温过低瓜长不大。嫁接后的香瓜秧也比较耐低温，为促进根系生长发育奠定基础。

2. 肥水管理

水分管理：采用膜下滴灌模式，定植后每株滴300mL定植水，冬春季在定植10d左右开始滴水，每两天滴水一次，每次每株滴水100mL，生长中期每天滴水一次，每次每株滴水200mL，生长后期每天滴水一次，每次每株滴水300mL，采收前一周停止滴水。夏秋季在定植7d左右开始滴水，每天滴水一次，每次每株滴水100mL，到生长中期每天滴水一次，每次每株滴水200mL，生长后期每天滴水一次，每次每株滴水300mL。采收前一周停止滴水。

肥料：定植缓苗后开始滴肥，每周一次，肥料种类包括彻底腐熟的农家肥浸出液、氨基酸类或腐殖酸类的水溶肥、沼液等交替滴施，每次每座温室滴施2kg左右。采收

2. 种子处理

干热灭菌：种子以 2 ~ 3cm 厚度摊放在恒温干燥器内，60℃通风干燥 2 ~ 3h，然后再 75℃处理 3d。

硫酸铜溶液浸种：先用 0.1% 硫酸铜溶液浸种 5min，捞出种子，用清水冲洗 3 次后，再催芽播种。

高锰酸钾溶液浸种：先用 40℃的温水浸种 3 ~ 4h 后捞出，再放入 0.5% ~ 1% 高锰酸钾溶液中浸泡 10 ~ 15min，捞出用清水冲洗 3 次后，催芽播种。

3. 播种

先播接穗香瓜，5 ~ 7d 后播砧木。采用 72 穴的穴盘育苗，便于移动及管理。当接穗长到 2 片真叶展开，3 片真叶刚露，大约 10d；砧木长到 2 片子叶展开真叶刚露，5 ~ 7d 时，为嫁接适期。

4. 嫁接方法

嫁接前的准备：首先准备好嫁接用的刮脸刀片，然后准备好营养钵。营养钵内装营养土。还要准备好嫁接后需要的两层棚，即在温室内先扣上中棚，在中棚内再扣上小拱棚，加上温室一共 3 层覆盖。

嫁接方法：嫁接采用靠接法。先把砧木心叶去掉，然后在砧木子叶下 0.5cm 处用刀片向下斜切茎粗的一半，35° ~ 40°角。接穗香瓜在叶片下 1.5cm 处向上斜切茎粗的 2/3，约 30°角，然后将两根秧苗伤口处靠紧，用嫁接夹子夹好，再将形成一体的砧木和接穗一同栽在营养钵内。接后的砧木子叶与接穗的子叶呈十字型，即接穗在上，砧木在下。嫁接时选择晴天上午，随嫁接随将接好的苗放进小拱棚内，上盖纸被遮阴。

5. 苗期管理

嫁接后第一个 3d，基本上不放风保持高温高湿的气候条件。白天温度保持在 30℃，夜间上半夜保持在 20℃左右，下半夜少要保持在 13℃ ~ 15℃，土温保持在 17℃ ~ 18℃。第二个 3d，根据秧苗长势情况，白天小拱棚四周可逐渐进入放风，温度也可适当降低 2℃ ~ 3℃；夜间照常管理，如发现有的秧苗萎蔫，应及时喷清水采取局部遮阴处理。第三个 3d，白天小拱棚四周可以适当揭开，拱棚上的纸被中午撤掉，早晚盖上。但下午 3 点左右就得将纸被盖子，防止温度过低造成死苗。第四个前二周停止滴肥。

（六）授粉

香瓜是异花授粉作物，且无单性结实习性，在温室内必须采用人工和室内放熊蜂的方法来完成授粉。是人工授粉：在上午 9~10 时，用当天开放的雄花，去掉花瓣向雌花柱头上轻轻涂抹，如果雄花不足时，一朵雄花可授 3~4 朵雌花。授粉后做上标记，以便计算果实成熟期。熊蜂授粉：每座温室放置一箱熊蜂（约 80 只）。

（七）整枝摘心与留瓜

在定植缓苗后，将主蔓吊起摘心，根据长势情况，从子蔓中选择接近的并且长势良好的留下 5 条，然后从 5 条子蔓上各留 1 条孙蔓，在孙蔓上继续看瓜秧长势，选择瓜形好的留下，不好的淘汰，并在瓜前留 2 叶摘心，每株留瓜 3~5 个。

（八）病虫害防治

（1）农业防治

选用抗病虫品种、合理轮作和间作、合理施肥与灌溉、合理密植、培育壮苗、中耕除草、施用无菌肥料。

（2）物理防治

病害方面有种子种苗处理、清理田园、拔除病株等。虫害方面有温度处理、人工捉虫、阻隔保护以及利用害虫的趋光性、性诱集、趋色性、好食性等诱集害虫。

（3）生物防治

生物防治病害有拮抗微生物、病原物寄生物、交互保护作用、抗生素等。防治虫害有捕食性天敌昆虫、利用细菌、真菌、病毒等以菌治虫，还可利用寄生性天敌昆虫。

（4）药剂防治

根据有机产品标准要求，在物理方法和生物方法不能控制病虫害的紧急情况下，可选择标准允许使用的药剂防治病虫害，具体可使用的物质参见 GB/T 19630.1-2005 生产的附录 B 的内容，当需要使用的物质不属于附录 B 的范围，并且没经过有机产品认证机构认证的产品时，应当根据《向认证机构报告及接受检查规程》的要求，上报认证机构，由认证机构评估，经许可后方可使用，否则不能使用。

（九）采收

1. 果实成熟标志

当棚内有香味，香瓜转色发白，八九分成熟时及时采收。尽量采收成熟瓜，不采生瓜。瓜的成熟要根据授粉日期及糖度品质等综合判断。另外还应看瓜的颜色、花纹、棱沟以及嗅脐部有无香味等进行确定。

2. 产品要求

香瓜形态完整，表面清洁，无擦伤，开裂，无农药等污染，无病虫害疤痕。采收时应带果柄和一段茎蔓剪下，轻拿轻放。为提高香瓜的档次和便于运输，摘瓜后应套上网套，贴上商标，装箱出售。

（十）贮藏

温度8℃~10℃，空气相对湿度70%~80%，库内堆放应气流均匀畅通，贮藏期2~5d。

二、日光温室西瓜绿色生产技术规程

（一）种子和种苗选择

1. 应选择有机西瓜种子和种苗。当从市场上无法获得有机种子和种苗时，可选用未经禁用物质处理过的常规种子或种苗，应制定获得有机种子和种苗的后续计划。

2. 应选择适应古浪戈壁农业地区的土壤和气候特点，对病虫害具有抗性和耐性、优质、高产、耐贮运、商品性好、适合市场需求的西瓜品种。

3. 不得使用转基因种子、种苗和砧木。

（二）栽培茬口的划分

1. 秋冬茬

7月下旬育苗，9月上旬定植，12月上旬上市，翌年元月中旬结束。

2. 冬春茬

12月上旬育苗，翌年元月中旬定植，3月下旬上市，5月上旬结束。

（三）育苗

1. 播种前准备

根据不同季节选用温室、大棚、温床等育苗设施，应配有防虫遮阳设施，宜采用工厂化育苗，应对育苗设施进行消毒处理；因地制宜选用无病虫源的田土、腐熟农家肥、草炭、草木灰、有机肥（或蚯蚓粪）等，按一定比例和矿质肥料（符合 GB/T 19630 要求）作为营养土，要求疏松、保肥、保水、营养全面。选用抗逆性强、高产、品质优良的品种，纯度不低于 99%，净度不低于 99%，发芽率为 96% 以上，含水量不高于 12%。

2. 种子处理

（1）干热灭菌：种子以 2～3cm 厚度摊放在恒温干燥器内，60℃通风干燥 2～3h，然后再 75℃处理 3d。

（2）硫酸铜溶液浸种：先用 0.1% 硫酸铜溶液浸种 5min，捞出种子，用清水冲洗 3 次后，再催芽播种。

（3）高锰酸钾溶液浸种：先用 40℃的温水浸种 3～4h 后捞出，再放入 0.5%～1% 高锰酸钾溶液中浸泡 10～15min，捞出用清水冲洗 3 次后，催芽播种。

3. 播种

先播接穗西瓜，5～7d 后播砧木。采用穴盘育苗，便于移动及管理。当接穗长到 2 片真叶展开，3 片真叶刚露，大约 10d；砧木长到 2 片子叶展开真叶刚露，约 5～7d 时，为嫁接适期。

（1）嫁接方法

嫁接前的准备

首先准备好嫁接用的刮脸刀片，然后准备好营养钵。营养钵内装营养土。还要准备好嫁接后需要的两层棚，即在温室内先扣上中棚，在中棚内再扣上小拱棚，加上温室一共 3 层覆盖。

嫁接方法

嫁接采用靠接法。先把砧木心叶去掉，然后在砧木子叶下 0.5cm 处用刀片向下斜切茎粗的一半，35°～40° 角。接穗香瓜在叶片下 1.5cm 处向上斜切茎粗的 2/3，约 30° 角，然后将两根秧苗伤口处靠紧，用嫁接夹子夹好，再将形成一体的砧木和接穗一同栽在营养钵内。接后的砧木子叶与接穗的子叶呈十字型，即接穗在上，砧木在下。嫁接时选择晴天上午，随嫁接随将接好的苗放进小拱棚内，上盖纸被遮阴。

（2）苗期管理

嫁接后第一个3d，基本上不放风保持高温高湿的气候条件。白天温度保持在30℃，夜间上半夜保持在20℃左右，下半夜少要保持在13℃~15℃，土温保持在17℃~18℃。第二个3d，根据秧苗长势情况，白天小拱棚四周可逐渐进入放风，温度也可适当降低2℃~3℃；夜间照常管理，如发现有的秧苗萎蔫，应及时喷清水采取局部遮阴处理。第三个3d，白天小拱棚四周可以适当揭开，拱棚上的纸被中午撤掉，早晚盖上。但下午3点左右就得将纸被盖子，防止温度过低造成死苗。第四个3d，看秧苗已缓过来，砧木和接穗完全成活。白天小拱棚上可不盖纸被，四周也可以揭开，进入正常管理，此时可以断根。为了保证断根后的成活率，在断根前1d先用手在接穗断根处掐一下，第二天再用刀片断根。断根后由于接穗根部受伤，不能受到强阳光照射，这时的管理应和第二个3d管理相同，直到秧苗完全恢复长出新叶，进入正常管理。苗期基本上不用施肥和灌水。可结合苗情追施提苗肥。定植前一周进行炼苗，冬春季炼苗时白天温室控制在20℃~30℃，夜间温度控制在10℃~12℃，夏秋季炼苗时逐渐撤去遮阳物，适当控制水分。

（3）壮苗标准

日历苗龄35~45d，叶片宽大平展，叶色深绿，节间短，长势正常，叶龄在4~5片叶，株高10~15cm。

（四）定植

定植前进行温室消毒，消毒时不得使用禁用物质和方法。定植方法采用高畦栽培，即畦高15cm左右、宽120cm、长6m，畦面上覆盖地膜。定植株行距为每畦两垄，株距30cm，行距约50cm。在做畦前每座温室（长60m/宽7m）施足符合GB/T 19630要求的基肥，如充分腐熟优质农家肥4000kg，油渣300kg，不得使用人粪尿和含有转基因产品的肥料，矿质肥料和微量元素肥料应选用长效肥料；应在施用前对其重金属含量或其他污染因子进行检测。

（五）田间管理

1. 温度管理

定植后要以提高室内温度为主，结瓜前这段时间白天温度要保持在28℃~30℃，不超过40℃不放风，夜温不低于17℃~18℃。结瓜后仍然保持较高温度，白天在

25℃～28℃,夜间15℃～18℃,如夜温过低瓜长不大。嫁接后的香瓜秧也比较耐低温,为促进根系生长发育奠定基础。

2. 肥水管理

(1)水分管理采用膜下滴灌模式,定植后每株滴300mL定植水,冬春季在定植10d左右开始滴水,每两天滴水一次,每次每株滴水100mL,生长中期每天滴水一次,每次每株滴水200mL,生长后期每天滴水一次,每次每株滴水300mL,采收前一周停止滴水。夏秋季在定植7d左右开始滴水,每天滴水一次,每次每株滴水100mL,到生长中期每天滴水一次,每次每株滴水200mL,生长后期每天滴水一次,每次每株滴水300mL。采收前一周停止滴水。

(2)追肥

定植缓苗后开始滴施符合GB/T 19630要求的肥料,每周一次,如彻底腐熟的农家肥浸出液、氨基酸类或腐殖酸类的水溶肥、沼液等交替滴施,每次每座温室滴施3kg左右。采收前二周停止滴肥。

3. 授粉

西瓜是异花授粉作物,且无单性结实习性,在温室内必须采用人工和室内放熊蜂的方法来完成授粉。人工授粉:在上午9～10时,用当天开放的雄花,去掉花瓣向雌花柱头上轻轻涂抹,如果雄花不足时,一朵雄花可授3～4朵雌花。授粉后好做上标记,以便计算果实成熟期。熊蜂授粉:每座温室放置一箱熊蜂(约80只)。

4. 选瓜与留瓜

在主蔓第二雌花节位留瓜,即时吊瓜,保证瓜型端正和皮色美观。

5. 病虫害防治

(1)农业防治

选用抗病虫品种、合理轮作和间作、合理施肥与灌溉、合理密植、培育壮苗、中耕除草、施用无菌肥料。

(2)物理防治

病害方面有种子种苗处理、清理田园、拔除病株等。虫害方面有温度处理、人工捉虫、阻隔保护以及利用害虫的趋光性、性诱集、趋色性、好食性等诱集害虫。

（3）生物防治

生物防治病害有拮抗微生物、病原物寄生物、交互保护作用、抗生素等。防治虫害有捕食性天敌昆虫、利用细菌、真菌、病毒等以菌治虫，还可利用寄生性天敌昆虫。

（4）药剂防治

根据有机产品标准要求，在物理方法和生物方法不能控制病虫害的紧急情况下，可选择标准允许使用的药剂防治病虫害，具体可使用的物质参见 GB/T 19630.1—2005 生产的附录 B 的内容，当需要使用的物质不属于附录 B 的范围，并且没经过有机产品认证机构认证的产品时，应当根据《向认证机构报告及接受检查规程》的要求，上报认证机构，由认证机构评估，经许可后方可使用，否则不能使用。

（六）采收

1. 果实成熟标志

皮色鲜艳、花纹清晰、果面发亮、果柄附近茸毛脱落、果顶开始发软、瓜面用手指弹时发出空浊音。八九分成熟时及时采收。尽量采收成熟瓜，不采生瓜。瓜的成熟要根据授粉日期及糖度品质等综合判断。

2. 产品要求

西瓜形态完整，表面清洁，无擦伤、开裂，无农药等污染，无病虫害疤痕。

（七）贮藏

温度 8℃ ~ 10℃，空气相对湿度 70% ~ 80%，库内堆放应气流均匀畅通，贮藏期 2 ~ 5d。

第二节　菜类绿色栽培技术

一、日光温室番茄绿色生产技术规程

（一）种子和种苗选择

1. 应选择绿色番茄种子和种苗。当从市场上无法获得绿色种子和种苗时，可选用未经禁用物质处理过的常规种子或种苗，应制定获得绿色种子和种苗的后续计划。

2. 应选择适应古浪戈壁农业地区的土壤和气候特点，对病虫害具有抗性和耐性、优质、高产、耐贮运、商品性好、适合市场需求的番茄品种。

3. 不得使用转基因种子、种苗。

（二）栽培茬口的划分

1. 秋冬茬

7月下旬育苗，9月上旬定植，11月上旬上市，翌年2月中旬结束。

2. 冬春茬

12月上旬育苗，翌年元月中旬定植，3月下旬上市，6月上旬结束。

（三）育苗

1. 播种前准备

根据不同季节选用温室、大棚、温床等育苗设施，应配有防虫遮阳设施，宜采用工厂化育苗，应对育苗设施进行消毒处理；因地制宜选用无病虫源的田土、腐熟农家肥、草炭、草木灰、绿色肥（或蚯蚓粪）等，按一定比例和矿质肥料（符合GB/T 19630要求）作为营养土，要求疏松、保肥、保水、营养全面。选用抗逆性强、高产、品质优良的品种，纯度不低于99%，净度不低于99%，发芽率为96%以上，含水量不高于12%。

2. 种子处理

干热灭菌：种子以2～3cm厚度摊放在恒温干燥器内，60℃通风干燥2～3h，然后再75℃处理3d。

硫酸铜溶液浸种：先用0.1%硫酸铜溶液浸种5min，捞出种子，用清水冲洗3次后，再催芽播种。

高锰酸钾溶液浸种：先用40℃的温水浸种3～4h后捞出，再放入0.5%～1%高锰酸钾溶液中浸泡10～15min，捞出用清水冲洗3次后，催芽播种。

3. 播种

采用穴盘育苗。配好未使用禁用物质的基质装入穴盘，浇透水，每穴播一粒种子，并覆盖1cm厚基质，要求白天25℃～28℃，夜间15℃～22℃，3～5d苗出齐后要求白天20℃～25℃，夜间12℃～15℃。待真叶长出两片后，要求白天温度25℃～30℃，夜间温度15℃～20℃。定植前5～7d进行通风炼苗，要求白天温度

15~20℃，夜间温度10℃。

（四）定植

定植前进行温室消毒，消毒时不得使用禁用物质和方法。定植方法采用高畦栽培，即畦高15cm左右、宽120cm、长6m，畦面上覆盖地膜。定植株行距为每畦两垄，株距45cm，行距约50cm。在做畦前每座温室（长60m/宽7m）施足符合GB/T 19630要求的基肥，如充分腐熟优质农家肥4000kg，油渣300kg，不得使用人粪尿和含有转基因产品的肥料，矿质肥料和微量元素肥料应选用长效肥料；应在施用前对其重金属含量或其它污染因子进行检测。

（五）田间管理

1. 温度管理

定植后要以提高室内温度为主，坐果前白天温度要保持在28℃~30℃，10℃以下、30℃以上的时间不宜过长

2. 肥水管理

水分管理：采用膜下滴灌模式，定植后每株滴300mL定植水，冬春季在定植10d左右开始滴水，每两天滴水一次，每次每株滴水100mL，生长中期每天滴水一次，每次每株滴水200mL，生长后期每天滴水一次，每次每株滴水300mL，采收前一周停止滴水。夏秋季在定植7d左右开始滴水，每天滴水一次，每次每株滴水100mL，到生长中期每天滴水一次，每次每株滴水200mL，生长后期每天滴水一次，每次每株滴水300mL。采收前一周停止滴水。

追肥：定植缓苗后开始滴施符合GB/T 19630要求的肥料，每周一次，如彻底腐熟的农家肥浸出液、氨基酸类或腐殖酸类的水溶肥、沼液等交替滴施，每次每座温室滴施3kg左右。采收前二周停止滴肥。

3. 授粉

番茄是自花授粉作物，果实的发育主要靠生长素，番茄的生长素主要由花带入，受精后主要靠正在发育的种子分泌生长素，种子成熟后就不再分泌生长素，果实不再膨大。因此授粉、授精是果实发育的重要条件，夜间最低16℃是花粉萌发的最好温度，白天20℃以上时的晴天花粉就可以大量散开，绿色栽培番茄以放熊蜂授粉来进行，不运用激素处理。每座温室放置一箱熊蜂（约80只）。

4. 植株调整

采用单杆整枝，侧枝全部及时清除。疏花疏果是温室番茄生产的必要措施，果型大小均等的品种，第一穗果留4个果，果型大的品种，第一穗果留3个果。若第一穗果留得太多，不但植株本身发育不好，而且会影响上部果实和根系的发育，降低根系的活性和地上总发生落花，落果现象。同样第二和第三穗等也不能结果太多。还应及时去掉发育不良的畸形果。

萎缩变黄的老叶已经失去了光合作用的功能，应及时摘除，对已开始收获的果穗下方的叶片，也应摘除，这样有助于通风透光，减少病虫害的发生。

在植株最后一个花序形成后摘除植株生长点，使其停止向上生长，一般冬春茬留6～7穗果掐尖。

（六）病虫害防治

1. 防治的原则

按照预防为主、综合防治的植保方针，坚持以农业防治、物理防治、生物防治为主，科学合理的药剂防治为辅的原则。

2. 主要病虫害

番茄病害主要有立枯病、灰霉病、叶霉病、早疫病、晚疫病等。番茄虫害主要有蚜虫、白粉虱、蓟马等。

3. 防治措施

农业防治：选用抗病虫品种。培育壮苗、提高抗逆性。控制温室内温度、湿度，加强通风降低室内湿度。实行严格的轮作制度，与茄科作物轮作3年以上，夏季灌水闷棚。设施防护：采用防虫网、遮阳网等隔离措施。

物理防治：

物理灭菌：安装物理灭菌器杀灭病原菌。

色板诱杀：每座温室（60m长、7m宽）悬挂20块黄、蓝板诱杀害虫。

高温闷棚：先晴天上午灌足量水后封闭温室，将室温提高到46℃～48℃，持续2h，然后从顶部慢慢加大放风口使室温缓缓下降。可每隔20d闷棚一次。

生物防治：可采用寄生性和捕食性天敌害虫。可采用病毒、线虫、微生物活体制剂控制病虫害。可采用除虫菊素、苦参碱、印楝等植物源农药防治虫害。

药剂防治:番茄病害的防治方法参见附录 A。番茄虫害的防治方法参见附录 B。

(七)采收

最早不早于绿熟期,比较适合的时期是转色期,即果实顶部开始变为橙黄色时采收,禁止使用乙烯利等对番茄果实进行催熟。

(八)贮藏

温度 8℃~10℃,空气相对湿度 70%~80%,库内堆放应气流均匀畅通,贮藏期 2~5d。

二、日光温室辣椒绿色生产技术规程

(一)栽培茬口的划分

1. 冬春茬

12 月上中旬育苗,翌年元月中下旬定植,4 月上中旬上市,6 月中下旬结束。

2. 秋冬茬

7 月上中旬育苗,8 月中下旬定植,11 月上中旬上市,翌年元月上中旬结束。

3. 越冬一大茬

8 月上中旬育苗,9 月中下旬定植,翌年元月上中旬上市,5 月中下旬结束。

(二)品种选择

选择耐低温、弱光、抗病、优质、丰产、早中熟辣椒品种。

(三)育苗

1. 常规育苗

(1)播前准备

育苗设施:在日光温室内加盖防虫网进行育苗。

营养土配制:床土选用未种过蔬菜的肥沃耕作土和优质腐熟农家肥,过筛后按 7:3 比例混匀。然后将营养土铺在苗床上,厚度 10cm,或装营养钵或纸筒中。

苗床准备:苗床宜建在温室中部,苗床以南北向为宜,每亩需 10m^2。苗床宽 1.2m,高 10cm,长 5m。苗床数依育苗数量而定。

苗床消毒:每 m^2 用 50% 多菌灵 WP5g,或 25% 甲霜灵 WP9g+70% 代森锰锌 WP1g 兑 15~30kg 细土拌匀,2/3 药土铺在苗床中,1/3 覆盖在种子上面,或 1‰高锰酸钾溶液喷洒床土，用塑料薄膜密闭苗床 5d，揭膜 15d 再播种。若采用营养钵育苗，对育苗容器用 1% 高锰酸钾溶液进行消毒。

2. 种子处理

（1）消毒处理

温汤浸种：将种子倒入 55℃ 温水，不断搅拌并保持该水温 15min，之后加入凉水，把水温降低到 25℃～30℃。

浸种催芽：消毒后的种子浸泡 8～12g 后捞出洗净，在 25℃～30℃ 条件下催芽。

（3）播种

播种期：根据栽培季节、育苗设施、壮苗指标、产品上市时间选择适宜播期。

种子质量：符合 2 级种子以上要求。

播种量：亩用种量 150～200g。

播种方法：催芽种子 70%～80% 露白时或将种子消毒后进行播种。播前浇透底水，水渗后将种子每穴 3～5 粒点播于营养块（10cm×10cm）、营养钵或纸筒中，播后覆营养土 1cm，上盖地膜。

（4）苗期管理

温度：

播种后：白天 25℃～30℃，夜间 18℃～20℃。

出苗后：白天 20℃～25℃，夜间 13℃～18℃。

定植前 7d：白天 18℃～23℃，夜间 10℃～18℃。

湿度：

苗期一般不浇水。若遇土壤干旱缺水，则采用喷水方法增加湿度。

间苗定苗：

当辣椒子叶展平后，每穴或每钵间留双苗，间苗后覆土护根。

壮苗标准：

株高 15～20cm，茎粗 0.5cm，4～5 叶一心，叶色浓绿，无病虫害。

3. 集约化育苗

选用正规有资质育苗公司生产的商品苗，穴盘选用 72 孔穴盘。

（四）定植前准备

1. 整地施肥

结合整地，秋冬茬、早春茬亩施充分腐熟经无害化处理的优质农家肥4000kg～5000，氮8～10kg，磷15kg～20kg，钾8～10kg。越冬一大茬亩施充分腐熟经无害化处理的优质农家肥8000～10 000kg，氮10～15kg，磷28～30kg，钾10～15kg。

2. 棚室与土壤消毒

（1）高温消毒

优先采用高温闷棚进行棚室消毒。作物拉秧后，于7月上旬至下旬温室休棚期间，将棚膜换新，清除田间病株残体，并深翻土壤30cm后将地面整平，而后覆盖地膜，并灌透水，之后密闭棚室进行高温闷棚，期间每晚必须覆盖草帘保温，15～20d后通风排湿。

（2）药剂消毒

定植前7～10d，亩温室用4.5%高效氯氰菊酯EC250mL与锯末混匀后点燃熏蒸一昼夜对棚室空间进行消毒；每亩可用50%多菌灵WP4kg与干土拌匀后撒入土壤对土壤进行消毒。

（五）定植

1. 定植时间

辣椒苗4～5片真叶时进行定植。

2. 定植方法

采用高垄宽窄行覆膜栽培，垄宽70cm，垄高20cm以上，水沟宽50cm；穴距40～45cm，亩定植2400～2800穴。

（六）田间管理

1. 环境调控

（2）温度

缓苗期：白天28℃～30℃，夜间18℃～20℃；

开花坐果期：白天25℃～30℃，夜间15℃以上；

结果期：白天25℃～30℃，夜间15℃以上。

（2）光照

冬季和早春保持棚膜干净，高温强光的春夏季覆盖着光率50%左右黑色遮阳网。

（3）湿度

定植后保持较高湿度，以利于缓苗。缓苗后，应逐渐加大放风时间和放风量，以防植株徒长和疫病发生。

2. 水肥管理

（1）膜下沟灌

秋冬茬：定植时浇定植水，定植后4～5d浇缓苗水。结果前期15d左右灌1次，中、后期15～20d。灌水时间以晴天上午为主，灌水量以每亩15～18m³为宜。开花结果后开始追肥，肥料以氮钾肥为主。每次每亩追施纯氮5～7kg、钾2～3kg。全生育期灌水9～11次，追肥7～9次。

早春茬：定植时浇定植水，定植后4～5d浇缓苗水。结果前期15～20d灌水1次，中、后期15d左右灌水1次。灌水时间以晴天上午为主，灌水量以每亩15～18m³为宜。开花结果后开始追肥，肥料以氮钾肥为主。每次每亩追施纯氮5～7kg、钾2～3kg。全生育期灌水10～12次，追肥8～10次。

越冬一大茬：定植时浇定植水，定植后4～5d浇缓苗水。结果前期15d左右灌水1次，中期15～20d灌水1次，后期10～15d灌水1次。灌水时间以晴天上午为主，灌水量以每亩15～18m³为宜。开花结果后开始追肥，肥料以氮钾肥为主。每次每亩追施纯氮5～7kg、钾2～3kg。全生育期灌水15～17次，追肥13～15次。

（2）膜下滴灌

秋冬茬：定植时浇定植水，定植后4～5d浇缓苗水。结果前期7～10d灌水1次，中、后期10～15d灌水一次。灌水时间以晴天上午为主，灌水量以每亩8～10m³为宜。开花结果后开始追肥，肥料以滴灌专用氮钾复合肥为主。每次每亩追施纯氮3～4kg、钾1.5～2kg。全生育期灌水13～15次，追肥11～13次。

早春茬：定植时浇定植水，定植后4～5d浇缓苗水。结果前期10～15d灌水1次，中、后期7～10d灌水1次。灌水时间以晴天上午为主，灌水量以每亩8～10m³为宜。开花结果后开始追肥，肥料以滴灌专用氮钾复合肥为主。每次每亩追施纯氮3～4kg、钾1.5～2kg。全生育期灌水15～17次，追肥13～15次。

越冬一大茬：定植时浇定植水，定植后 4～5d 浇缓苗水。结果前期 7～10d 灌水 1 次，中期 10～15d 灌水 1 次，后期 7～10d 灌水 1 次。灌水时间以晴天上午为主，灌水量以每亩 8～10m³ 为宜。开花结果后开始追肥，肥料以滴灌专用氮钾复合肥为主。每次每亩追施纯氮 3～4kg、钾 1.5～2kg。全生育期灌水 23～25 次，追肥 21～23 次。

3. 植株调整

（1）吊秧

辣椒开花前，用尼龙绳或塑料绳进行吊秧，以防倒伏。

（2）整枝

剪去生长重叠的弱枝及徒长枝，以利通风透光。

（3）摘叶

及时清除门椒以下发生的腋芽；及时摘除老叶、病叶。

(七) 病虫害防治

1. 病虫害防治的原则

以预防为主，综合防治为辅。优先采用农业防治、物理防治、生物防治，配合科学合理地使用化学防治。

2. 主要病虫害

辣椒病害主要有霜霉病、灰霉病、白粉病、枯萎病、炭疽病、疫病、细菌性角斑病、青枯病和病毒病等。辣椒虫害主要有蚜虫、红蜘蛛、茶黄螨、白粉虱、蓟马、美洲斑潜蝇和棉铃虫等。

3. 防治措施

辣椒病害的防治方法参见古浪县绿色食品辣椒病害及其防治表 A。

古浪县绿色食品辣椒病害及其防治表 A.

病害名称	农业及物理防治措施	生物防治	药剂防治
霜霉病	1. 选用抗病品种； 2. 地膜覆盖高垄栽培； 3. 滴管、膜下暗灌方式灌水； 4. 通风控湿，防止叶面结露。	天然酸（如食醋、木醋、竹醋等）、乙醇、石灰、硫磺、铜盐、高锰酸钾、碳酸氢钾、碳酸氢钠、波尔多液等。	1. 设施栽培傍晚密闭熏烟：精甲霜灵烟雾剂 110~175g/667m^2； 2. 72.2% 霜霉威水剂 800 倍液喷雾； 3. 58% 精甲霜灵可湿性粉剂 1000 倍液喷雾。
灰霉病	1. 清洁田园； 2. 加强通风，降低湿度。	天然酸（如食醋、木醋、竹醋等）、乙醇、石灰、硫磺、铜盐、高锰酸钾、碳酸氢钾、碳酸氢钠、波尔多液等。	1. 腐霉利烟雾剂 110~180g 烟熏； 2. 50% 腐霉利可湿性粉剂 1000 倍液喷雾； 3. 50% 异菌脲可湿性粉剂 800 倍液喷雾。
白粉病	1. 选用抗病品种； 2. 加强通风，灌水后或阴天通风排湿。	天然酸（如食醋、木醋、竹醋等）、乙醇、石灰、硫磺、铜盐、高锰酸钾、碳酸氢钾、碳酸氢钠、波尔多液等。	1. 50% 硫磺悬浮剂 1000 倍液喷雾； 2. 30% 醚菌酯可湿性粉剂 500 倍液喷雾； 3. 70% 甲基硫菌灵可湿性粉剂 800 倍液喷雾。
枯萎病	1. 选用抗病品种； 2. 嫁接育苗； 3. 前期控水，小水勤灌，夏季中午不灌水； 4. 深翻土壤，施用充分腐熟的有机肥。	天然酸（如食醋、木醋、竹醋等）、乙醇、石灰、硫磺、铜盐、高锰酸钾、碳酸氢钾、碳酸氢钠、波尔多液等。	1. 播前种子药剂处理：50% 多菌灵可湿性粉剂 600 倍液浸种 1h，然后移入常温水中继续浸种； 2. 定植缓苗前或发病初期灌根：波尔多液 200 倍液，或 46% 氢氧化铜 1000 被液。
炭疽病	1. 实行 3 年以上轮作； 2. 温烫浸种； 3. 加强通风，灌水后或阴天通风排湿。	天然酸（如食醋、木醋、竹醋等）、乙醇、石灰、硫磺、铜盐、高锰酸钾、碳酸氢钾、碳酸氢钠、波尔多液等。	1. 70% 代森锰锌可湿性粉剂 800 倍液喷雾； 2. 25% 咯菌腈乳油 800 倍液喷雾。
疫病	1. 地膜覆盖高垄栽培； 2. 实行 3 年以上轮作，或使用嫁接苗； 3. 及时拔除病株深埋，病穴用生石灰灭菌。	天然酸（如食醋、木醋、竹醋等）、乙醇、石灰、硫磺、铜盐、高锰酸钾、碳酸氢钾、碳酸氢钠、波尔多液等。	1. 50% 异菌脲可湿性粉剂 800 倍液喷雾； 2. 58% 精甲霜灵可湿性粉剂 1000 倍液喷雾； 3. 90% 三乙磷酸铝可湿性粉剂 800 倍液喷雾。
细菌性角斑病	1. 选用抗病品种； 2. 清洁田园。	天然酸（如食醋、木醋、竹醋等）、乙醇、石灰、硫磺、铜盐、高锰酸钾、碳酸氢钾、碳酸氢钠、波尔多液等。	1. 2% 春雷霉素可湿性粉剂 1000 倍液喷雾； 2. 72% 农用链霉素可湿性粉剂 2000 倍液喷雾。
病毒病	1. 选用抗病品种； 2. 温烫浸种； 3. 及时拔除病株深埋，病穴用生石灰灭菌。	牛奶、葡萄糖、有机硅、硫酸锌。	1. 0.5% 氨基寡糖素 AS600 倍液喷雾；
青枯病	1. 地膜覆盖高垄栽培； 2. 实行 3 年以上轮作，或使用嫁接苗； 3. 及时拔除病株深埋，病穴用生石灰灭菌。	天然酸（如食醋、木醋、竹醋等）、乙醇、石灰、硫磺、铜盐、高锰酸钾、碳酸氢钾、碳酸氢钠、波尔多液等。	1. 77% 氢氧化铜可湿性粉剂 500 倍液喷雾； 2. 58% 精甲霜灵可湿性粉剂 1000 倍液喷雾； 3. 70% 代森锰锌可湿性粉剂 800 倍液喷雾。

注：使用药剂及次数、安全间隔期应符合 NY/T 393 的要求。

三、日光温室茄子绿色生产技术规程

（一）栽培茬口的划分

1. 秋冬茬栽培

7月上旬至中旬播种，9月上旬至中旬定植，11月上旬至中旬始收，翌年2月底结束。

2. 越冬茬栽培

6月上旬至下旬播种，8月上旬至8月下旬嫁接，8月下旬至9月中旬定植，11月下旬始收，翌年6月下旬至7月上旬结束。

3. 早春茬栽培

11月中旬至下旬播种，2月上旬至中旬定植，4月中旬至下旬始收，6月底至7月结束。

（二）多层保温覆盖

棚室内外增设二层以上保温覆盖方式。

（三）品种选择

1. 接穗选择

接穗选用生长势强、早熟、优质的品种，如兰杂2号、天津二敏茄、快圆茄等品种。

2. 砧木选择

选择根系发达，生长旺盛，抗病力强，耐低温、高湿的托鲁巴姆作嫁接砧木。

（四）育苗

采用工厂化集中穴盘育苗。

（五）定植前的准备

1. 整地施肥

结合整地，亩施优质农家肥6000kg，氮14~15kg，磷8~10kg，钾15kg。

2. 棚室消毒

（1）高温消毒

优先采用高温闷棚进行棚室消毒。作物拉秧后，于7月上旬至下旬温室休棚期间，将棚膜换新，清除田间病株残体，并深翻土壤30cm后将地面整平，而后覆盖地膜，并灌透水，之后密闭棚室进行高温闷棚，期间每晚必须覆盖草帘保温，15~20d后通风排湿。

（2）药剂消毒

定植前7～10d，每亩温室用2～3kg硫磺粉加50%辛硫磷250mL与锯末混匀后点燃熏蒸一昼夜对棚室空间进行消毒；每亩可用50%多菌灵WP4kg或50%甲基托布津WP4kg与干土拌匀后撒入土壤对土壤进行消毒。

（六）定植

1. 定植时间

嫁接苗长至6～7片真叶，日历苗龄80～90d，或自根苗5～6片真叶，日历苗龄40～50d时进行定植。

2. 定植方法

采用高垄覆膜栽培，垄宽70cm，垄高15～20cm，水沟宽50cm，覆盖地膜；株距40～50cm，每亩定植2200～2800株。

（七）田间管理

1. 环境调控

（1）温度

缓苗期：白天25℃～30℃，夜间15℃～20℃，早晨揭帘前10℃～13℃。晴天温度过高时放花帘遮阴，以防萎蔫。

开花坐果期：白天22℃～28℃，夜间13℃～20℃。

结果期：白天26℃～32℃，夜间15℃～22℃。

（2）光照

使用EVA膜，保持棚膜干净，张挂反光幕，以提高透光率。

2. 水肥管理

采用膜下沟灌或膜下滴灌。定植后3～5d浇缓苗水。门茄"瞪眼"期开始浇水追肥，每隔15～20d浇水一次。3月份过后，随外界气温升高，每隔7～10d浇水施肥一次。每亩随水追施氮6kg～8kg，钾5kg。

（1）膜下沟灌

秋冬茬：定植时浇定植水，定植后4～5d浇缓苗水，两次水量控制在每亩35～40m^{3}左右为宜。结果前期15d左右灌1次，中、后期15～20d。灌水时间以晴天上午为主,灌水量以每亩15～18m^{3}为宜。开花结果后开始追肥,肥料以氮钾肥为主。

每次每亩追施纯氮 6 ~ 8kg、钾 2 ~ 3kg。全生育期灌水 10 ~ 12 次，追肥 8 ~ 10 次。

早春茬：定植时浇定植水，定植后 4 ~ 5d 浇缓苗水，两次水量控制在每亩 30m³ 左右为宜。结果前期 15 ~ 20d 灌水 1 次，中、后期 15d 左右灌水 1 次。灌水时间以晴天上午为主，灌水量以每亩 15m³ 为宜。开花结果后开始追肥，肥料以氮钾肥为主。每次每亩追施纯氮 6 ~ 8kg、钾 2 ~ 3kg。全生育期灌水 12 ~ 14 次，追肥 10 ~ 12 次。

越冬一大茬：定植时浇定植水，定植后 4 ~ 5d 浇缓苗水。结果前期 15d 左右灌水 1 次，中期 15 ~ 20d 灌水 1 次，后期 10 ~ 15d 灌水 1 次。灌水时间以晴天上午为主，灌水量以每亩 15 ~ 18m³ 为宜。开花结果后开始追肥，肥料以氮钾肥为主。每次每亩追施纯氮 5 ~ 7kg、钾 2 ~ 3kg。全生育期灌水 16 ~ 18 次，追肥 14 ~ 16 次。

（2）膜下滴灌

秋冬茬：定植时浇定植水，定植后 4 ~ 5d 浇缓苗水。结果前期 7 ~ 10d 灌水 1 次，中、后期 10 ~ 15d 灌水一次。灌水时间以晴天上午为主，灌水量以每亩 8 ~ 10m³ 为宜。开花结果后开始追肥，肥料以滴灌专用氮钾复合肥为主。每次每亩追施纯氮 3 ~ 4kg、钾 1.5 ~ 2kg。全生育期灌水 13 ~ 15 次，追肥 11 ~ 13 次。

早春茬：定植时浇定植水，定植后 4 ~ 5d 浇缓苗水。结果前期 10 ~ 15d 灌水 1 次，中、后期 7 ~ 10d 灌水 1 次。灌水时间以晴天上午为主，灌水量以每亩 8 ~ 10m³ 为宜。开花结果后开始追肥，肥料以滴灌专用氮钾复合肥为主。每次每亩追施纯氮 3 ~ 4kg、钾 1.5 ~ 2kg。全生育期灌水 15 ~ 17 次，追肥 13 ~ 15 次。

越冬一大茬：定植时浇定植水，定植后 4 ~ 5d 浇缓苗水。结果前期 7 ~ 10d 灌水 1 次，中期 10 ~ 15d 灌水 1 次，后期 7 ~ 10d 灌水 1 次。灌水时间以晴天上午为主，灌水量以每亩 8 ~ 10m³ 为宜。开花结果后开始追肥，肥料以滴灌专用氮钾复合肥为主。每次每亩追施纯氮 3 ~ 4kg、钾 1.5 ~ 2kg。全生育期灌水 25 ~ 27 次，追肥 22 ~ 25 次。

3. 植株调整

（1）吊蔓：株长至 30 ~ 40cm 时用塑料绳或尼龙绳进行吊秧。

（2）整枝：采用双杆整枝。

（3）摘叶：及时摘除老叶、病叶及砧木萌发的侧枝。

（4）化学控制

开花当日用 40 ~ 50mg/kg 防落素蘸花，同时加入 0.1% 速克灵或农利灵，兼防灰霉病。

（八）病虫害防治

1. 防治对象

猝倒病、立枯病、黄萎病、绵疫病、灰霉病、早疫病、病毒病、叶螨、斑潜蝇。

2. 防治策略

坚持"预防为主，综合防治"的植保方针，以农业措施为基础，优先选用农业防治、物理防治、生物防治措施，科学合理的使用化学防治。

3. 农业防治

（1）品种选择

针对我县病虫种类及发生特点，选用抗病虫、抗逆性能强、适应性广、商品性好、产量高的高抗多抗的品种。

（2）实行轮作

有计划地进行轮作，尽量避免与茄科作物轮作，避免与番茄、马铃薯地块邻作。

（3）清洁田园

育苗前，铲除温室内杂草、枯枝落叶，携出温室外烧毁。生长期，及时摘除病、虫叶，病、虫果，拔除重病株，携出温室外深埋或烧毁；冬季，清扫温室内斑潜蝇蛹，携出温室外深埋或烧毁。做到有利于植株生长发育，避免侵染性病害发生。

4. 物理防治

（1）风口覆盖防虫网

温室风口覆盖40~60目防虫网，隔断斑潜蝇、白粉虱、蚜虫等害虫由露地向温室转移危害。

（2）黄色诱杀

温室、大棚内悬挂黄色粘虫板（25cm×40cm），每亩30~40块，诱杀斑潜蝇、白粉虱、蚜虫等害虫。

（3）银灰膜避蚜

每亩铺银灰色地膜5kg。

5. 药剂防治

优先采用生物农药，化防采用粉尘法、烟熏法，喷雾防治选干燥晴朗天气，注意轮换用药，合理混用。农药合理使用准则见附录A。

黄萎病：用50%丁戊己二元酸铜WP（DT）350倍液，或10%双效灵AS300倍液灌根，每株灌药液0.25~0.5kg，10d左右再灌一次，连灌2~3次。

灰霉病：发病初期，采用腐霉利FU 110~180g/亩，分放5~6处，傍晚点燃闭棚过夜，7d一次，连熏3~4次防治，或50%嘧菌环胺1000倍液、或2.5%咯菌腈1500倍液、或50%异菌脲1500倍液喷雾。座果期，结合防落素、番茄灵等植物生长调节剂处理花穗在溶液中加入0.3%嘧霉胺、或0.1%腐霉利防治。

绵疫病：用72.2%霜霉威盐酸盐AS800倍液，或70%代森锰锌WP500倍液，58%甲霜灵锰锌WP500倍液喷雾，5~7d一次，连喷2~3次。

猝倒病、立枯病：除用苗床撒药土外，还可用恶霜灵+代森锰锌500倍液、霜霉威盐酸盐800倍液喷雾防治。

早疫病：出现中心病株后，用70%代森锰锌WP500倍液，58%甲霜灵锰锌WP500倍液喷雾，5~7d一次，连喷2~3次。

病毒病：用0.5%氨基寡聚糖素AS600倍液，或混合脂肪酸（83增抗剂）100倍液分别在2~3叶期、移植前1周、定植缓苗后1周各喷一次；发病初期，用盐酸吗啉胍·铜（病毒A、毒克星）、1.5%植病灵1000倍液喷雾防治7d一次，连喷3~4次防治。

青枯病：病穴浇灌20%石灰水，每穴250mL，或于发病初期用50%丁戊己二元酸铜WP（DT）500倍液，或77%氢氧化铜SG400倍液灌根。每株300mL，10d灌一次，连灌2~3次。

叶螨：用15%哒螨灵WP1500倍液喷雾防治。

斑潜蝇：用75%灭蝇胺WP5000~7000倍液喷雾防治。

蚜虫、粉虱：用10%吡虫啉WP2000倍液，或啶虫脒EC5000倍液喷雾防治。

（九）采收及后续管理

茄子应及早采收，以免影响上部生长和结果。以后的果实在达到商品成熟即果实与萼片相连处的环状带不明显时即可进行采收，此时产量与质量最佳。采收时间以早、晚为宜。

第三节　果类标准化栽培技术

一、枸杞绿色生产技术规程

（一）品种选择

选用优质、抗逆性强、适应性广的宁夏枸杞的优良品种：如宁杞1号、7号等。也可根据生产需要选用其他品种。

（二）育苗

生产中最常用的是扦插育苗，扦插育苗又分嫩枝扦插和硬枝扦插。

1. 苗圃地准备

苗圃地选择：苗圃地选择地势平坦、排灌方便、活土层深30cm以上，土质为轻壤、中壤或沙壤，含盐量0.2%以下。

（三）整地

育苗前进行深耕、耙地，翻耕深度20cm以上，清除石块、杂草，以达到土碎、地平。

土壤处理：用5%辛硫磷颗粒剂2.5kg/亩或者毒死蜱颗粒剂2kg/亩拌土撒施，防治以金龟子幼虫（蛴螬）为主要种群的地下害虫。

（四）施肥

结合翻地每亩施腐熟厩肥3000～5000kg。

（五）做床

嫩枝扦插按宽1.0～1.4m规格做床，床上面铺约3cm厚的细风沙，用多菌灵或百菌清500倍液喷洒苗床灭菌。

1. 育苗方法：硬枝扦插。一般扦插时间在春季3月底或4月初枸杞萌芽前。

2. 插条准备：在优良品种的母树上，剪下0.5～0.8cm粗的枝条，剪成10cm长的插穗，每100根1捆。将成捆的插穗下端5cm放入150g/L α-萘乙酸水溶液中浸泡4h。

3. 扦插方法：按50cm行距开沟，沟深12cm，将插条按8cm株距摆在沟壁一侧，覆湿润土踏实，插条上端露出地面约1cm，插后覆地膜。

4. 苗圃管理：覆盖地膜的硬枝插条60%发芽后及时揭膜放苗。待新枝生长到20cm以上时可顺扦插行灌第一水。在苗高生长达到30～40cm时，要在苗行距开沟施入磷酸二胺30kg/亩，封沟灌水。采用3%吡虫啉2000倍液或1.5%苦参碱1000倍液苗圃内喷雾防治蚜虫；发生蝼蛄或蛴螬等地下害虫咬食幼根时，采用50%辛硫磷1kg加50kg炒香的麸皮拌匀，撒在苗根颈处诱杀成虫。

5. 嫩枝扦插

扦插时间：利用设施一年四季均可进行。

插穗准备：采集半木质化枝条，剪成6cm长插穗，上端至少留2片叶。

扦插方法：配置含萘乙酸250mg/L水溶液，并用滑石粉调成糊状，插穗下端1.0～1.5cm速沾药糊后按5cm×10cm株行距扦插，苗床提前用做好的5×10cm株行距的钉板打好孔，插条插入孔内，用手指按实。整床插完后喷水，遮阴。棚内保持自然光透光率在30%左右，相对湿度80%以上，最高温度控制在35℃以下。

苗床管理：插后全棚喷完当天最后一次水后喷洒杀菌剂灭菌。15d内每天喷雾状水4～5次，每次喷水以叶片湿润为准，阴雨天减少喷水次数和喷水量。视情况进行全棚检查喷洒杀菌剂。15d后喷水次数可以减少，生根率达到80%后开始通风，并逐渐延长通风时间，增加光照时间。

6. 苗木出圃

（1）出圃时间

春季出圃时间在苗木萌芽前，秋季在落叶后至土壤封冻前。

（2）苗木分级

硬枝扦插苗

一级：株高≥50cm，根径≥0.7cm，根幅≥20cm，长度大于5cm侧根条数≥5条。

二级：株高≥40cm，根径≥0.5cm，根幅≥15cm，长度大于5cm侧根条数≥3条。

嫩枝扦插苗

一级：株高≥60cm，地径≥0.4cm，根幅≥20cm，长度大于5cm侧根条数≥6条。

二级：株高≥50cm，0.3cm≤地径<0.4cm，根幅≥15cm，长度大于5cm侧根条数≥4条。

2. 基肥

灌冬水前（10月中旬至11月上旬），沿树冠外缘下方开环状或条状施肥沟，沟深20~30cm。成年树每667m² 施腐熟的有机肥4000~6000kg，或施用商品有机肥（含生物有机肥）400~800kg，多元素复合肥50kg；1~3年幼树施肥量为成年树的1/3~1/2。

3. 追肥

一龄树：成活后6月初、7月中旬，各追肥1次每次每株50g。

2 幼龄树：发芽前、盛花期前、果实初熟时各追肥一次，单株75~100g，4龄树可增加至每次100~125g，前期以氮磷为主，后期以氮磷钾复合为主，高温时应减少氮肥用量，避免肥害。

成龄树：发芽前至抽新梢时，单株追尿素、二胺1∶1混合肥125g，盛花期、果实初熟期结合灌水亩冲施沼液100kg，追施氮磷钾1∶1∶2复合肥150g。

方法：沿树冠外缘开环形沟15cm，撒入肥料、复土、淌水。大面积也可用机械播肥器施入。

4. 叶面喷肥

抽枝到盛果期，每半月喷施一次枸杞叶面肥，也可结合防虫一并喷施。时间最好晴天傍晚，用量依照说明使用。

（九）水分管理

春秋萌芽抽枝前灌透水，促发新枝；落叶后灌足冬水"洗碱、压盐"确保田间持水量避免抽干。盛花期、盛果期灌水根据当地水资源条件，可少量多次，以跑马水为主（一般15~20d灌一次），高温期避免地表积水，灌水后结合除草及时旋耕、确保土壤湿度的同时保持土壤良好的通透性。

（十）整形修剪

1. 适宜树型

自然半圆形树型：主干高60cm，树冠直径较大，基层有主枝3~5个，整个树冠由两层一顶组成，成龄树冠冠面距地表1.5米，下层冠幅1.5~2m，上部冠幅1.3~1.5m。盛果期单株枝量200~250条，

2.树形培养

一年定干,2~3年培养基层,第4年培养第2层,5成龄后树冠上部半层随放随收。

3.幼龄树整形修剪

通常指树龄1~4年,盛果期前的整形修剪,主要目的是培养永久性骨干枝组、确定树形。

(1)一龄树(定干壮干)

目标:定植当年,通过对种苗进行定干或种苗上萌发的强壮新枝在一定位置上摘心,确定直立的中心干及第1分枝带,培养临时1层的辅助生长枝组。秋季总枝量可达20条左右,株产可达0.05~0.125kg。

定干高度:距地表60cm;分支带位置:距地表40~60cm;主枝数量:4~5个。

方法:定植时确保植株直立,如不直立应设主干支撑棍进行绑扶,距地表60cm处对植株进行封顶,主干40cm以下芽体一律抹除,剩余20cm作为第一层主枝的着生带,选留不同方向每隔5cm左右留1斜生枝,整株留枝4~5个作为一层主干枝组培养,当新枝抽生到15cm时及时摘心,促发二次枝,直立枝条一律去除。

嫩枝扦插苗与营养袋苗主干强度较弱,应设立主干支撑棍对其进行绑缚,不够高度的待其发枝新枝后,选择一强旺枝,进行二次绑缚至60cm高度处定干。

生长季节(5—7月)每半个月修剪一次,除选留枝组及枝组上萌发的侧枝外,其余部位萌发的芽及未即时清除时抽生的徒长枝、根蘖需即时疏除。

(2)二龄树(培养、确定永久基层树冠主枝)

目标:定植第2年,通过摘心除蘖,培养主枝4~5个、1级侧枝16~22条,到秋季基本可以达到株高100cm,冠幅1~1.2m,枝量60~90,(包括萌发的二次枝)单株产量0.2~0.3kg。

休眠期修剪:宁杞7号没有顶花芽、老眼枝花量极少,休眠期修剪时选留枝条需枝枝动剪,对所有枝条进行短截。

留枝标准:

枝位:斜生或平生的1级侧枝;枝粗:0.2~0.4cm;留枝长度:15~20cm;主枝数量:4个;留枝量:枝径1~1.5cm的留枝7~8根;枝径2~3cm的留枝12~15根。

夏季修剪（5～10月）

抹芽：春季发芽后，除补形需要选留的芽体外，及时抹除主干、主枝及1级侧枝基部4～5cm处的所有部位的芽体。

二次抹芽及花前补充修剪：首次抹芽后10～15d，选留的二年生枝前端萌发的水平枝开始现蕾，此类枝条应任其生长；主干、主枝上选留补形用芽体萌发的新梢可长至15～20cm，此类枝条应及时摘心促发二次枝，以利调整结果枝在树冠上的分布；但还有部分强壮中间枝新梢长到20～30cm时，叶腋处不现蕾，而是出现新的芽体心叶成抽生新枝状，此类枝条需及时短截或摘心促使其叶腋部的侧枝抽生，以利压缩冠幅、增长二次枝枝长、加快其成花速度。

放顶：当地径超过2cm时，可在主干上部选留1个直立居中的徒长枝在20～25cm时摘心，促发侧枝，选留4～5个平生、或斜生的作为永久一层的骨干枝组进行培养，将其中的培养成永久性的基层枝组，如春季放顶需对其进行二次摘心促发侧枝，秋季可不做摘心处理。

力求结果枝组在树冠四周均匀分布，树冠如有空缺位置，可选留强壮结果枝或徒长枝进行短截促发二次枝，在整个生长期应及时疏除无用萌蘖与徒长枝，及时短截中间枝。

（3）三龄树（整形修剪、巩固调整基层枝组、扩充树冠）

目标：

淘汰40～60cm处的临时一层枝组，充实80～100cm处的永久1层树冠不放顶，至第3年秋季，冠面距地表1.1～1.2m，冠幅可在1.3～1.4m，单株结果枝90～120条，株产干果0.25～0.45kg。

休眠期修剪：

留枝标准枝位：侧枝上斜生或平生的2级侧枝；枝粗：0.2～0.4cm；留枝长度：15～20cm。留枝量30～35条，枝头距15～20cm。

夏季修剪：

抹芽：春季发芽后，除补形需要所需选留的芽体外，及时抹除主干、主枝，选留"1、2级侧枝"基部4～5cm处的所有部位的芽体。

二次抹芽及花前补充修剪：同二龄树，本年不放顶。

4龄整形修剪（放顶培养永久2层）

目标：培养树体永久2层树冠骨架，秋季时冠面高度可达1.5m左右，结果枝200条左右，冠幅1.4～1.5m。株产0.5～0.75kg。

休眠期修剪：同三龄树

夏季修剪：春季抽枝时，在一强壮主枝居主干中心3～5cm位置上选留一徒长枝，20～25cm时摘心促发侧枝，摘心后徒长枝可形成2层树冠冠面，2层冠面距1层冠面约40cm，距地面约1.4m，摘心后发出的侧枝约有10条左右，下部过弱的应及时疏除，选留上部4～5个强壮的予以摘心促发侧枝，使其稳固，形成上部树冠主枝骨架基础。

（4）成龄树修剪

目标：

巩固充实半圆形树形，对冠层的结果枝的着生枝条及时更新，防止大型枝组过度外移，控制树冠冠幅、控制顶端优势，调整生长结果关系。

休眠期修剪

萌芽前对着生在主干、主枝、根茎基部、膛内着生的徒长枝，病残枝、横穿枝过密的结果枝进行疏除；对选留的结果枝进行短截，留枝长度20～30cm，留枝粗度0.25～0.4cm。

短截时应根据枝条在树冠上的位置及粗细，长短交错进行；控制顶层，稳固中下层树冠，中下层应选壮果枝，顶部应选弱果枝；整体修剪完成后留枝量应为40～45个，能够着生200～250个结果枝。

夏季修剪

抹芽：萌芽抽枝期，沿树冠之下而上将根茎、主干、主枝、选留一、二级侧枝基部2～3cm处萌发抽生的芽体抹除。

夏季修剪：树冠顶部主枝上距中心干过近的背上潜伏芽及其萌蘖应及时疏除，具中心干20cm左右的侧向弱芽选留4～5个，选留芽抽生至30～40cm，叶腋部小短枝抽出3～6cm，枝条已牢固住着生时，将其曲枝下压在选留枝条的下方。基层树冠如有合适位置萌发新枝也可采取此手法。

方法：主花期前，每15d左右沿树冠自上而下由里到外剪除植株根茎、主干、膛内、冠顶及短截过的粗壮结果枝组萌发的徒长枝，确保树型的稳固，及时疏除过密枝，

采果前药剂防治（5月至6月中旬）

2. 农业防治

灌头水后，将枸杞园浅翻一次，生长季节每5~7d进行一次修剪工作，剪除植株根茎、主干、膛内、冠层萌发的徒长枝及被蚜虫、木虱等害虫危害较重的强壮枝。

3. 药剂防治

新枝抽生期间，老眼枝盛花期以前可使用化学农药防治木虱、瘿螨、蚜虫，压低虫口基数，每种化学农药最多使用一次，轮换使用。

枸杞蚜虫和枸杞木虱

5%吡虫啉乳油30g/亩（2000倍液），或25%吡蚜酮30g/亩（2000倍液），或3%啶虫脒乳油20mL/亩（3000倍液），或50%氟啶虫酰胺水分散粒剂7.5g/亩（8000倍液），或高效氯氰菊酯乳油48mL/亩（1250倍液）喷雾防治。

枸杞瘿螨

5%哒螨酮乳油30g/亩（2000倍液），或20%四螨嗪悬浮剂30mL/亩（2000倍液），或11%乙螨唑悬浮剂12mL/亩（5000倍液），或5%唑螨酯悬浮剂30mL/亩（2000倍液）喷雾防治。

枸杞蓟马

4.5%高效氯氰菊酯乳油24 mL/亩（2500倍液）喷雾防治。

采果期病虫害防控（6月下旬至8月上旬）

采果期的主要病虫害为蚜虫、瘿螨、木虱、部分区域有蓟马，降雨较多的年份发生黑果病，此期防治应以生物农药为主，化学农药为辅。此期病虫害多叠加发生，需根据田间病虫害发生具有早期局部化的特点，应结合采果，及时发现、及时预防。

4. 农业防治

每5~7d进行一次修剪工作，沿树冠自下而上、由内向外，剪除植株根茎、主干、膛内、冠层萌发的徒长枝和病虫危害严重的强壮枝和果枝。灌水后及时中耕除草，8月下旬翻土深度15~20cm。

枸杞蚜虫、枸杞木虱、枸杞瘿螨

5. 生物农药

1.2%烟碱·苦参碱乳油60 mL/亩（1000倍液），或0.3%苦参碱可溶性液剂120

mL/亩（500倍液），或 0.5% 印楝素乳油 75mL/亩（800倍液），或 5% 除虫菊素乳油 30mL/亩（2000倍液），或 0.2% 小檗碱可溶性液剂 60mL/亩（1000倍液），或 0.01% 斑蝥素水剂 75mL/亩（800倍液）喷雾防治。

6. 化学农药

5% 吡虫啉乳油 30g/亩（2000倍液），或 25% 吡蚜酮 30g/亩（2000倍液）喷雾防治，采摘后第二天即喷药。

枸杞蓟马

6% 乙基多杀菌素悬浮剂 15mL/亩（4000倍液），或 0.3% 苦参碱乳油 120mL/亩（500倍液）喷雾防治。

秋季花果期防控（9月）

防治重点为蚜虫、瘿螨、木虱，防治方法同 7.3（采果期病虫害防控）。

秋园封闭控制（10月下旬）

8% 毒死蜱乳油 66.6mL/亩（800倍）+45% 石硫合剂 200g/亩（250倍）封园，杀灭越冬成虫，降低越冬害虫虫卵及病菌。

二、枸杞主要病虫害绿色防治

（一）预防为主，综合防治

1. 根据甘肃枸杞主要病虫害发生规律和绿色食品要求，将枸杞病虫害防控划分为6个阶段：早春清园封园、采果前压低虫口基数、夏果期生物防治、秋果期生物防治和化学防治协调、秋季封园5个阶段。

2. 综合应用农业防治、物理防治、生物防治和化学防治的方法，达到安全、有效、经济、环保的防治目的。

3. 采取"两头重、中间轻"的用药原则，准确掌握用药剂量和施药次数，严格执行安全间隔期，注意农药轮换使用。

4. 同时期病虫害兼顾防治的原则，抓好防治关键时期，减少施药次数。

（二）防治指标

枸杞蚜虫：5头/枝。

枸杞木虱：卵5粒/枝、若虫1头/叶、成虫3/枝头。

枸杞瘿螨：为害指数0.05。

枸杞负泥虫：卵5粒/枝。

枸杞红瘿蚊：虫果率3%，越冬虫蛹0.2头/m^2。

枸杞实蝇：成虫3/枝头，越冬虫蛹0.2头/m^2。

枸杞蓟马：5头/枝。

（三）防控技术

1. 早春清园、封园（3月下旬至4月上旬）

（1）彻底清园

2月底至3月中旬对枸杞树进行修剪，将修剪后的枝条及震落下的残留病虫果以及园中、田边的杂草、落叶、枸杞根蘖苗全部清除干净，带出园外，集中烧毁，可明显降低越冬基数。

（2）全面封园

4月上旬（萌芽前）对枸杞园树体、地面、田边、地埂采用药剂全面进行封园。

用5%吡虫啉乳油30g/亩（2000倍液）+45%石硫合剂200g/亩（250倍液），或5%吡虫啉乳油30g/亩（2000倍液），或45%石硫合剂200g/亩（250倍液）喷雾防治。

短截强壮枝，让枝条在树冠上均匀分布。秋果采摘结束后对徒长枝进行疏除，避免结果枝组越冬抽干。

（十一）病虫害防治

病虫害防治方法按《绿色食品　枸杞主要病虫害防控技术规程》进行。

（十二）鲜果采收

1. 采果时期

初期6月下旬至7月上旬；盛期7月中旬至8月上旬；秋果期9月至10月上旬。

2. 间隔时间

初期7~9d一次；盛期5~6d一次；秋果期10~12d一次。

3. 采果要求

鲜果成熟8~9成（红色），果柄微红，果实不再膨大，轻采、轻拿、轻放，树上采净、地下捡净，果筐容量10kg左右，盛载深度30~40cm。下雨天或刚下过雨不采摘，早晨待露水干后再采摘，喷施农药不到安全间隔期不采摘。

（十三）鲜果制干

1. 脱蜡

将采回的鲜果在油脂冷浸液或3%碳酸钠水溶液浸液中浸泡30s，提起控干后静止10~15min待鲜果充分"发汗"后，倒在果栈上，均匀铺平，厚度2~3cm。

2. 制干

枸杞制干分自然干燥和烘干两种。

自然干燥：

将经过脱蜡处理铺在果栈上的鲜果，在专用晾晒场上，放在自然光下进行干燥。在果实干燥未达到指标前，不能随便翻动果实，遇降雨要及时防雨，切忌淋雨。自然干燥一般需4~6d。

烘干：分太阳能烘干、温室烘干、热风炉烘干等方式，将经过脱蜡处理铺在果栈上的鲜果放进烘干室，温度指标为：进风口60℃~65℃，出风口40℃~45℃；经24~50h可烘干枸杞，果实含水量在13%以下。干燥后的枸杞经脱柄去杂，包装储存。

根系放入定植坑，先填入表土，填土约一半时，稍微向上提苗木，使苗木根系舒展，再填入底土。整个过程，边填土，边用脚踩踏。填土至苗木根茎处，覆土略高于地面。定植深度嫩、硬枝扦插苗以原插穗露出地表为宜。

6. 灌水

头水应确保边植边灌，头水一定要灌透，定植后20d左右灌2水，2~3水间隔应在30d以上。

7. 定干修剪

定植的苗木萌芽后，将主干根颈以上40cm以下的芽、枝抹去，40cm以上选留不同生长方向且有3~5cm间距的侧芽或侧枝3~5条作为形成小树冠的骨干枝，于株高60cm处剪顶定干，设主干支撑棍进行绑缚扶正。6~7月待新枝抽生到20~30cm时，及时摘心，促发二次枝，直立枝条一律去除，8~9月即可结果。

（七）田间管理

1. 土壤耕作

（1）春季浅耕

3月下旬，当土层化冻15cm时进行浅耕，行间15cm，树冠下10cm（不碰伤主干与根茎），将在土内羽化成虫翻到地面晒死，清除杂草，同时提高地温和松土保墒，促进根系早生长。

（2）夏季中耕

夏季每月中耕一次。行间用农机旋耕，树冠下用人工铲除杂草，并扶土与根颈出，不要碰伤树干和根颈。

（3）秋季深耕

9月中旬，行间深耕20~25cm，树冠下浅耕15cm，树冠下作业不伤根颈。

（八）土壤培肥

1. 施肥原则

按照持续发展原则，安全优质原则，化肥减控原则，有机为主原则，依据产量进行平衡施肥原则，施肥量按每千克枸杞干果施入纯氮0.3kg、纯磷0.2kg、纯钾0.12kg确定肥料施用量，无机氮素用量不得高于当季作物需求量的一半。

7. 假植

苗木起挖后，如暂不定植或外运，应及时选地势高、排水良好、背风的地方假植。假植时应掌握苗头向南，疏摆，分层，培湿土，踏实。

8. 包装和运输

长途运输的苗木要用草袋包装，保持根部湿润，并用标签注明品种名称、起苗时间、等级、数量。

（六）建园与定植

1. 园地选择

选择地势平坦，有排灌条件，地下水位 1.0～1.5m 以下，土壤较肥沃的沙壤、轻壤或中壤地块；土壤含盐量 0.5% 以下，pH 值 7.0～8.5。

2. 园地规划

集中连片，规模种植，两边留出 2m 耕作带，园地应远离交通主干道 100m 以上。

3. 营造防护林带

防护林主林带与当地主风向垂直，乔灌多树种混交；副林带与主林带垂直，设置在地条两头，以窄冠乔木混栽。树种可选择杨柳、洋槐等与枸杞无共生性病害的树种与紫穗槐林灌混植。

4. 整地

上年秋季依地条平整园地，平整高差小于 5cm，深翻 25～30cm。按株行距挖直径 30cm、深 45cm 的定植穴，穴内基施腐熟有机肥 1.5kg、氮磷钾 1∶1∶1 复合肥 100g，沟底施肥，每亩施腐熟有机肥 3～4m^2，复合肥 100kg。

5. 定植

（1）定植时间

3 月下旬至 4 月上旬土壤解冻 30cm 以上时定植，应边栽苗边灌水，保证苗木的成活率。

（2）定植密度

株行距 1.0m×3.0m 为宜，每亩栽植 222 株。

（3）定植方法

苗木定植前根部用 100mg/L 萘乙酸水溶液蘸根 5 秒后，按株距在沟内定植。苗木